《合规管理体系　要求及使用指南》

标准解读与应用

——GB/T 35770—2022/ISO 37301:2021

王益谊　杜晓燕　吴学静　等　著

企业管理出版社
ENTERPRISE MANAGEMENT PUBLISHING HOUSE

图书在版编目（CIP）数据

《合规管理体系　要求及使用指南》标准解读与应用：GB/T 35770—2022/ISO 37301:2021 王益谊等著．—北京：企业管理出版社，2022.12

ISBN 978-7-5164-2751-4

Ⅰ．①合…　Ⅱ．①王…　Ⅲ．①企业管理－国家标准－中国－学习参考资料　Ⅳ．① F272-65

中国版本图书馆 CIP 数据核字（2022）第 216656 号

书　　名：《合规管理体系　要求及使用指南》标准解读与应用——GB/T 35770—2022/ISO 37301:2021
书　　号：ISBN 978-7-5164-2751-4
作　　者：王益谊　杜晓燕　吴学静　等
责任编辑：徐金凤　黄　爽
出版发行：企业管理出版社
经　　销：新华书店
地　　址：北京市海淀区紫竹院南路 17 号　　邮　　编：100048
网　　址：http://www.emph.cn　　电子信箱：emph001 @163.com
电　　话：编辑部（010）68701638　　发行部（010）68701816
印　　刷：河北宝昌佳彩印刷有限公司
版　　次：2022 年 12 月第 1 版
印　　次：2022 年 12 月第 1 次印刷
开　　本：787mm × 1092mm　1/16
印　　张：16 印张
字　　数：300 千字
定　　价：78.00 元

审稿委员会

（按拼音索引排序）

曹海雷　杜江波　洪　海　蒋育翔　涂　文

王书宝　王志乐　谢鹏程　徐永前

序

合规是一个组织实现成功和可持续发展的基石，这一点已经得到了社会各界的广泛认同。有效的合规管理不仅可以帮助组织提升管理能力和效率，节省管理成本，创造良好的信誉和形象，还能够为组织带来更多的商业机会，增强业务稳定性和持续性。近年来，随着经济社会发展、国家治理体系和治理能力现代化的推进，以及全面依法治国战略、走出去战略、“一带一路”倡议的实施，越来越多的组织开始重视合规管理建设，合规管理在我国取得了长足发展。很多企业开展了合规元年、合规强化年等建设活动，在一些城市推动开展合规城市建设，国务院国资委、最高人民检察院等相关部门发布了一系列推动企业合规的制度等。这些都说明，合规管理已经成为当今中国各行各业发展的一个重要的特征性元素。

实践中，各类组织开展合规管理的方式和路径可能各式各样、各有特点。但是，存在一个广泛的共识是，合规管理是一个多学科、系统性的工程，是一个庞大的体系。它不仅仅涉及法学问题，还是一个管理学问题；它不仅仅是组织内某个部门的事情，更是与组织的各项业务活动紧密相关，负责各项业务活动的部门都是合规管理的主体；它不仅仅是在组织内工作的普通人员需要做的，更重要的是组织的治理机构、最高管理者及各级管理层需要以身作则、身体力行。合规管理体系标准为各类组织实施这个复杂庞大的工程，提供了一套经过实践检验的、相关方协商一致的技术规则。

本书的作者在合规管理、法律风险管理、标准化、合格评定等方面有着丰富的经验，根据他们对国内外企业合规管理实务和合规管理体系标准发展情况的了解，以《合规管理体系　要求及使用指南》（GB/T 35770—2022/ ISO 37301:2021）各章、条内容为主线，串联起合规管理体系建立、开发、实施、评价、维护和改进的各个环节，理论与实践相结合，全方位解读了《合规管理体系　要求及使用指南》（GB/T 35770—2022/ ISO 37301:2021）的条款内容及应用要点。本书首先从《合规管理体系　要求及使用指南》（GB/T 35770—2022/ ISO 37301:2021）的产生与发展入手，介绍了标准产生的背景、标准的定位与特点，以及应用意义。本书简要阐释了合规管理体系基本概念，包括管理体系标准通用概念和合规管理体系标准特有的概念，点明了这些基本概念的内涵。本书详细讲解了如何理解和分析组织面临的内外部环境、如何发挥领导作用、如何制订应对合规风险的措施、如何运行合规管理体系、如何为合规管理体系提供支持，以及如何对合规管理体系进行绩效评价和改进，并辅以具体应用案例。本书还说明了合规管理体系与其他管理体系一体化建立的策略及合规管理体系建立与实施的具体路径，并对合规管理体系认证做了简要介绍。

本书阐述的内容兼顾理论性、系统性和可操作性，适合于合规管理工作人员、咨询机构人员、高校师生等阅读，从中了解合规管理体系的必备信息，为各类组织建立、开发、实施、评价、维护和改进合规管理体系提供有价值的参考。

合规管理研究与实践随着时代进步而不断发展。在倡导以标准引领时代进步的中国，合规管理标准化工作从来没有像现在这样重要。在以合规管理标准化支撑我国国家治理体系和治理能力现代化的征途中，期待有更多有志之士参与到合规管理标准化工作之中，为丰富和提升我国合规管理基础研究与标准化实践做出自己的贡献。

国际标准化组织（ISO）原主席

2022 年 11 月

前　言

近年来，党中央、国务院高度重视合规管理。习近平总书记先后在中央全面深化改革领导小组第三十五次会议、推进“一带一路”建设工作5周年座谈会、中央全面依法治国委员会第二次会议、民营企业座谈会等重要场合强调要强化企业合规意识，规范企业经营行为，合法合规经营。2021年3月发布的《中华人民共和国国民经济和社会发展第十四个五年规划和2035年远景目标纲要》提出要“引导企业加强合规管理，防范化解境外政治、经济、安全等各类风险”，要“推动民营企业守法合规经营，鼓励民营企业积极履行社会责任、参与社会公益和慈善事业”。

国务院各部门、各地方政府结合实际陆续出台了合规管理政策，例如，国务院国资委于2022年8月发布了《中央企业合规管理办法》，国家市场监督管理总局于2021年11月发布了《企业境外反垄断合规指引》，国家发展改革委等部门于2018年12月印发《企业境外经营合规管理指引》，中国证监会于2017年6月发布《证券公司和证券投资基金管理公司合规管理办法》，等等。最高人民检察院自2020年3月以来持续推动企业合规不起诉改革，有力地推动了企业合规管理建设工作。

在党和国家、各级政府部门、检察机关等的推动下，我国各类组织的合规管理取得了长足发展。实践中，各类组织开展合规管理的方式和路径可能各式各样、各有特点。但是，面对全球化背景下相关国际组织、各国监管机构、需方等相关方对组织合规提出更高的需求，各类组织仍面临着挑战。为了获得长远发展，组织需基于相关方的需要和期望建立并维护合规文化。只有将合规融入组织文化及为组织工作的人员的行为和意识，合规才能保持可持续性，组织才能实现成功和持续发展。合规管理体系标准《合规管理体系 要求及使用指南》（GB/T 35770—2022/ISO 37301:2021），作为合规管理领域的“通用语言”和技术规则，为各类组织建立、开发、实施、评价、维护和改进合规管理体系，使合规管理与组织的其他管理过程、运行需求和程序相结合，让合规融入组织的领导层、价值观，并成为组织工作人员的行为和意识，最终为开发、传播和维护积极的合规文化等提供了技术解决方案。

为了帮助合规管理工作人员、咨询服务机构人员、高校师生等更好地理解和使用《合规管理体系　要求及使用指南》（GB/T 35770—2022/ISO 37301:2021），本书对其进行了深度解读。本书共10章，阐述了《合规管理体系　要求及使用指南》的产生与发展、作用及特点，对标准中的基本概念及组织环境、领导作用、策划、支持、运行、绩效评价、改进等要件进行了解释和说明，并分析了合规管理体系的建立与实施。本书阐述的内容兼顾理论性、系统性和可操作性，从标准的产生与发展到具体的条文分析，再到标准在实务中的应用，尽可能地使读者在了解组织建立、开发、实施、评价、维护和改进合规管理体系需满足的要求的同时，通过解读典型案例，给出更直观的答案。

本书作者在合规管理、法律风险管理、标准化、合格评定等方面有着丰富的经验。各章节的作者如下。

第一章，王益谊；

第二章，杜晓燕；

第三章，王耕杰、张利宾；

第四章，吴学静、李近宇、李文宇、马迪、秦琦；

第五章，樊光中、李佳；

第六章，陈立彤、张利宾、杜晓燕；

第七章，樊光中、王耕杰；

第八章，胡国辉、刘翠东、杜晓燕；

第九章，李近宇、刘红霞、吴学静；

第十章，李铁男、张利宾。

全书由王益谊、杜晓燕、吴学静统稿。

本书由中国标准化研究院标准化理论战略研究所进行总体策划与统筹。感谢牛娜娜、钱悦对本书的编辑及撰写做出的贡献，感谢全体作者的付出。特别感谢国家市场监督管理总局标准技术管理司、国务院国资委政策法规局和最高人民检察院法律政策研究室的支持。

由于相关研究工作有待继续深入，加之写作时间的限制，难免疏漏之处，恳请读者批评指正，以激励我们在合规管理标准的研究上继续前进。

著者

2022 年 11 月

目　录

第一章

概　　述

2022 年 10 月 12 日，GB/T 35770—2022/ISO 37301:2021《合规管理体系　要求及使用指南》（以下简称 GB/T 35770—2022）由国家市场监督管理总局、国家标准化管理委员会正式批准发布并实施。该国家标准等同采用 ISO 37301:2021，修订并代替了 GB/T 35770—2017/ISO 19600:2014《合规管理体系　指南》（以下简称 GB/T 35770—2017）。为了便于读者更好地了解合规管理体系标准发展的脉络，本章梳理了国际合规管理的发展与演进，回顾了合规管理国际标准的产生与发展，简要概述了我国合规管理的实践与发展。

第一节　国际合规管理的发展与演进

人们较普遍地认为，合规管理的产生及发展过程与西方国家特别是美国公司治理实践有非常密切的关系。本节将对国际上合规管理的起源、演进及演进特点进行介绍。

一、合规管理的起源

合规管理最初属于企业内部为督促员工遵从商业道德以预防商业贿赂和腐败而确立的内部治理方式，后来部分国家政府要求企业建立合规管理机制，对管理者和员工开展合规培训和整改教育，以达到监督企业依法依规经营的目的。

1973 年，美国的监管机构开始提出企业的合规问题以及对企业的反洗钱合规要求。1977 年，美国颁布了《反海外腐败法》，该法主要致力于建立企业反腐败合规内控体系，禁止美国企业在海外业务中贿赂当地政府官员，此可谓聚焦于反腐败领域的“小合规”。为了推动企业的合规风险管理，美国于 1987 年颁布了《联邦量刑指南》，首次将企业犯罪的量刑与合规风险管理挂钩。2002 年，美国安然与世通破产案事件直接导致了美国《萨班斯—奥克斯利法案》的出台，敦促企业建立内控机制和合规管理体系，推动美国行政监管机构开始建立实质性的企业监管机制。2004 年修订后的《联邦量刑指南》重申了企业建立有效合规体系可以减轻处罚的原则，其中提到的合规管理要点，对全球合规管理领域的发展具有重要影响。

美国合规管理相关制度与实践，不仅为本国企业合规管理提供了政策依据，同时也推动了各国政府达成国际反腐败的统一准则，对其他国家立法、国际组织相关政策也产生了积极影响。在国际层面，1976 年，经济合作与发展组织（以下简称 OECD）制定了《经济合作与发展组织跨国企业准则》，涉及劳资关系、社会责任、环境保护及反腐败等方面，这是最早的国际组织规范企业合规商业行为的规则；1997 年，OECD 制定了《国际商务交易活动反对行贿外国公职人员公约》，并于 2010 年发布了《内控、道德与合规最佳实践指南》，成为大型跨国企业商务活动中共同遵守的合规管理准则；2003 年，联合国颁布《联合国反腐败公约》，是联合国历史上通过的第一个用于指导国际反腐败斗争的法律文件；2004 年，联合国全球契约组织修订发布了全球契约十项原则，呼吁全球企业遵守在人权、劳工标准、环境和反腐败等方面的基本原则，是全球范围强化企业合规管理的里程碑；2010 年，英国颁布了《反腐败法案》，提出充足的合规程序和制度可以协助公司免责；2016 年，法国颁布了《萨宾第二法案》，要求超过一定规模的企业必须建立反行贿的合规管理体系，否则企业和高管要遭到处罚，即使没有发生行贿事件。

二、合规管理的演进

现代意义上的合规管理始于 20 世纪 90 年代，随着全球跨国公司的兴起壮大和国际投资贸易发展，企业所处环境不确定性加大，商事规则越来越复杂，相应的风险也越来越大。来自不同区域市场的应对策略，反映在企业合规管理方面则是合规重点领域由最初的反商业贿赂、反腐败、反洗钱，逐步扩展到全面、全域合规，即对企业涉及的所有领域法律、规范及自愿性义务的遵守，包括进出口管制、知识产权保护、数据保护、产品质量安全、网络安全等方面，并且与企业经营业务高度融合。此外，合规管理在英国、法国等国家也逐步转变为政府对企业的强制性要求，企业一旦违规将面临声誉损失、巨额赔偿、刑事制裁等严重后果，甚至企业不建立反腐败合规机制也将受到法律追究（如英国的商业组织预防贿赂失职罪）。

事实上，企业合规管理全面、全域的转变是多重因素相互作用共同促进的结果，主要包括两个方面。一是金融创新的影响，随着科学技术的广泛应用与金融管制的逐步放松，金融创新不断涌现，市场竞争日益激烈，研究规则、利用规则、创新规则成为企业经营管理的重要内容。二是顺应经济全球化的趋势，信息化和全球化带来企业的迅猛发展，企业巨型化、多元化发展，对内部管理及关联企业管理带来巨大的挑战。

放眼世界，全面合规管理的理论体系和价值理念已在各国广泛应用，合规管理法规、制度等也在不断发展和完善中。截至 2022 年年底，全球公认或正在执行的具有显著指导作用的企业合规机制主要包括两类：一是国际组织对于缔约国公司治理合规管理的指引或行为指导，如联合国的《全球契约》、OECD 的《内控、道德与合规最佳实践指南》、世界银行的《诚信合规指南》、亚太经合组织的《高效率公司合规项目基本要素》和国际标准化组织（以下简称 ISO）发布的 ISO 37301:2021《合规管理体系　要求及使用指南》等；二是企业合规中最为核心的反腐败行为公约或法律，如《联合国反腐败公约》《联合国打击跨国有组织犯罪公约》，以及美国的《反海外腐败法》、英国的《反腐败法案》和法国的《萨宾第二法案》等。

三、合规管理的特点

合规管理是企业可持续经营运行的内在要求，也是避免或防范合规风险的前提。合规管理的特点主要表现在以下两个方面。

一是合规管理是推进合规的内生动力。监管是外部监管机构的强制行为，组织面对外部监管往往是被动的。合规是组织自愿选择遵守要求的行为。合规自愿行为与合规监管结合可以有效推进法治。事实上，强化合规可以实现法治、德治与自治的融合，从服从法律和遵守规范的被动行为转变为依法合规的主动行为，即从“要我合规”转变为“我要合规”是推进合规的内生动力，也是合规管理的重要特征。

二是合规管理是法治企业的重要抓手。合规不是一般意义上的遵规守法，而是一个组织自愿把防范合规风险、遵守法律法规、实现合规承诺，以及遵循职业操守道德规范等各项合规义务转化为日常管理的活动，即把合规融入业务全流程各个环节，使之成为全员参与的常态化可持续的管理活动。因此，合规是一个组织强化管理的过程，合规管理可以成为法治企业的抓手。

随着国际组织与发达国家对企业合规管理建设的持续推动，合规管理的内涵和外延也在不断发展和完善。具体来讲，合规管理发展的特点主要表现在以下三个方面。

一是从以个别文件为合规管理体系建设依据，发展为以全球适用的国际标准为依据。过去，企业开展合规管理体系建设主要参照美国或其他国家的合规管理相关文件，随着国际标准的产生与发展，现在则可以依据具有全球适用性的合规管理体系国际标准 ISO 37301:2021，并且经过合规管理体系认证的企业可以借由“合规通行证”获得全球商业伙伴的普遍认可，进而促进企业开展国际贸易和交流合作。

二是从狭义的合规管理发展为广义的全面、全域合规管理。从国际组织与各国政府推动企业强化合规管理的发展过程来看，过去以反腐败为核心的狭义合规管理发展至今已远超反腐败商业贿赂范畴，成为广义的“大合规”管理。当今学术理论界和操作实务界一般所说的合规管理，在不特别指明为反腐败的“小合规”的情况下，已默认指企业及其人员经营管理行为要符合涉及的所有领域法律法规，许可授权，监管规定，法院判决或行政决定，条约、公约和协议，以及企业章程、规章制度、签订的协议或合同等要求。

三是从被动应对政府监管发展为企业竞争新规则。过去，企业可能因违反美国等国家的法律法规被要求建立合规管理体系。现在，一些著名的中外跨国公司正从被动应对合规监管向主动引领合规竞争转变，从过去以技术产品服务为主的竞争转变为提供优质产品、服务并兼具传递公司合规责任和价值理念的多重竞争，以合规责任为核心的企业文化正成为跨国公司的强势竞争力。在巴斯夫、微软等跨国公司合规典型示范带动下，越来越多的跨国公司纷纷投入巨量资源构建诚信合规、高标准道德合规等合规管理体系，并将其作为企业跨国竞争软实力的重要组成部分。这些全球企业在强化自身合规管理体系建设的同时，也积极影响着供应链上的合作企业和同行企业。它们共同构建并改善全球企业合规经营生态圈，促使合规经营上升为全球企业竞争新规则。当前，一个没有合规经营理念的企业已难以有效参与全球企业竞争。

第二节　合规管理国际标准的产生与发展

从合规管理国际标准的提出至今已有 10 年。10 年间，随着全球合规管理研究与实践的不断深入，合规管理国际标准的发展也经历了巨变，从最初为全球各类组织的合规管理体系相关活动提供方向性指导和建议，发展为能够用于组织自我声明符合、第三方认证等活动。本节将结合第一版合规管理国际标准 ISO 19600 和第二版合规管理国际标准 ISO 37301 的制定过程，阐述合规管理国际标准的产生与发展历程。

一、ISO 19600 的制定

随着经济全球化的深入发展，联合国、世界银行、OECD 等国际组织及美国、英国、法国、德国、澳大利亚等国家纷纷制定了更加严格的法律法规、指引、标准，对企业和其他类型组织的合规提出了更加严格的要求。与此同时，各国不断加大对不合规行为的调查和处罚力度。频繁出现的不合规事件，不仅给组织带来重大财产和声誉损失，也加剧了组织所处环境的不确定性。为了使各类组织建立的合规管理体系在全球范围内通行，便利贸易交流与合作，ISO 于 2012 年 10 月成立了 ISO/PC 271 合规管理体系项目委员会，负责制定 ISO 19600。以下将对 ISO 19600 的制定基础、制定过程及主要内容等进行详细介绍。

（一）ISO 19600 的制定基础

ISO 19600 由澳大利亚标准协会提出立项，以 2006 年出版的澳大利亚国家标准 AS 3806—2006《合规计划》（以下简称 AS 3806）为基础起草。该国家标准由澳大利亚标准协会下设的合规体系技术委员会制定，并于 2009 年被新西兰采用为新西兰国家标准。

AS 3806 最初是应澳大利亚竞争和消费者委员会要求制定的，旨在为各类公共和私营组织制定、开发、实施、维护有效合规计划提供原则和指导，帮助它们识别和纠正在遵守法律、法规和规范，以及持续改进等方面的流程上的缺陷。AS 3806 共 6 章，提供了合规计划的总体原则及承诺、实施、监视与测量及持续改进等方面的具体原则。

AS 3806 在澳大利亚的实施与应用，得益于监管机构的推广。AS 3806 的引言中指出，很多情况下，法院在对违反相关法律的行为做出适当处罚的决定时，根据组织的合规计划考虑了其合规承诺。澳大利亚竞争和消费者委员会在其诸多重要法庭判例中引用了 AS 3806，指导各个组织建立、实施、维护和改进有效的合规计划。

（二）ISO 19600 的制定过程

ISO 于 2012 年 10 月成立了 ISO/PC 271 合规管理体系项目委员会，开始制定 ISO 19600《合规管理体系　指南》，历经起草阶段、委员会阶段、询问阶段、批准阶段、发布阶段等，于 2014 年 12 月 15 日正式发布实施。

起草阶段从 2012 年 10 月至 2013 年 4 月。在此阶段，ISO/PC 271 基于 AS 3806 形成 ISO 19600 工作组草案，并于 2013 年 4 月召开了项目委员会会议，对 ISO 19600 工作组草案进行讨论和修改，形成 ISO 19600 委员会草案。

委员会阶段从 2013 年 5 月至 2013 年 12 月。在此阶段，ISO 于 2013 年 5 月 14 日至 8 月 14 日将 ISO 19600 委员会草案分发给项目委员会成员征求意见，并于 2013 年 10 月召开项目委员会会议，对收集到的反馈意见进行了讨论和处理，结合反馈意见对

ISO 19600委员会草案进行了修改和完善，形成ISO 19600询问草案。

询问阶段从2014年1月至2014年7月。在此阶段，ISO于2014年1月21日至2014年4月21日对ISO 19600询问草案发起征求意见和投票。ISO/PC 271于2014年7月召开会议，对收集到的反馈意见进行了讨论和处理，并结合反馈意见对ISO 19600询问草案进行了修改和完善，形成ISO 19600最终国际标准草案。

批准阶段从2014年7月至2014年10月。在此阶段，ISO于2014年7月18日至10月18日发起了FDIS（最终国际标准版草案）投票。

发布阶段为2014年12月。在此阶段，ISO于2014年12月15日正式发布ISO 19600:2014《合规管理体系　指南》。

（三）ISO 19600的主要内容

ISO 19600是ISO发布的第一项合规管理体系国际标准。它是一项跨行业的、指南类管理体系标准，以良好治理、匹配性、透明和可持续性原则为基础，给出了合规管理体系的各项要件及各类组织建立、实施、评价和改进合规管理体系的指导和建议。它的实施对于帮助组织降低合规风险，增加外界对组织的信任，以及营造公平竞争的市场环境具有重要作用。

二、ISO 37301的制定

ISO 19600发布后，ISO/PC 271即宣告解散。2016年，ISO成立了ISO/TC 309机构治理技术委员会，负责ISO 19600的维护。面对日益复杂的国际形势和日趋严峻的贸易保护主义态势，为了应对全球化竞争中企业面临的合规风险，强化企业对合规管理体系和合规文化的认识，ISO/TC 309先后于2017年、2018年启动了对ISO 19600的系统复审、全球评估调查，并基于复审结果、全球评估调查结果，决定制定ISO 37301《合规管理体系　要求及使用指南》。以下将对ISO 19600系统复审和全球评估调查、ISO 37301的制定过程及考虑等进行详细介绍。

（一）ISO 19600的系统复审

2017年7月至12月，ISO/TC 309组织开展了ISO 19600应用情况及需求的系统复审。此次系统复审设计了6个问题，一是关于ISO 19600的复审结果建议，是继续有效、修订/修改还是废止；二是该国际标准在本国被采用为国家标准或其他标准化文件的情况；三是如果被本国采用了，是等同采用还是修改采用；四是如果该国际标准尚未被采用为国家标准或其他标准化文件，该标准是否在本国的产品、过程或服务中使用了；五是该国际标准或者基于该国际标准制定的本国国家标准或其他标准化文件，是否被本国的法律法规所引用；六是如果 ISO/TC 309 决定修订 / 修改 ISO 19600，是否会积极参与标准的修订工作。

复审结果显示，共有 28 个国家成员投票（13 个国家成员弃权），其中，14 个国家成员认为需要对 ISO 19600 进行修订 / 修改，14 个国家成员认为 ISO 19600 继续有效。但是如果 ISO/TC 309 决定修订 ISO 19600 的话，有 20 个国家成员表示愿意积极参与标准的修订并派专家。从 ISO 19600 的应用情况来看，24 个国家成员已经将 ISO 19600 采用为本国国家标准，其中，有 23 个国家是等同采用 ISO 19600，1 个国家是修改采用。

因此，总体来看，ISO 19600 已经在 24 个国家应用，且如果修订 / 修改的话，20 个国家会积极参与。

（二）ISO 19600 的全球评估调查

为了深入了解 ISO 19600 的使用情况及在使用中存在的问题，从而帮助识别修订时需要重点关注的方面和内容，ISO/TC 309 于 2018 年 3 月至 4 月组织开展了 ISO 19600 全球评估调查。全球评估调查主要针对 ISO 19600 条款的理解情况、使用中帮助解决的问题、为组织带来的价值、标准的未来改进等设计了调查问卷。

全球评估调查结果显示，共收到有效的调查反馈 107 份。其中，关于标准的未来改进，40.4% 的反馈者认为需要修订为要求类标准；29.3% 的反馈者认为需要对 ISO 19600 进行少量修改，修订后的文件仍为指南类标准；14.1% 的反馈者认为需要对 ISO 19600 进行较大修改，但修订后的文件仍为指南类标准。

针对全球评估调查结果，ISO/TC 309 于 2018 年 5 月召开会议进行了专门研究与讨论。会议认为，全球评估调查结果不足以勾勒出使用者想要通过修订 ISO 19600 得到一个什么样的标准和潜在的应用效果。因此，ISO/TC 309 决定先编制一个新工作项目提案和管理体系标准论证研究报告；同时对于 ISO 19600 的系统复审，认为 ISO 19600 继续有效，直至新工作项目提案投票结果出来再形成最终决定。

（三）ISO 37301 制定过程

ISO 37301 的制定历时两年半，期间历经预备阶段、提案阶段、起草阶段、委员会阶段、询问阶段、批准阶段、发布阶段七个阶段，于 2021 年 4 月 13 日正式发布实施。

预备阶段始于 2018 年 5 月。在此阶段，ISO/TC 309 主要是基于 ISO 19600 复审结果、全球评估调查结果等，研究编制新工作项目提案和将 ISO 19600 修订为要求类管理体系标准所需的论证研究报告。

提案阶段从 2018 年 5 月底至 2018 年 9 月底。在此阶段，ISO/TC 309 将新工作项目提案和管理体系标准论证研究报告提交至 ISO/TMB/TF MSS，并于 2018 年 6 月底获得 ISO/TMB/TF MSS 批准。随即，ISO/TC 309 发起了新工作项目提案 ISO 37301《合规管理体系　要求及使用指南》的投票，并成立新的工作组 WG4 来负责此项国际标准的投票。投票于 2018 年 9 月下旬获得通过。

起草阶段从 2018 年 9 月底至 2019 年 2 月底。在此阶段，ISO/TC 309 和 WG4 先后于 2018 年 11 月、2019 年 2 月召开了两次工作组会议。其中，2018 年 11 月的会议上，形成了 ISO 37301 工作组草案，并提交工作组成员征求意见；2019 年 2 月的会议上，根据工作组成员对工作组草案的反馈意见，修改完善形成了 ISO 37301 的委员会草案第 1 稿。

委员会阶段从 2019 年 3 月初至 2019 年 12 月底。在此阶段，ISO/TC 309 和 WG4 先后于 2019 年 6 月、2019 年 11 月召开了两次工作组会议。其中，2019 年 6 月的会议上，根据工作组成员对委员会草案第 1 稿的反馈意见，修改完善形成了 ISO 37301 的委员会草案第 2 稿，再次提交工作组成员征求意见；2019 年 11 月的会议上，根据工作组成员对委员会草案第 2 稿的反馈意见，修改完善形成了 ISO 37301 的询问草案。

询问阶段从 2020 年 1 月至 2020 年 12 月。在此阶段，ISO/TC 309 于 2020 年 3 月 13 日至 2020 年 6 月 5 日发起了询问草案投票，最终以 95% 赞成票通过了投票表决。其后，ISO/TC 309 和 WG4 于 2020 年 8 月底至 9 月初，召开了工作组会议，根据收到的询问草案的反馈意见，修改完善形成了 ISO 37301 的最终国际标准草案。

批准阶段从 2021 年 1 月至 2021 年 4 月初。在此阶段，ISO 于 2021 年 1 月 6 日至 2 月 26 日发起了最终国际标准草案投票。同时，ISO/TC 309 发起了废止 ISO 19600 的投票，投票期为 2021 年 1 月 5 日至 3 月 3 日。

发布阶段为 2021 年 4 月。在此阶段，ISO 于 2021 年 4 月 13 日正式发布 ISO 37301《合规管理体系　要求及使用指南》，取消并代替 ISO 19600。

第三节　我国合规管理的实践与发展

近年来，党中央、国务院、各级政府部门等高度重视合规管理工作，先后出台了一系列鼓励和引导各类组织合规管理的政策措施，营造了合规管理发展的良好政策环境，合规管理在我国取得了长足发展。以下将重点介绍我国合规管理相关的政策制度、发展情况及合规管理体系标准的发展。

一、我国合规管理相关的政策制度

自 2016 年以来，党中央、国务院高度重视企业合规，习近平总书记先后在多个重要会议上强调要强化企业合规意识，规范企业经营行为，合法合规经营。2017 年 5 月 23 日，习近平总书记主持召开中央全面深化改革领导小组第三十五次会议，会议讨论了中国企业面临合规挑战的新问题，指出："加强企业海外经营行为合规制度建设，逐步形成权责明确、放管结合、规范有序、风险控制有力的监管体制机制，更好服务对外开放大局"。2018 年 8 月 27 日，习近平总书记在推进"一带一路"建设工作 5 周年座谈会上指出要规范企业投资经营行为，合法合规经营，注意保护环境，履行社会责任，成为共建"一带一路"的形象大使。2019 年 2 月 25 日，习近平总书记主持召开中央全面依法治国委员会第二次会议，会议强调，要加快推进我国法域外适用的法律体系建设，加强涉外法治专业人才培养，积极发展涉外法律服务，强化企业合规意识，保障和服务高水平对外开放。在 2021 年 3 月发布的《中华人民共和国国民经济和社会发展第十四个五年规划和 2035 年远景目标纲要》中，将合规管理上升到促进国内国际双循环的高度，明确提出要"引导企业加强合规管理，防范化解境外政治、经济、安全等各类风险"，要"推动民营企业守法合规经营，鼓励民营企业积极履行社会责任、参与社会公益和慈善事业"。

在各级政府部门、检察机关层面，国务院国有资产监督管理委员会、最高人民检察院、国家市场监督管理总局等结合各自工作，制定发布了引导企业合规的办法、指引等（见表 1-1），营造了企业合规的良好氛围。例如，最高人民检察院、司法部、财政部、生态环境部、国务院国有资产监督管理委员会、国家税务总局、国家市场监督管理总局、中华全国工商业联合会、中国国际贸易促进委员会于 2021 年 6 月联合发布《关于建立涉案企业合规第三方监督评估机制的指导意见（试行）》，对涉案企业合规第三方监督评估机制的建立运行做出了规定；国家市场监督管理总局于 2021 年 11 月发布了《企业境外反垄断合规指引》，为企业建立和加强境外反垄断合规管理制度，增强企业境外经营反垄断合规管理意识，提升境外经营反垄断合规管理水平，防范境外反垄断法律风险等提供了指导；国务院国有资产监督管理委员会于 2022 年 8 月发布《中央企业合规管理办法》，对中央企业进一步深化合规管理提出明确要求。

表 1-1　主要的合规管理相关政策制度文件

序号	文件名称	文件类型	发布单位
1	《证券公司和证券投资基金管理公司合规管理办法》(2020 年修订)，中国证券监督管理委员会令第 133 号	部门规章	中国证券监督管理委员会，2020 年 3 月 20 日
2	《中央企业合规管理办法》，国务院国有资产监督管理委员会令第 42 号	部门规章	国务院国有资产监督管理委员会，2022 年 8 月 23 日
3	《保险公司合规管理办法》，保监发〔2016〕116 号	部门规范性文件	中国保险监督管理委员会（已撤销），2016 年 12 月 30 日
4	《企业境外经营合规管理指引》，发改外资〔2018〕1916 号	部门规范性文件	国家发展和改革委员会、外交部、商务部等，2018 年 12 月 26 日
5	《关于加强中资商业银行境外机构合规管理长效机制建设的指导意见》，银保监办发〔2019〕13 号	部门规范性文件	中国银行保险监督管理委员会，2019 年 1 月 9 日
6	《经营者反垄断合规指南》，国反垄发〔2020〕1 号	部门规范性文件	国务院反垄断委员会，2020 年 9 月 18 日
7	《商务部关于两用物项出口经营者建立出口管制内部合规机制的指导意见》，商务部公告 2021 年第 10 号	部门规范性文件	商务部，2021 年 4 月 28 日
8	《关于建立涉案企业合规第三方监督评估机制的指导意见（试行)》，高检发〔2021〕6 号	部门规范性文件	最高人民检察院、司法部、财政部、生态环境部、国务院国有资产监督管理委员会、国家税务总局、国家市场监督管理总局、中华全国工商业联合会、中国国际贸易促进委员会，2021 年 6 月 3 日
9	《企业境外反垄断合规指引》，国市监反垄发〔2021〕72 号	部门规范性文件	国家市场监督管理总局，2021 年 11 月 15 日
10	《涉案企业合规建设、评估和审查办法（试行)》，全联厅发〔2022〕13 号	团体规定	中华全国工商业联合会、最高人民检察院、司法部、财政部、生态环境部、国务院国有资产监督管理委员会、国家税务总局、国家市场监督管理总局、中国国际贸易促进委员会，2022 年 4 月 19 日

二、我国合规管理体系标准的发展

我国现有的合规管理体系标准主要等同采用 ISO 国际标准。与 ISO 合规管理体系标准发展的步伐一样，我国先后等同采用 ISO 19600:2014、ISO 37301:2021 制定了 GB/T 35770—2017、GB/T 35770—2022。以下将对合规管理体系标准的理论基础、GB/T 35770—2017 的制定与发展、GB/T 35770—2022 的制定与发展展开介绍。

（一）合规管理体系标准的理论基础

合规管理体系标准作为针对“合规”这个特定主题的管理体系标准，其制定遵循着管理体系标准的理念、原则和方法，采用 P–D–C–A（策划—实施—检查—处置，Plan-Do-Check-Act，以下简称 PDCA）理念，强调系统性地规范各类合规管理制度和措施，注重基于风险管理思维及运用内控管理手段，以达到合规管理的目的。

1. PDCA 理念和模型

PDCA 理念和模型是由美国质量管理专家沃特·阿曼德·休哈特最先提出的，而后得到美国质量管理专家爱德华兹·戴明的采纳和推广后获得普及，所以又称为戴明环。PDCA 理念和模型包括四个阶段：第一阶段是策划阶段，通过调查、评估与分析，制定管理目标及达到这些目标的具体措施和方法；第二阶段是实施阶段，按照所制订的计划和措施去付诸实施；第三阶段是检查阶段，对照计划检查执行情况和效果，及时发现计划实施过程中的经验和存在的问题；第四阶段是处置阶段，根据检查的结果采取措施，把成功的经验加以肯定，形成规范，对于存在的问题，采取措施防止后续再次发生。

2. 风险管理理论

“基于风险的思维”是所有管理体系标准所遵循的最基本的思维模式。在组织的内外部环境、相关方需求和期望分析的基础上，识别具体管理领域所面临的管理风险及风险的严重程度，据此建立相应的规章制度，以实现规避和应对风险的管理目标。风险管理理论是合规管理体系标准的核心方法论，风险管理旨在研究风险发生规律和风险控制技术，通过风险识别、风险分析、风险评估、风险应对、风险监测等，对风险实施有效控制。风险管理的发展经历了传统风险管理、现代风险管理和全面风险管理三个阶段。全面风险管理强调将风险管理要求和流程融入各个管理环节和日常经营过程中，为实现风险管理的总体目标提供合理保证。风险管理的最终目标是支持组织战略和经营目标的实现，其中包括确保组织业务活动的合规性。

3. 内控管理方法

内部控制是由企业建立的，通过约束和激励等手段，以保障企业各利益相关方的行为能够按照契约的要求进行，并能够使契约自我优化的一种系统化的机制，其目的主要是实现企业目标。内控管理方法作为合规管理体系建立及实施的重要抓手，能够确保合规管理体系建立及实施的有效性，并可向内促使企业形成合力，从而激发企业自身不断优化及提升合规管理能力，以实现管理体系持续改进的要求。

（二）GB/T 35770—2017 的制定与应用

2016 年 5 月，为增强我国企业特别是跨国企业的国际竞争力，使其免于遭受违规带来的重大财产和声誉损失，中国标准化研究院提出制定《合规管理体系　指南》国家标准，并于 2016 年 10 月获得国家标准化管理委员会批准，下达立项计划。

随后，中国标准化研究院组建了起草工作组，成员来自国务院国资委、北京市国资委、深圳海关、原北京市工商局等政府部门，福特汽车、北京新世纪跨国公司研究所、中建科技集团、中石油、微软中国有限公司等国内外企业，德勤华永、毕马威等会计律师事务所。在对 ISO 19600:2014 条款内容进行翻译、研讨、分析的基础上，历经起草、征求意见、技术审查等阶段，起草组完成《合规管理体系　指南》的编制工作，并于 2017 年 8 月完成报批。

2017 年 12 月 29 日，GB/T 35770—2017《合规管理体系　指南》正式发布，并于 2018 年 7 月 1 日起实施。GB/T 35770—2017 得到了相关政府部门、企业等的高度关注，成为政府部门制定合规管理相关政策制度文件、企业开展合规管理体系建设工作等的重要参考，在央企合规管理、通关便利化等活动中，以及航空、制药、电子商务、金融等领域得到了广泛应用。

（三）GB/T 35770—2022 的制定和主要内容

随着合规管理研究与实践的发展，国内相关方对合规和合规管理体系的认识和实践不断深入，合规创造价值已经成为各界的普遍共识。且越来越多的企业希望能够通过自我声明符合、第二方评价和第三方认证等方式获得社会对其合规管理工作的认可，新的需求与建议不断产生。与此同时，GB/T 35770—2017 对应的国际文件 ISO 19600:2014 即将被 ISO 37301:2021 所代替。在此背景下，启动了《合规管理体系　要求及使用指南》的制定工作。

1. GB/T 35770—2022 的制定过程及考虑

2021 年年初，中国标准化研究院向国家标准化管理委员会提出了修订 GB/T 35770—2017 的立项提案，并于 2021 年 8 月获得国家标准化管理委员会批准，下达立项计划。

中国标准化研究院在 ISO 37301:2021 国内对口专家组的基础上，面向社会征集了起草单位和起草专家，来自中国标准化研究院、北京大成律师事务所、中国石油天然气集团有限公司等 25 家单位的 29 名专家共同组成了起草工作组。在编制之初，起草工作组对 ISO 37301:2021 的内容及其在我国的适用性进行了研究与评估，一致认为，从便利贸易与交流，以及企业跨境经营的角度，我国需要等同采用 ISO 37301:2021；但是考虑到 ISO 37301:2021 中的某些内容在我国有不同的理解，建议增加一个资料性附录，以对这些内容提供补充性的解释或说明。在这个起草思路的指引下，历经起草、征求意见、技术审查等阶段，起草工作组完成《合规管理体系 要求及使用指南》的编制工作，并于 2022 年 7 月完成报批。

在 GB/T 35770—2022 的编制过程中，考虑到它是管理体系要求标准，且等同采用国际标准，因此，在标准文本的翻译准确性方面进行了大量的研讨与校准，同时确保与 GB/T 20001.11—2022《标准编写规则 第 11 部分：管理体系标准》中规定的所有管理体系标准共有的核心内容保持一致，以便相关方在实践中能够很方便地开展一体化管理体系建设工作。

2. GB/T 35770—2022 的主要内容

GB/T 35770—2022 由正文、附录 A 和附录 NA 组成。其中，正文从组织环境、领导作用、策划、支持、运行、绩效评价和改进七个方面，规定了组织建立、开发、实施、维护和改进合规管理体系的要求；附录 A 给出了使用指南和推荐做法；附录 NA 对合规义务、合规文化、数字化与合规管理、管理体系一体化融合等内容做了补充、提示或者进一步的细化与解释。以下将主要围绕合规管理体系的构成要件对正文的内容进行介绍。合规管理体系的常见要件如图 1-1 所示。

（1）组织环境

组织所处的环境构成了组织赖以生存的基础。这些环境既涉及法律法规、监管要求、行业准则、良好实践、道德标准，又涉及组织自行制定或公开声明遵守的各类规则。因此，建立合规管理体系首先要对组织所处的环境予以识别和分析。GB/T 35770—2022 从以下方面规定了识别和分析组织环境的要求：一是确定影响组织合规管理体系预期结果能力的内部和外部事项；二是确定理解相关方的需求和期望；三是确定合规管理体系的边界和适用性，确立其范围；四是确定反映组织价值观、目标、战略和合规风险的合规管理体系；五是识别与组织的活动、产品和服务有关的合规义务；六是评估合规风险。

（2）领导作用

领导是合规管理的根本，对于整个组织树立合规意识、建立高效的合规管理体系具有至关重要的作用。GB/T 35770—2022 对组织的治理机构、最高管理者等如何发挥领导作用做出了规定：一是治理机构和最高管理者要展现对合规管理体系的领导作用和承诺，确保合规治理原则得到实施，建立、维护并在组织各个层面推进合规文化；二是要确立合规方针；三是确定治理机构和最高管理者、合规团队、管理者及人员相应的职责和权限。

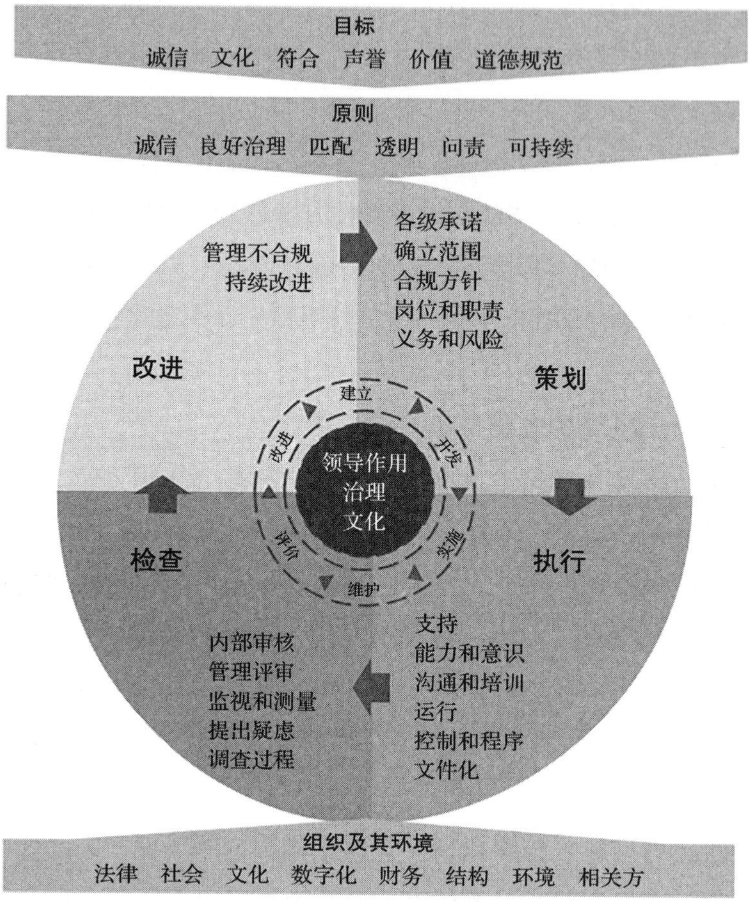

图 1-1　合规管理体系的常见要件

（3）策划

策划是预测潜在的情形和后果，对于确保合规管理体系能实现预期效果，防范并减少不希望的影响，实现持续改进具有重要作用。GB/T 35770—2022 从以下方面规定了策划合规管理体系的要求：一是综合考虑组织内外部环境问题、合规义务和合规目标，策划应对风险和机会的措施，并将这些措施纳入合规管理体系；二是在相关职能和层级上确立适宜的合规目标，策划实现合规目标需建立的过程；三是有计划地对合规管理体系进行变更。

（4）支持

支持是合规管理的重要保障，对于合规管理体系在各个层面得到认可并保障合规行为实施具有重要的支持作用。GB/T 35770—2022 从以下方面规定了支持措施：一是确定并提供所需的资源，例如财务资源、工作环境与基础设施等；二是招聘能胜任且能遵守合规要求的人员，对违反合规要求的人员采取纪律处分等管理措施，并提供培训；三是提升员工合规意识；四是开展内部和外部沟通与宣传；五是创建、控制和更新文件化信息。

（5）运行

运行是立足于执行层面，策划、实施和控制满足合规义务和战略层面规划的措施相关的过程，以确保组织运行合规管理体系。GB/T 35770—2022 从以下方面对运行做出了规定：一是为满足合规要求和实施策划所确定的措施，需要通过一定方式策划和控制运行；二是实施控制来管理组织的合规义务和相关合规风险，并对这些控制进行维护、定期评审和测试来确保其持续有效；三是要确立、实施并维护一个报告过程，鼓励和促进（在有合理理由相信信息真实的情况下）报告试图、涉嫌或实际存在的违反合规方针或合规义务的行为；四是要开发、建立、实施并维护调查过程，对有关涉嫌或实际的不合规情形的报告进行评估、评价和调查。

（6）绩效评价

绩效评价是对合规管理体系建立并运行后的绩效、体系的有效性评价，对于查找可能存在的问题、后续改进合规管理体系等具有重要意义。GB/T 35770—2022 对如何开展合规管理体系绩效评价做出了规定：一是监视、测量、分析和评价合规管理体系的绩效和有效性；二是有计划地开展内部审核；三是定期开展管理评审。

（7）改进

改进是对合规管理体系运行中发生不符合或不合规情况做出反应，评价是否需要采取措施，消除不符合或不合规的根本原因，以避免再次发生或在其他地方发生，并持续改进，以确保合规管理体系的动态持续有效。GB/T 35770—2022 从以下方面对改进做出了规定：一是持续改进合规管理体系的适宜性、充分性和有效性；二是对发生的不符合、不合规采取控制和纠正措施。

3. 与 GB/T 35770—2017 相比的主要变化

GB/T 35770—2022 与 GB/T 35770—2017 相比，在标准类型、结构和技术内容三个方面做了大幅调整。

（1）标准类型的变化

从标准类型上，GB/T 35770—2017 是一项跨行业的指南类管理体系标准，为建立、改进或提升管理体系提供了指导。GB/T 35770—2022 是一项跨行业的要求类管理体系标准，规定了建立、开发、实施、维护和改进合规管理体系的要求。尽管 GB/T 35770—2022 为了便于使用者理解和应用正文中的要求，在附录中提供了使用指南和补充指南，但是这两个指南并不能影响 GB/T 35770—2022 所属的标准类型。因此，GB/T 35770—2022 与 GB/T 35770—2017 相比，在标准类型方面的主要变化是由指南类管理体系标准修订为要求类管理体系标准，标准正文中的条款相应地全部使用要求型条款表述。

（2）结构的变化

从结构上，GB/T 35770—2017 只有正文，不包含附录。而 GB/T 35770—2022 由正文和两个资料性附录构成，其中，附录 A 对应着标准正文中的条款内容和先后顺序，给出了如何理解和使用每个条款内容的指导、建议、解释；附录 NA 则在附录 A 的基础上，对于在我国具有不同理解和适用性的内容给出了补充解释。GB/T 35770—2022 的两个资料性附录提高了 GB/T 35770—2022 的易用性和可操作性。

（3）技术内容的变化

从技术内容上，GB/T 35770—2022 与 GB/T 35770—2017 相比，在以下方面有较大的技术变化：一是修改了合规义务的定义，明确合规义务覆盖组织自愿选择遵守的要求；二是将合规管理体系所涉及的组织内的个体扩大至所有人员；三是强化了合规治理原则，以便确保合规管理体系能够真正发挥作用；四是强化了治理机构和最高管理者对合规管理体系的领导作用和应负责任，要求治理机构以合规目标的实现情况作为最高管理者的衡量标准，对最高管理者运行合规管理体系的情况进行监督；五是突出了合规文化的作用，合规文化贯穿整个组织，与组织的结构和控制系统相互作用，能够产生有利于合规的行为准则，指引组织和人员行为的发展方向，因此要求在组织内的所有层面上发展、维护和促进合规文化；六是强调合规管理体系有效性，要求最高管理者指导和支持人员为合规管理体系的有效性做出贡献，强调在合规管理体系运行中通过引入对控制措施的测试，确保组织控制的有效性，进而确保合规管理体系建立和运行的有效性；七是增加了人员聘用过程、提出合规疑虑和调查过程的要求。

（四）GB/T 35770—2022 的应用

GB/T 35770—2022 作为要求类管理体系标准，对于各类组织的合规管理能力建设、贸易交流、政府监管活动等具有重要的意义。

一是作为各类组织自我声明符合的依据。各类组织通过实施 GB/T 35770—2022 建立、运行、评价、维护、改进合规管理体系，能够提升合规管理能力和合规经营水平，一方面使组织的行为及行为结果合规，通过自我声明符合 GB/T 35770—2022，便于贸易活动的开展，另一方面在需要时还能够据此标准追溯组织是否符合了合规管理体系规定的内容或证实是否达到了合规要求。

二是作为认证机构开展认证的依据。GB/T 35770—2022 规定了合规管理体系的要求，认证机构在认证活动中，可以直接应用或者在其认证技术规范中明确 GB/T 35770—2022 作为组织符合合规管理体系要求的认证依据。

三是作为政府机构监管的依据。政府机构通过在法律、法规规章等文件中引用 GB/T 35770—2022，将合规管理理念应用于行政监管活动，引导、规范各类组织、行业发展，弥补已有监管手段和措施失灵，通过对组织的合规管理体系运行情况评价结果匹配相应的监管手段和措施，实施精准监管。

四是作为司法机关对违规企业量刑与监管验收的依据。GB/T 35770—2022 所规定的合规管理体系要求，可以作为司法机关对涉及违规企业量刑的考量依据，可以作为落实依法不捕不诉不提出判刑建议等司法意见、制定合规指引、督促企业合规整改和第三方监管验收的依据。

第二章

合规管理体系基本概念

GB/T 35770—2022 界定了合规管理体系的 31 个基本概念。其中，20 个概念是所有管理体系标准的通用概念，11 个概念是合规管理体系标准的特有概念。本章将基于这些概念之间的关系，首先阐释所有管理体系标准的通用概念，然后再阐释合规管理体系标准的特有概念，为相关方更好地理解和应用 GB/T 35770—2022 条款内容奠定基础。

一、合规管理体系标准的通用概念

管理体系标准的通用概念包括“管理体系”“方针”等 20 个概念。依据概念之间的关系，这些概念分为有关管理体系的概念、有关要求的概念等七类。

（一）有关管理体系的概念

与管理体系有关的概念包括“管理体系”和“方针”两个概念。

1.“管理体系”的概念

【标准条款】

> **3.4　管理体系 management system**
>
> 组织为确立方针和目标以及实现这些目标的过程所形成的相互关联或相互作用的一组要件。
>
> **注 1：**一个管理体系可能针对一个或几个主题。
>
> **注 2：**管理体系要件包括组织的结构、岗位和职责、策划和运行。

管理体系是指“组织为确立方针和目标以及实现这些目标的过程所形成的相互关联或相互作用的一组要件”。通常可以从以下四个方面来理解。

第一，从组成上，管理体系是一组要件，包括组织的结构（例如，治理机构、最高管理者、管理层、人员等）、岗位和职责（例如，最高管理者的职责、管理层的岗位和职责等）、策划和运行。

第二，从要件之间的关系上，构成管理体系的各个要件是相互关联、相互作用的，例如，组织的结构与岗位、职责存在着对应关系，策划、运行活动由具有相应职责的人员组织开展，运行活动按照策划进行等，这样才能使管理体系作为一个整体得以运作。

第三，从建立的目标和任务上，管理体系是为了确立组织的方针和目标，以及实现目标的过程而形成的，它服务于组织的方针和目标的实现。

第四，从覆盖的主题上，管理体系可能针对一个或几个主题，例如，管理体系可能针对质量、环境、健康、合规、反贿赂等主题中的一个，也可能同时针对质量、环境、健康、合规等多个主题。

2.“方针”的概念

【标准条款】

> **3.5　方针 policy**
>
> 由最高管理者正式表述的组织的意图和方向。
>
> **注：**方针也可能由组织的治理机构正式表述。

方针是指“由最高管理者正式表述的组织的意图和方向”。通常可以从以下两个方面来理解。

第一，从主体上，方针是由组织的最高管理者正式表述的。根据具体情况，方针也可能由组织的治理机构正式表述。

第二，从内容上，方针是指组织的意图和方向，例如，组织的使命等，相对抽象和宏观。以下以 A 公司为例，给出了 A 公司的合规方针表述。

“只有清廉的业务才是 A 公司的业务。

“A 公司的合规体系，以管理层职责为核心，打造诚信与透明的企业文化。公司以负责任的态度开展各项业务，严格遵守中国的各项法律法规及 A 公司的《商业行为准则》。公司决不姑息任何违法和不道德的行为，以一整套约束性的规章制度，要求所有员工遵纪守法，诚信守德。”

（二）有关要求的概念

有关要求的概念包括“要求 / 需求”“符合”“不符合”3 个概念。其中，“要求 / 需求”是“符合”“不符合”的根概念。

1.“要求 / 需求”的概念

【标准条款】

> **3.14　要求 / 需求 requirement**
>
> 规定的、不言而喻的或有义务履行的需要或期望。
>
> **注 1**：不言而喻的或有义务履行的需要或期望是指需求，其中，“不言而喻”是指组织和相关方的惯例或一般做法，不言而喻的需要或期望是不用说就明白的。
>
> **注 2**：规定的需要或期望是指要求，也就是符合 GB/T 1.1—2020 中定义的要求，即表达声明符合该文件需要满足的客观可证实的准则。
>
> **注 3**：一项具体要求是在诸如文件化信息中规定的需要或期望。

要求 / 需求是指“规定的、不言而喻的或有义务履行的需要或期望”。“要求 / 需求”的英文对应词均为“requirement”，但是在 GB/T 35770—2022 的不同条款中，要求、需求所代表的具体含义是不同的。“要求”是规定的需要或期望，也就是表达声明符合 GB/T 35770—2022 需要满足的客观可证实的准则，例如，在 GB/T 35770—2022 的 5.3.1 中规定，“治理机构和最高管理者应分配职责和权限，以便：a）确保合规管理体系符合本文件的要求”，该条款中的“要求”指的是 GB/T 35770—2022 中所规定的要求，各类组织只有满足了这些要求，才能声明符合 GB/T 35770—2022。

“需求”是不言而喻的或有义务履行的需要或期望。其中，“不言而喻”指的是组织和相关方的惯例或一般做法，不言而喻的需要或期望是不用说就明白的，例如，向客户提供满意的咨询服务；有义务履行的需要或期望是在诸如法律法规中明确要求履行的，例如，《食品安全法》中规定的“餐具、饮具和盛放直接入口食品的容器，使用前应当洗净、消毒”，就是有义务履行的需要或期望。

2.“符合”的概念

【标准条款】

> **3.15　符合 conformity**
>
> 满足要求。

符合是指“满足要求”。通过定义可以看出，符合是针对某项要求而并非组织的全部要求，只要满足了某一项要求，那么，针对该要求就是符合的。

需要注意的是，符合与合规是有区别的，合规针对的是履行组织需要强制性地遵守的要求和自愿选择遵守的要求，而符合仅针对特定要求的满足情况，并不针对所有要求的满足情况。

3.“不符合”的概念

【标准条款】

> **3.16　不符合 nonconformity**
>
> 未满足要求。
>
> **注：**不符合不一定是不合规。

不符合是指“未满足要求”。通过该定义可以看出，不符合针对某项要求而并非组织的全部要求。当组织未满足某一项要求时，针对该项要求是不符合的，而并非组织整体的不符合。

需要注意的是，不符合与不合规是有区别的。组织未满足某项要求，不一定会导致组织未履行合规义务，因此，不符合不一定是不合规。

（三）有关组织的概念

与组织有关的概念包括“组织”“相关方”两个概念。

1.“组织”的概念

【标准条款】

> **3.1　组织 organization**
>
> 为实现目标，由职责、权限和相互关系构成自身功能的一个人或一组人。
>
> **注 1：**组织的概念包括但不限于个体经营者、公司、集团公司、商行，企事业单位、行政机构、合伙企业、慈善机构或研究机构，或上述组织的部分或组合，无论是否具有法人资格，公有或私有。
>
> **注 2：**如果组织是大型实体的某个组成部分，那么，术语“组织”仅指在合规管理体系范围内的这个组成部分。

组织是指“为实现目标，由职责、权限和相互关系构成自身功能的一个人或一组人”。通常可以从以下四个方面来理解。

第一，从本质上，组织是由人组成的，可能是一个人，也可能是一组人（几十人、几百人、上千人、上万人等）。

第二，从存在目的上，组织是为了实现目标而形成的，并不是简单的人员的集合。组织的目标通常可以理解为组织的宗旨、使命、意图等。

第三，从存在形式上，与组织的存在目标相对应，组织的目标不同，其存在形式也多样。组织可以是公有的，也可以是私有的；组织可以是法律规定的法定实体，例如个体经营者、公司、集团公司、商行、企事业单位、合伙企业、慈善机构或研究机构，也可以是行政实体，例如行政机构；组织可以是法人组织，也可以是非正式组织；在合规管理体系建立中，组织还可以是某个法人组织的部分或几个部分的组合。如果组织是大型实体的某个组成部分，那么，术语“组织”仅指在合规管理体系范围内的这个组成部分，例如，某公司涉及食品、药品、保健品等多项业务，但现阶段仅针对食品业务开展合规管理体系建设，那么，根据该公司的情况，在实施 GB/T 35770—2022 时，标准条款中的“组织”就可以理解为该公司的食品事业部。

第四，从内部架构上，组织不是一个人或一组人的简单集合，组织围绕着目标，对人员进行分工，分配职责、权限，确立彼此之间的相互关系（领导关系、工作衔接关系等），从而确保实现组织的目标。

2.“相关方”的概念

【标准条款】

3.2　相关方 interested party

能够影响决策或活动、受决策或活动影响或自认为受决策或活动影响的个人或组织。

相关方是指“能够影响决策或活动、受决策或活动影响或自认为受决策或活动影响的个人或组织”。通常可以从以下两个方面来理解。

第一，从本质上，组织的相关方可能是个人或者某个 / 几个组织。

第二，从类型上，相关方主要分为三类，第一类是能够影响组织决策的个人或组织，例如，股东、董事等；第二类是受组织的决策影响的个人或组织，例如，组织的员工、业务伙伴等；第三类是认为自己受组织的决策或活动影响的个人或组织，例如，消费者等。

（四）与人员和机构有关的概念

与人员和机构有关的概念是“最高管理者”。

【标准条款】

> **3.3　最高管理者 top management**
>
> 在最高层指挥和控制组织的一个人或一组人。
>
> **注 1：** 最高管理者有权在组织内部授权和提供资源。
>
> **注 2：** 如果管理体系的范围仅覆盖组织的某个组成部分，那么最高管理者是指挥和控制该部分的一个人或一组人。
>
> **注 3：** 在本文件中，“最高管理者”指最高级别的执行管理层。

最高管理者是指“在最高层指挥和控制组织的一个人或一组人”。通常可以从以下三个方面来理解。

第一，从本质上，组织的最高管理者是一个人或一组人，例如，总经理。

第二，从职能上，最高管理者是实际在最高层指挥、控制组织的一个人或一组人，是有权授权他人行使职责或提供各类资源的一个人或一组人。

第三，从存在形式上，由于组织的合规管理体系覆盖的范围不同，因而，组织合规管理体系的最高管理者也会不同。如果管理体系的范围仅覆盖组织的某个组成部分，例如，某个子公司或某个业务部门，那么最高管理者为指挥和控制组织的这个子公司的总经理或业务部门经理。

（五）有关活动或过程的概念

有关活动或过程的概念包括“过程”“监视”“测量”“审核”“纠正措施”“持续改进”6 个概念。

1.“过程”的概念

【标准条款】

> **3.8　过程 process**
>
> 使用或转化输入以实现结果的一组相互关联或相互作用的活动。
>
> **注：** 某个过程的结果是称为输出，还是称为产品或服务，取决于相关语境。

过程是指“使用或转化输入以实现结果的一组相互关联或相互作用的活动”。通常可以从以下两个方面来理解。

第一，从本质上，过程是活动的集合，且在一个管理体系中，这些活动是相互关联、相互作用的。例如，合规义务的识别过程与组织从事的各项业务过程相互关联；

合规风险的识别、分析过程，与组织合规义务的识别、分析过程相互关联等。

第二，从运行上，每个过程都会使用一定的输入（如信息、资源、能量等）形成结果或者将输入转化为结果，前者形成的结果中还能看到输入（例如，板材加工过程），后者形成的结果中已经看不到输入（输入已经通过能量等转换到结果中了，例如，垃圾焚烧）了。依据具体的语境，某个过程的结果可能表述为输出、产品或服务。

2.“监视”的概念

【标准条款】

> **3.20　监视 monitoring**
>
> 确定体系、过程或活动的状态。
>
> **注：**确定状态可能需要检查、监督或严格观察。

监视是“确定体系、过程或活动的状态”的一种活动。通常可以从以下三个方面来理解。

第一，从对象上，监视活动的对象可能是体系、过程或活动，监视对象不同，所采取的监视手段、实施频次可能就不同。

第二，从监视手段上，根据具体对象，可以采取检查、监督或严格观察等不同手段。

第三，从监视内容上，针对不同的对象，监视的内容可能不同（可能是定性的特性，也可能是定量的特性），因此，需要根据监视对象来确定监视内容。

3.“测量”的概念

【标准条款】

> **3.19　测量 measurement**
>
> 确定数值的过程。

测量是指“确定数值的过程”。通常可以从以下三个方面来理解。

第一，从对象上，测量侧重于那些能够用定量工具 / 手段衡量的对象。

第二，从内容上，测量侧重于那些能够定量计算或表示的特性，例如，满意度、投诉率、结案率等。

第三，从工具 / 手段上，测量可能会借助于专业的测量工具、复杂的计算方法等。

4.“审核”的概念

【标准条款】

> **3.18 审核 audit**
>
> 获取审核证据并对其进行客观评价，以确定审核准则满足程度所进行的系统的、独立的过程。
>
> **注1**：审核可能为内部（第一方）审核或外部（第二方或第三方）审核，也可能为多体系审核（合并两个或多个主题）。
>
> **注2**：内部审核由组织自行实施或代表组织的外部机构实施。
>
> **注3**：“审核证据”和“审核准则”的定义见ISO 19011。
>
> **注4**：独立性能通过对正在被审核的活动免于承担责任或无偏见和利益冲突来证实。

审核是指“获取审核证据并对其进行客观评价，以确定审核准则满足程度所进行的系统的、独立的过程”。通常，可以从以下三个方面来理解。

第一，审核是一项系统的过程，主要体现在审核过程本身的系统性和审核内容的系统性两方面。

第二，审核是一项独立的过程，由与正在被审核的活动无责任关系、对其无偏见和利益冲突的相关方实施。

第三，审核有多种形式。按照审核的实施主体划分，可以分为内部（第一方）审核和外部（第二方或第三方）审核；按照审核内容划分，可以分为单体系审核（例如，仅开展合规管理体系审核）和多体系审核（合并两个或多个主题，例如，开展合规管理体系和质量管理体系双体系审核）。需要注意的是，内部审核可以由组织自行实施或由代表组织的外部机构实施。

5.“纠正措施”的概念

【标准条款】

> **3.17 纠正措施 corrective action**
>
> 为了消除不符合的原因并预防再次发生所采取的措施。

纠正措施是指“为了消除不符合的原因并预防再次发生所采取的措施”。它是在不符合发生之后，为了消除造成不符合的原因并防止其再发生所采取的整改措施。通常，导致不符合的原因可以有很多，组织一般可以从人、机、料、法、环、测六个方面探寻导致不符合的原因，设法使不符合的原因不复存在，防止特定问题再次发生。

6.“持续改进”的概念

【标准条款】

> **3.12 持续改进 continual improvement**
> 提高绩效的循环活动。

持续改进是指“提高绩效的循环活动”。通常可以从以下两个方面来理解。

第一，持续改进是一项循环开展的活动，通过不断发现问题并解决问题，不断循环，并在循环中不断提高。

第二，持续改进的目的是提高绩效，即提高那些与组织的活动、过程、产品、服务、体系或管理有关的，能够测量的定量或定性的衡量指标的效率效果。

（六）有关结果的概念

有关结果的概念包括“目标”“绩效”“有效性”“风险”4个概念。

1.“目标”的概念

【标准条款】

> **3.6 目标 objective**
> 要实现的结果。
>
> **注1**：目标可能是战略的、战术的或运行的。
>
> **注2**：目标可能涉及不同的主题（如财务、健康和安全、环境）。它们可能存在于不同层面，诸如组织整体层面或项目、产品、服务或过程层面。
>
> **注3**：目标能够用其他方式表述，如：预期的结果、宗旨、运行准则，合规目标或使用其他有类似含义的词（如：终点或指标）。
>
> **注4**：在合规管理体系中，组织设定的合规目标与合规方针保持一致，以实现特定的结果。

目标是指“要实现的结果”。通常可以从以下四个方面来理解。

第一，目标是要实现的结果。一方面，它设定了组织努力的方向；另一方面，目标又是可量化的、可考核的，为组织判断结果的实现程度或者偏离程度等提供靶子。

第二，目标存在于组织的不同层面。围绕要实现的结果，组织可以从战略、战术一直到运行层面，层层分解、设立目标，以确保整体目标的实现。组织也可以针对不同的主题（如财务、健康和安全、环境），在组织整体层面或项目、产品、过程或服务层面，层层分解、设立目标。

第三，在组织的管理体系中，目标还能用其他方式表述，如预期的结果、宗旨、运行准则或使用其他有类似含义的词，例如，终点或指标。

第四，在合规管理体系中，组织制定的合规方针为合规目标的设定提供了框架，因此，合规目标要与合规方针保持一致，以实现特定的结果。

2.“绩效”的概念

【标准条款】

> **3.11 绩效 performance**
>
> 可测量的结果。
>
> **注 1**：绩效可能涉及定量的或定性的结果。
>
> **注 2**：绩效可能与活动、过程、产品、服务、体系或组织的管理有关。

绩效是指“可测量的结果”。通常可以从以下三个方面来理解。

第一，绩效是可测量的，无论是定量的还是定性的，都可以使用相应的方法来测量。

第二，绩效可以是能够定量计算的结果（例如，投诉率、满意度、结案率、有效培训员工的比例、监管机构介入的频率、反馈机制的使用率等），也可以是能够定性描述的结果（例如，合规文化情况、未履行的合规义务等）。

第三，绩效是与组织的活动、过程、产品、服务、体系或管理有关的，绩效可能来源于这些方面的定量或定性的衡量指标。

3.“有效性”的概念

【标准条款】

> **3.13 有效性 effectiveness**
>
> 完成策划的活动和实现策划的结果的程度。

有效性是指“完成策划的活动和实现策划的结果的程度”。通过该定义可以看出，有效性包含两个层面的含义，其一是策划的活动的完成程度，其二是策划的结果的实现程度。因此，在衡量合规管理体系有效性时，需要同时考虑策划的活动和策划的结果两个层面的实现程度。

4.“风险”的概念

【标准条款】

> **3.7　风险 risk**
>
> 不确定性对目标的影响。
>
> **注 1**：影响是对预期的偏离——正面的或负面的。
>
> **注 2**：不确定性是一种状态，是指对某个事件、事件的后果或可能性缺乏甚至部分缺乏相关信息、理解或知识。
>
> **注 3**：通常，风险以潜在事件（见 ISO Guide 73 的定义）和后果（见 ISO Guide 73 的定义）或二者的组合来描述其特性。
>
> **注 4**：通常，风险是以某个事件的后果（包括情况的变化）及其发生的可能性（见 ISO Guide 73 的定义）的组合来表述。

风险是指“不确定性对目标的影响”，其中，不确定性是一种状态，是指对某个事件、事件的后果或可能性缺乏甚至部分缺乏相关信息、了解或认识；影响是指对预期的正面偏离或负面偏离，包括偏离的程度和偏离发生的可能性两方面。因此，风险是指由于对某个事件、事件的后果或可能性缺乏甚至部分缺乏相关信息、理解或知识，而对预期目标产生正面或负面的偏离程度，以及偏离发生的可能性。通常可以从以下三个方面来理解。

第一，风险是客观存在的。在组织的生产经营过程中，随时发生着各种各样的情形（例如，业务洽谈、合同咨询沟通、高温生产等），这些情形随着组织内外部环境的变化、相关过程的推进等也在发生客观变化。当组织对于某类情形的客观变化全部或部分缺乏认识和了解时，就有可能偏离预期目标，产生风险。

第二，风险具有不确定性。组织的生产经营过程受人、机、料、法、环等多重因素的影响，某类情形的变化也处于这些因素的影响之下。实践中，组织很难将人、机、料、法、环等多重因素进行精确的测量和管控，因而，风险发生的时间、带来的后果等都具有不确定性。

第三，风险的特性通常以潜在事件和后果或二者的组合来描述，例如，暴露于 X 射线下超过 2 分钟导致机体功能异常、螺钉脱落致使机器脱轨；风险通常以某个事件的后果（包括情况的变化）及其发生的“可能性”的组合来表述，例如，不佩戴安全帽被坠落物砸伤的概率很高。

（七）有关资源的概念

有关资源的概念包括"能力""文件化信息"两个概念。

1."能力"的概念

【标准条款】

> **3.9　能力 competence**
>
> 应用知识和技能实现预期结果的本领。

能力是指"应用知识和技能实现预期结果的本领"。在合规管理体系中，能力分为团队能力和人员能力，其中，团队能力是各种人员能力互补、协调合作的综合集成。无论是团队能力还是人员能力，通常可以从以下两个方面来理解。

第一，团队和团队中的人员具备其职能、岗位所需要的知识和技能。从所需具备的知识和技能的内容来看，不同的职能、岗位的工作职责不同，需要具备的知识和技能也不同，因此，团队和团队中的人员所需具备的知识和技能要与职能、岗位需要相对应。从知识和技能的获得途径来看，可以通过招聘具有相应知识和技能的人员，对现有团队和人员进行继续教育、培训等方式获得。

第二，团队和团队中的人员能够应用知识和技能来完成其职能、岗位的工作，实现预期结果。一方面，团队和团队中的人员需要在具体工作中充分应用知识和技能来完成特定的任务，以展现应用知识和技能的能力；另一方面，通过对预期结果实现情况的分析，能够发现知识和技能的不足，不断完善和提升。

2."文件化信息"的概念

【标准条款】

> **3.10　文件化信息 documented information**
>
> 组织需要控制和维护的信息及其载体。
>
> **注 1**：文件化信息能够以任何形式和载体存在，且来源不限。
>
> **注 2**：文件化信息可能涉及：
>
> ——管理体系，包括相关过程；
>
> ——为组织运行而创建的信息（文件）；
>
> ——实现的结果的证据（记录）。

文件化信息是指"组织需要控制和维护的信息及其载体"。通常可以从以下三个方面来理解。

第一，文件化信息是根据组织合规管理体系的需要或要求进行控制和维护的信息，并不是合规管理体系在建立、开发、实施等活动中形成的任何信息都是文件化信息。组织通常在确保合规管理体系有效性并满足 GB/T 35770—2022 要求的基础上，根据实际需要确定有必要控制和维护的文件化信息。通常，合规管理体系的文件化信息可能会涉及组织合规管理体系和相关过程的信息（例如，合规管理体系的范围、合规义务、合规方针、合规目标等）、为组织运行而创建的信息（例如，合规风险评估及措施、业务审批信息、员工招聘过程信息等）、实现结果的证据（例如，获得投标资格、获得交易资格、获得通关便利资格等）。

第二，文件化信息的形式和载体可以多样化，例如，可以使用文字、图片、音视频等不同格式，可以使用纸、光盘 /U 盘、云、实物等不同载体。

第三，文件化信息可以有多种来源。例如，可以来源于组织内部，诸如合规管理体系建立、开发、实施等过程中，在组织内部形成的合规风险评估报告、解决合规风险所采取的措施等；也可以来源于组织外部，诸如作为组织合规义务的外部法律法规、自愿性标准等。

二、合规管理体系标准的特有概念

合规管理体系标准的特有概念包括“合规”“合规义务”等 11 个概念。依据概念之间的关系，这些概念分为有关合规的概念、与人员和机构有关的概念、有关过程和结果的概念 3 类。

（一）有关合规的概念

与合规有关的概念包括“合规义务”“合规”“不合规”“合规文化”“行为”5 个概念。其中，“合规义务”是“合规”“不合规”两个概念的根概念。

1.“合规义务”的概念

【标准条款】

> **3.25　合规义务 compliance obligations**
>
> 组织强制性地必须遵守的要求，以及组织自愿选择遵守的要求。

合规义务是指“组织强制性地必须遵守的要求，以及组织自愿选择遵守的要求”。与 GB/T 35770—2017 相比，“合规义务”的概念发生了较大变化，明确将组织自愿选择遵守的要求纳入组织的合规义务范畴。通常，可以从以下三个方面来理解合规义务的含义。

第一，从构成上，合规义务包括两个部分，一部分是组织强制性地必须遵守的要求，例如，法律法规规定的要求，法院判决或行政决定，监管机构发布的命令、条例等；另一部分是组织自愿选择遵守的要求，例如，组织自愿选择使用的自愿性标准、自愿性标志、环境承诺，与其他组织签署合同产生的义务，与公共机构或客户签订的协议等。

第二，从来源上，无论是组织必须遵守的要求还是自愿选择遵守的要求，都源自组织所开展的业务活动，以及提供的产品、过程或服务。

第三，从实施主体上，组织是合规义务的实施主体。具体到组织内部，合规义务再由组织内开展业务活动的各职能、岗位上的人员具体实施。

2.“合规”的概念

【标准条款】

> **3.26　合规 compliance**
>
> 履行组织的全部合规义务。

合规是指“履行组织的全部合规义务”。通过定义可以看出，组织只有履行了全部合规义务（包括组织强制性地必须遵守的要求及组织自愿选择遵守的要求）才能说这个组织“合规”。

3.“不合规”的概念

【标准条款】

> **3.27　不合规 noncompliance**
>
> 未履行合规义务。

不合规是指“未履行合规义务”。通过定义可以看出，组织只要未履行合规义务，无论是未履行一项合规义务，还是未履行所有合规义务，都称为“不合规”。

4.“合规文化”的概念

【标准条款】

> **3.28　合规文化 compliance culture**
>
> 贯穿整个组织的价值观、道德规范、信仰和行为，并与组织结构和控制系统相互作用，产生有利于合规的行为规范。
>
> **注：**价值观是组织所崇尚的文化的核心，是组织行为的基本原则。

合规文化是指“贯穿整个组织的价值观、道德规范、信仰和行为，并与组织结构和控制系统相互作用，产生有利于合规的行为规范”。通常可以从以下两个方面来理解。

第一，从表现形式上，合规文化有四种表现形式：价值观、道德规范、信仰和行为。其中，价值观是组织所崇尚的文化的核心，是组织行为的基本原则；道德规范是一定社会或阶级用以调整人们之间利益关系的行为准则，例如，“五爱”（爱祖国、爱人民、爱劳动、爱科学、爱护公共财物）、“全心全意为人民服务”等；信仰是对某种思想或宗教及对某人某物的信奉敬仰，例如，儒家信仰、科学理性信仰等；行为是指“影响顾客、员工、供应商、市场和社区结果的举动和实践”。

第二，从与组织其他要件的关系上，合规文化并不是孤立的，它是贯穿整个组织的，并且与组织结构（例如，组织的治理机构、最高管理者等）和控制系统（例如，不合规处置、尽职调查、绩效评价等系统）是相互作用的，并被组织的人员内化于心、外化于行。

5.“行为”的概念

【标准条款】

> **3.29　行为 conduct**
>
> 影响顾客、员工、供应商、市场和社区结果的举动和实践。

行为是指“影响顾客、员工、供应商、市场和社区结果的举动和实践”。通常可以从以下两个方面来理解。

第一，行为具有目的性，即能够对顾客、员工、供应商、市场和社区结果产生影响。

第二，合规管理体系中的行为具有外显性，即可以被其他人或相关方直接观察到的举动和实践。

（二）与人员和机构有关的概念

与人员和机构有关的概念包括“治理机构”“合规团队”“人员”“第三方”4个概念。

1.“治理机构”的概念

【标准条款】

> **3.21　治理机构 governing body**
>
> 对组织的活动、治理、方针负有最终职责和权限的一个人或一组人，最高管理者向其报告并对其负责。

> **注 1：**并不是所有的组织，尤其是小型组织，都会有一个独立于最高管理者的治理机构。
> **注 2：**治理机构可能包括但不限于董事会、董事会委员会、监事会或受托人。

治理机构是指“对组织的活动、治理、方针负有最终职责和权限的一个人或一组人，最高管理者向其报告并对其负责”。它是合规管理体系标准独有的概念，通常可以从以下三个方面来理解。

第一，从本质上，治理机构可能是一个人，也可能是一组人，例如，由一组人组成的董事会、董事会委员会、监事会等。

第二，从职能上，治理机构对组织的活动、治理、方针负有最终职责和权限，例如，组织的方针由治理机构确立和批准，并对方针的实施和执行情况负有最终责任。在此背景下，组织的最高管理者（例如，董事长、总经理等）根据职责要向治理机构汇报，当最高管理者行事不力时，治理机构有权向其问责。

第三，从存在形式上，并不是所有的组织都会有独立的治理机构。例如，如果组织是一个小型组织（如中小企业），那么它的治理机构可能与最高管理者是同一人或同一组人。

2.“合规团队”的概念

【标准条款】

> **3.23　合规团队 compliance function**
> 对合规管理体系运行负有职责、享有权限的一个人或一组人。
> **注：**最好指定一人负责合规管理体系的监督。

合规团队是指“对合规管理体系运行负有职责、享有权限的一个人或一组人”。通常可以从以下两个方面来理解。

第一，从本质上，合规团队是一个人或一组人。根据组织的规模、所属行业、性质等情况，组织的合规团队可能是一个人（例如，专门的合规官或合规专员），也可能是一组人（例如，由多人组成的合规部）。

第二，从职能上，合规团队负责合规管理体系的运行（包括组织其他业务团队开展合规相关的活动、合规团队自身开展的活动）、监督，同时享有面向治理机构、最高管理者的独立汇报权等权限。为了确保合规管理体系有效运行，组织最好指定一人负责合规管理体系的监督。

3.“人员”的概念

【标准条款】

> **3.22　人员 personnel**
>
> 在国家法律或实践中被确认为工作关系的个人，或依赖于组织活动的任何合同关系中的个人。

人员是指“在国家法律或实践中被确认为工作关系的个人，或依赖于组织活动的任何合同关系中的个人”。通过该定义可以看出，纳入组织合规管理体系的人员，包括两个部分，一部分是在国家法律或实践中被确认为工作关系的个人，也就是组织的雇员；另一部分是依赖于组织活动的任何合同关系中的个人，如劳务派遣员工。

4.“第三方”的概念

【标准条款】

> **3.30　第三方 third party**
>
> 独立于组织的个人或机构。
>
> **注：**所有业务伙伴都是第三方，但并非所有第三方都是业务伙伴。

第三方是指“独立于组织的个人或机构。”通常可以从以下两个方面来理解。

第一，从本质上，组织的第三方可以是个人或机构。

第二，从与组织的关联上，第三方是独立于组织的，其行为和意志都不受组织的控制。实践中，组织通常会将部分业务委托独立于组织的第三方开展，例如，将人事聘用等活动交由人力资源公司管理、将合同审查活动交由律师事务所开展等。在这种情况下，接受委托业务的第三方成为组织的业务伙伴，它们受组织的决策或活动的影响。

（三）有关过程和结果的概念

有关过程和结果的概念包括“合规风险”“程序”两个概念。

1.“合规风险”的概念

【标准条款】

> **3.24　合规风险 compliance risk**
>
> 因未遵守组织合规义务而发生不合规的可能性及其后果。

合规风险是指“因未遵守组织合规义务而发生不合规的可能性及其后果”，通常可以从以下两个方面来理解。

第一，合规风险以未履行组织的合规义务造成不合规的可能性和后果来衡量。例如，未按个人信息数据保护的法律规定收集和使用消费者个人信息，面临行政处罚的概率很高。

第二，依据不同的属性，合规风险可以划分为不同的类型。例如，根据合规义务涉及的内容或方面，可以分为数据保护合规风险、安全合规风险、竞争合规风险、出口管制合规风险等。又如，根据管控措施是否有效控制合规风险，分为固有合规风险和剩余合规风险，其中，固有合规风险是指组织在未采取相应合规风险处理措施的情况下，处于非受控状态所面临的全部合规风险；剩余合规风险是指组织现有的合规风险处理措施不能有效控制的合规风险。

2.“程序”的概念

【标准条款】

3.31　程序 procedure 为进行某项活动或过程所规定的途径。

程序是指“为进行某项活动或过程所规定的途径”。通过该定义可以看出，程序是具体实施某项活动或过程的途径，因此，相对于过程，程序更为具体、可操作，它通常会限定实施某项活动或过程的主体是谁、什么时间实施、在哪儿实施、如何一步一步操作等具体细节。

第三章

组织环境

GB/T 35770—2022从理解组织及其环境、理解相关方的需要和期望、确定合规管理体系的范围、合规管理体系、合规义务、合规风险评估六个方面，对理解分析组织环境做出了规定。组织环境的理解分析是合规管理体系建立和开发的基础，对于确保组织合规管理体系的适宜性、充分性和有效性具有决定性影响。本章针对如何识别和分析组织环境，如何理解相关方及其需求，如何确定合规管理体系的边界和适用范围，如何在建立、实施、维护和持续改进合规管理体系过程中结合组织环境并反映组织的价值观、目标、战略和合规风险，如何识别与组织的产品、服务或活动有关的合规义务，以及如何进行合规风险评估做出解释和说明，并给出应用案例，为相关方更好地理解和应用标准提供参考。

第一节　理解组织及其环境

环境是组织所处的宏观环境、微观环境、内部环境等各种环境要素的总称。理解组织及其环境，是评审组织所有可获得信息的过程。协助组织对可能影响其合规管理体系的重要事项确立高层次理解，是组织开展合规管理体系的策划、实施、运行和改进的前提。本节对组织的内外部环境构成要素进行分析，并对实践中如何通过识别、监视和评估等过程，确定与组织宗旨相关的、影响其实现合规管理体系预期结果能力的内外部事项进行介绍。

【标准条款】

4.1　理解组织及其环境

组织应确定与其宗旨相关的，并影响其实现合规管理体系预期结果的能力的内部和外部事项。为此，组织应结合诸多事项，包括但不限于：

——业务模式，包括组织活动和运行的战略、性质、规模、复杂性和可持续性；

——与第三方业务关系的性质和范围；

——法律和监管环境；

——经济状况；

——社会、文化、环境背景；

——内部结构、方针、过程、程序和资源，包括技术；

——自身的合规文化。

A.4.1　理解组织及其环境

本条的目的是协助组织对可能影响其合规管理体系的重要事项确立高层次（例如：战略性）的理解。所获得的知识将用于指导合规管理体系的策划、实施、运行和改进。

这是评审组织所有可获得信息的过程，这些信息包括：该组织做什么、在哪里做、如何以及为什么做。外部以及关键因素将基于它们对组织在合规义务方面产生的影响被予以评估。

最明确的合规义务来源于组织运行的法律和监管环境，而义务或风险也可能来源于本文件中提及的其他因素。组织还宜结合可能产生影响的相关未来趋势。

宜结合内部因素。本文件中列举了一些示例。列表并不详尽，可能还有其他与组织相关的因素。

【理解与实施要点】

本条款对理解组织及其环境提出了要求。对组织环境的理解和分析，是确保组织策划、实施、运行和改进适合本组织自身的有效合规管理体系的前提。组织所处的环境构成了组织赖以生存的基础。组织总是受各种环境因素的影响和制约，并在这种制约中寻求生存和发展。组织需利用科学的方法充分理解和分析这些产生合规义务的环境因素，以下从组织的外部宏观环境、外部微观环境及内部环境（见图 3-1）对环境要素进行理解，并对如何通过识别、监视和评估等过程确定影响实现合规管理体系预期结果能力的内外部事项进行介绍。

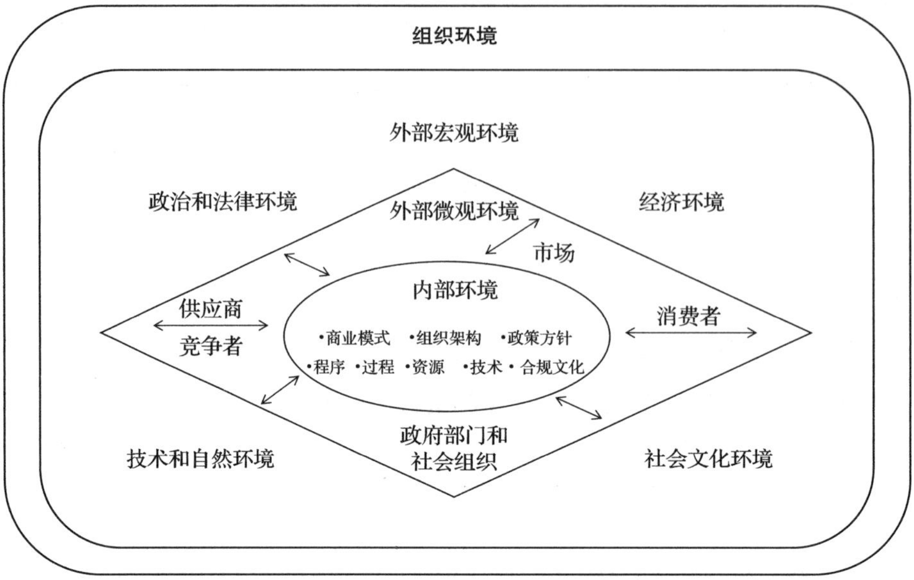

图 3-1 组织内外部环境关系及所包含的内容

1. 组织外部宏观环境

理解组织的外部宏观环境包括充分了解与组织相关的、组织所处国际、国家或地区的政治、法律法规、经济、技术、社会文化、自然环境因素及其发展趋势。这一点对于在不同国家开展业务的组织（例如，跨国公司）尤为重要。组织外部宏观环境是组织开展经营管理活动赖以生存和持续发展的土壤，具有综合性、复杂性和不确定性，直接或间接影响到组织内部的各项经营管理活动。因此，组织在策划、实施、运行和改进合规管理体系前，有必要自行或者委托有能力的第三方进行充分的外部宏观环境分析。

组织的外部宏观环境分析可以采用比较常见的 PESTEL 方法，即从所在国家、区域的宏观环境，包括政治因素（Political）、经济因素（Economic）、社会文化因素（Sociocultural）、技术因素（Technological）、环境因素（Environmental）和法律因素（Legal）等方面，分析识别对组织有冲击作用的力量，调查组织外部影响因素，目的是充分识别和确定对组织的宗旨、产品、服务及经营活动构成影响的外部合规义务，评估组织所面临的合规风险，确定组织合规管理体系的范围。

（1）政治和法律环境

政治和法律环境是组织最明确的合规义务的来源，是直接影响组织合规管理和经营活动的重要宏观环境因素，涵盖一个国家或地区的政治制度、体制、方针政策、法律法规等方面。政治环境引导着组织经营活动和战略决策的方向，法律环境则是组织规定经营活动的行为准则。政治与法律相互联系，共同对组织的合规管理和经营活动产生影响并发挥作用。

政治环境因素包括政府管制、政府采购规模和政策、外交关系、特种关税、财政和货币政策的变化、特殊的地方及行业规定、世界原油、货币及劳动力市场、进出口限制、他国政治条件、政府预算规模等。在稳定的政治环境中，组织可以通过公平竞争获得合法权利来生存和发展，国家政策法规对组织的生产经营活动具有控制和调节作用，相同的政策和法规可能会给不同的组织带来不同的机会或限制。

法律法规是由国家立法机关制定，国家政权保证执行的行为规则。如果行为违背法律法规的规定，可能招致承担法律上的严重后果。这个维度的重要性源于法律制度部分地定义了组织可以做什么和不能做什么，是组织合规义务的主要来源之一。近年来，各国国家层面法律法规日趋严格，各国监管机构相应地加强了立法深度和执法力度，国际层面加大了联合惩戒，这些都引导和督促组织在建立、实施、维护、改进合规管理体系过程中重视识别和分析政治和法律环境及其影响。

（2）经济环境

经济环境是指构成组织生存和发展的社会经济状况及国家的经济政策。具体包括社会经济制度、经济结构、宏观经济政策、经济发展水平以及未来的经济走势等。衡量经济环境的指标有：国内生产总值、国民收入、就业水平、物价水平、消费支出分配规模、国际收支状况，以及利率、通货供应量、政府支出、汇率、就业率等国家财政货币政策。经济环境与管理的关系最为直接，对管理体系的影响也最大。如国家提出的优化产业结构、转变经济增长方式、深化国有企业改革，以及以国内大循环为主体、国内国际双循环相互促进的新发展格局等，这些都指导着组织确定适合自身的目标、战略等，同时也对组织的合规管理活动产生影响。

（3）社会文化环境

社会文化环境是指组织所处地区的社会结构、风俗习惯、宗教信仰、价值观念、行为规范、生活方式、文化水平、人口规模与地理分布等因素的形成与变动。社会文化环境对组织的生产经营有着潜移默化的影响，如文化水平会影响人们的需求层次；风俗习惯和宗教信仰可能抵制或禁止组织某些活动的进行；人口规模与地理分布会影响产品的社会需求与消费等。

（4）技术环境

技术变革和发展趋势会促进组织在经济活动中物质条件的改善和技术水平的提高，从而使组织通过利用这些物质条件取得更高的效率。技术的进步、产品的更新、服务的优化，都将对现有的生产设备设施、工艺方法、材料的更新带来新机会，同时对人员的胜任能力和知识提升带来挑战。

技术环境因素包括新技术、技术总体水平、产品生命周期、专利有效期、知识产权保护、竞争力、信息保护、商业秘密等。当前正在经历数字化变革时代，新能源、移动互联网、大数据、机器人、人工智能、产业技术、技术采用生命周期、数字化转型等都是组织技术环境的重要话题。

（5）自然环境

自然环境是指所有影响周围环境或由周围环境决定的因素等。自然环境分析的因素包括但不限于气候、天气、地理位置、全球气候变化、环境补偿等。自然环境因素对于某些行业至关重要，例如，旅游业、农业、重工业等。环境政策，譬如当下的碳减排、碳中和、净零排放等，是组织在经营管理活动中都需要关注的合规话题。

2. 外部微观环境

外部微观环境也可以称为行业环境，是组织生存和发展的空间，是与组织关系最为直接、密切的外部环境，是组织进行战略选择的基础，是影响组织合规管理体系目标和结果的关键因素，对身处于其中的组织影响远大于总体环境影响。

行业环境分析是指对组织经营业务所处行业的行业结构、行业内组织的行为方式、行业平均绩效水平、行业竞争程度、利润潜力等进行分析的过程。组织建立、开发、实施、维护、评价和改进合规管理体系，要分析理解组织所处的行业环境，包括了解组织所在行业的国际国内市场情况、竞争环境、客户需求和发展方向等，并重点剖析相关行业的政策和规范。除了政府颁布的行业政策规定，也要重视行业协会、商会或其他行业自律组织的规范。在许多国家包括中国，行业协会、商会类型的组织有着广泛的影响力，其制定的行业规则得到全行业的认可和遵守。只要是有利于促进行业公平、公正、有序的竞争，组织在建立合规管理体系时就需将行业自律性的规则和要求纳入考虑的范畴。同时，理解组织所处的行业环境，还需要确定与第三方之间业务关系的性质和范围，第三方包括但不限于组织的供应商、承包商、零售商、利益相关方、合作伙伴、客户和竞争对手等。通过行业环境的分析，识别组织的机会和风险，正确认识和把握管理者的战略任务和目标、组织的现状条件与趋势，明确组织合规管理的方向与思路，确保组织合规管理体系的适用性。

3. 内部环境

内部环境指组织自身的价值观、合规文化、方针、目标、政策、组织结构、职责权限、核心竞争力、财务能力、人员、产品、服务、技术等资源，业务模式、程序及过程的运行环境、发展现状。理解组织内部环境是为了更好地保障组织的利益和持续发展，强调合规管理体系有效契合组织实际运营，与组织业务活动运行和组织目标的融合与协调。组织在建立、开发、实施、维护、评价和改进合规管理体系的过程中，要确保组织的合规管理体系目标与组织的战略和目标保持一致，要融入高层管理的核心主张及共同遵循的基本信念和认知，立足于组织目标、规模、发展战略、治理结构、业务模式和面临的合规风险，同时也要结合组织相关方的需要和期望，以及组织内部的管理政策和流程，并体现在组织的文件化信息中，实现合规管理体系持续循环改进。

组织内部环境的分析可以采用SWOT分析法，结合组织自身的竞争优势、劣势、机会和威胁，着力分析内部资源、能力、业务现状、财务经营、与竞争对手的差异等方面，明确组织自身既定内在条件，确保组织合规管理体系的针对性和有效性。

4. 对组织及其环境的分析过程

在组织策划、实施合规管理体系过程中，对于组织内外部环境的评估及分析，需在组织的治理机构和最高管理者的直接参与和领导下进行。

（1）组织需建立持续识别、监视和评估内外部环境的流程

组织的持续发展和环境的不断变化，需要组织在策划、实施合规管理体系时，持续、系统、深入地分析理解组织的内外部环境，建立和执行一套定期识别、监视和评估组织所面临的内外部环境的流程（见图 3–2），通过定期收集信息，定期根据内外部环境的变化调整合规管理体系。

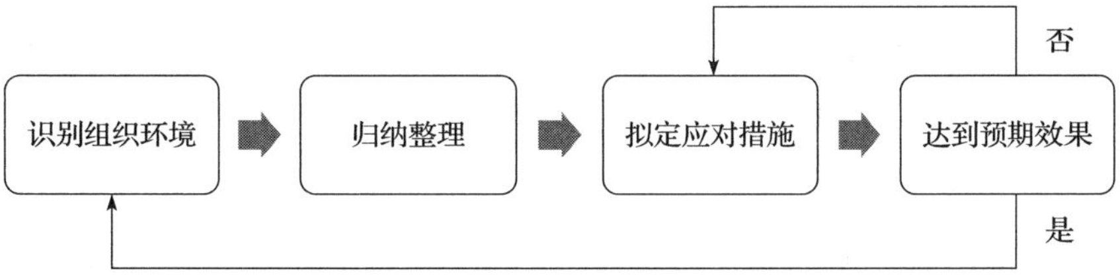

图 3–2　组织环境定期识别、监视和评估流程

（2）组织对于内外部环境的评估及分析

组织对于内外部环境的评估及分析，需要界定与组织相关的内外部环境因素的类别，确定信息源、获取并管理信息；对所获取的内外部环境信息进行监视与评审；找出与组织合规管理相关的机会和存在的威胁。组织需注意保留所确定的内外部环境及其影响因素的确定、监视、评审及风险应对措施的文件化信息证据。重点关注与组织

合规管理体系相关的环境变化，关注行业发展动态及其技术应用，关注与组织相关的法律法规、政策、标准等的变化，并判断这些对组织合规管理体系的影响。

【应用案例】

案例 3-1 是对组织及其环境的理解分析。

【案例 3-1】

健康行业从诚信合规角度看是受到密切关注的行业。以美国医药企业为例，自 2007 年以来，几乎所有医药企业都因为诚信合规管理缺陷被美国司法部调查，并遭到巨额处罚。重压之下，欧美医药企业普遍建立了严格的诚信合规管理体系，并进行自我监督和相互监督。例如，42 家具备研究开发能力的跨国制药企业在中国外商投资企业协会成立了药品研制和开发行业委员会（RDPAC），共同发布了 2019 版《PDPAC 行业行为准则》，并共同出资聘请第三方监督执行，推动全行业的诚信与合规。2021 年 3 月，中国化学制药工业协会（CPIA）也发布了《医药行业合规管理规范》。在中医药行业，各企业对诚信合规的理解和实践做法有比较大的差异，诚信合规管理当前主要停留在单个企业的内部管理层面，尚未形成全行业共同认可的管理模式，更未形成全行业的联合行动。这导致按照严格标准要求自己的企业可能在一定时间内承担更高的管理成本和内部压力。

2019 年 10 月，中共中央、国务院印发了《关于促进中医药传承创新发展的意见》。2020 年年底，国家药监局印发了《关于促进中药传承创新发展的实施意见》。2021 年年初，国务院发布了《关于加快中医药特色发展的若干政策措施》。这些文件的发布有助于加快健全符合中医药规律特点的政策体系，为中医药企业发展创造政策利好，给国内的中医药企业带来发展机会，但相关实施细则仍然在制定过程中，这可能在一定程度上带来规则模糊和冲突，在实践中出现突破常识和常规的做法。

作为 ×× 市国资委下属的国有企业，××× 集团在经营管理中需要满足国有资产监管的各项要求，在承担经济责任实现国有资产保值增值的同时，还要承担社会责任、政治责任和文化传承责任。近年来，市国资委逐渐强化对市属国企的监管，从“三重一大”决策管理、法治国企建设、内部控制、投资活动监管、违规经营投资责任追究等方面提出越来越严格且具体的管控要求。

作为一家明星企业，××× 集团在推动中医药事业发展和传承中医药文化方面发挥着独特的作用。爱之愈深，责之愈切，因此监管机构和公众在诚信合规方面对 ××× 集团抱有远高于其他企业的期望，××× 集团在产品质量和经营行为方面出现的问题容易引起关注（围观），而这些问题被包容的可能性则更低。

××× 集团有优良的企业文化传承。“同修仁德，济世养生”是公司创立的初心，“全心全意为人民健康服务”是企业不变的宗旨，也奠定了企业质量和诚信文化的根基。坚守工匠精神，传承创新，薪火相传，××× 集团人员对这个品牌的热爱所形成的凝聚力是诚信合规管理的坚实基础。在诚信合规管理中，高级管理人员需要发挥领导作用，为企业确立核心价值观并率先垂范。

2014 年，××× 集团开始了内控体系建设工作。2019 年，制定、修订财务运营、质量及科技创新、品牌管理、信息化建设、工程环保项目、境内外投资等方面的制度 141 项，编制印发《集团制度汇编》，此后持续进行制度清理和汇编工作，并通过巡视巡察、案件纠纷、内控评价和内部审计等方式监督执行。随着全产业链大健康集团战略规划的落地实施，××× 集团业务和规模不断壮大，集团管控和对内部控制的有效监督问题都一一暴露出来，急需强有力的治理工具对集团的组织结构、制度体系及运行机制等的监督管理进行统筹协调和规范化融合，从而提升 ××× 集团自身的管理水平和对市场的反应能力，实现集团的健康可持续发展。

第二节 理解相关方的需要和期望

相关方的需要和期望分析是识别和确定可能影响合规管理体系、受合规管理体系影响或自认为受合规管理体系影响的人或组织，并对他们的需要和期望确立理解的过程，是组织充分识别合规义务、合规风险和明确合规管理体系范围的保障。本节从与合规管理体系有关的相关方、这些相关方的需要和期望，以及哪些需求将通过合规管理体系予以解决三个方面进行解释和说明。

【标准条款】

> **4.2 理解相关方的需要和期望**
>
> 组织应确定：
>
> ——与合规管理体系有关的相关方；
>
> ——这些相关方的有关需求；
>
> ——哪些需求将通过合规管理体系予以解决。

A.4.2　理解相关方的需要和期望

组织宜对可能影响合规管理体系、受合规管理体系影响或自认为受合规管理体系影响的人或组织的需要和期望确立理解。

有些需要和期望是强制性的，因为它们已被纳入正式要求，如法律、法规、许可、执照以及政府或法院措施。此外还可能有其他未包含的正式要求。

当明确指出相关方的其他需要和期望，并且组织决定将通过签订协议或合同的形式自愿采纳的情况下，这些需要和期望就会成为义务。一旦组织决定采纳，这些需要和期望就会成为合规义务。

外部相关方的示例有：

——政府和政府机构；

——监管机构；

——客户；

——承包商；

——供应商；

——第三方中介机构；

——所有者、股东、投资者；

——非政府组织；

——社会和社区团体；

——业务伙伴。

内部相关方的示例有：

——治理机构；

——管理层；

——员工；

——内部职能，诸如风险管理、内部控制、内部审核、人力资源等。

【理解与实施要点】

本条款对如何理解组织的相关方及其需要和期望提出了要求。通常可以从对“相关方”的理解、识别相关方需要和期望以及识别、评估相关方需要和期望的流程三个方面来理解。

1. 对“相关方”的理解

通常，组织的相关方包括外部相关方和内部相关方。外部相关方包括但不限于：

政府、监管机构、客户、承包商、供应商、第三方中介机构、所有者、股东、投资者、非政府组织、社会和社区组织及业务伙伴等。内部相关方包括但不限于：治理层、管理层、员工以及包括风险管理、内部控制、法务管理、内部审核、人力资源、纪检监察及审计等在内的内部职能部门。

"相关方"这个概念引入的目的是要求组织在建立和实施合规管理体系的过程中，要看到组织所开展的业务活动以及提供的产品、过程或服务与各相关方之间的关系，基于组织内外部环境分析所获得的信息，如该组织做什么、在哪里做、如何以及为什么做等，明确这些相关方的需求和期望，更多地考虑这些个人和组织可能影响、受合规管理体系影响或认为自己受合规管理体系影响的需求和期望，是否具有强制性或者是否自愿选择遵守的要求，是否构成组织的合规义务。

2. 识别相关方需要和期望

组织是承载合规义务的主体，通过在其控制下的人员和组织及其行为，满足相关方对组织所开展的业务活动以及提供的产品、过程或服务的需要和期望。同时，组织要确保与合规管理体系相关的，由外部提供的产品、过程或服务也满足相关方的需要和期望。相关方的需要和期望是各种各样的，主要可以从以下四个方面来理解。

（1）相关方对组织或个人所开展的业务活动以及提供的产品、过程或服务要求强制遵守的需要和期望，包括法律法规、许可、执照、监管机构发布的条例、指南、司法执法机关发布的行政决定或判决、强制标准、协议等。

（2）组织或个人选择自愿遵守的相关方的需要和期望，包括那些对组织而言是"适当"且"合理"的，组织自愿选择遵守并尽最大可能去满足的需要和期望，如组织规章制度、方针、过程、程序、标准；与社会团体或非政府组织签订的协议、自愿性标志或承诺、与公共权力机构和客户签订的协议等。

（3）相关方与组织或个人签署合同产生的需要和期望。

（4）相关方要求外部第三方在代表企业所从事的活动中应遵守的成文规则或道德规则。

组织可以按不同类型的组织活动、部门、职能等来识别相关方，确定有关需要和期望对合规管理体系的影响。

3. 识别、评估相关方需要和期望的流程

当明确了与合规管理体系有关的相关方，指出与合规管理体系有关的相关方的需要和期望，一旦组织决定采纳，这些需要和期望就会成为与业务活动以及提供的产品、过程或服务相关的合规义务。评估这些相关方的需要和期望，是确立组织的合规管理方针和目标、预防和控制合规风险、推动组织目标实现的过程。在一定的时间阶段里，组织需要将这些与合规管理体系相关的需要和期望进行重要程度和优先等级排序，对于重要性和优先级等级排在前面的需要和期望优先予以满足。

组织需要建立一套通过组织各相关部门定期收集、定期识别、监视和评估的组织相关方的需要和期望及其变化的流程（见图 3-3），从而在建立、开发、实施、评价、维护和改进合规管理体系时对合规义务进行及时的更新，对合规管理体系的范围进行相应的调整，确保组织合规管理体系的充分性和有效性。

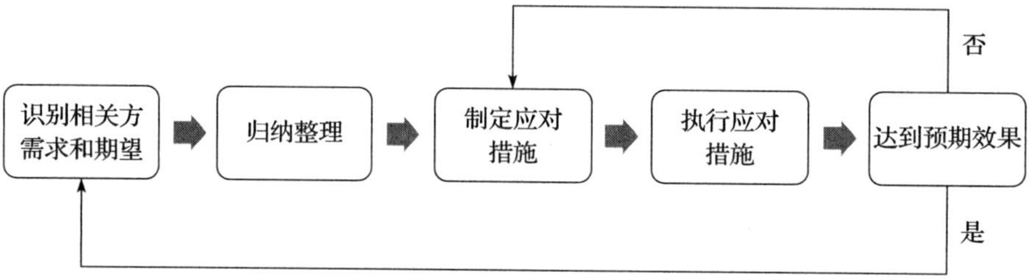

图 3-3 相关方需要和期望定期识别、监视和评估流程

【应用案例】

案例 3-2 是对组织外部相关方需要和期望的理解分析。

【案例 3-2】

以一家面向国内客户开展节能管理体系认证业务的国有企业，策划组织合规管理体系时对外部相关方强制性的需要和期望的理解分析为例。

（1）分析组织所从事的活动及所提供的产品、过程和服务

该公司所从事的节能产品认证活动是依据我国相关的认证标准和技术要求，按照国际上通行的节能产品认证制度与程序，经中国节能产品认证机构确认并通过颁布认证证书和节能标志，证明某一产品为节能产品的活动，属于国际上通行的产品质量认证范畴。我国的节能产品认证工作接受国家市场监督管理局的监督和指导，认证的具体工作由中国质量认证中心负责组织实施。

节能产品认证制度是为配合《中华人民共和国节约能源法》的有效实施而推出的一项重要节能措施，是适应并发展社会主义市场经济的需要，旨在推动节能技术进步，促进用能产品的健康发展和市场公平竞争，维护生产企业和广大消费者权益。

（2）确定与组织所从事的活动及所提供的产品、过程和服务相关的外部监管方的需要和期望

——开展认证业务活动，认证机构需要满足法律要求：遵守《中华人民共和国标准化法》的要求，满足《中华人民共和国产品质量法》对认证产品质量的要求，遵守《中华人民共和国节约能源法》对节能产品颁发节能证书和节能标志的要求、《中华人民共和国安全生产法》等。

——开展认证业务活动，认证机构需要满足国务院发布的行政法规，对认证机构提出强制性需要和期望：如《中华人民共和国认证认可条例》第九条要求认证机构“取得认证机构资质，应当经国务院认证认可监督管理部门批准，并在批准范围内从事认证活动”。

——与认证业务活动相关的外部监管部门的部门规章要求：如由国家市场监督管理总局发布的《强制性产品认证管理规定》第二条要求“为保护国家安全、防止欺诈行为、保护人体健康或者安全、保护动植物生命或者健康、保护环境，国家规定的相关产品必须经过认证（以下简称强制性产品认证），并标注认证标志后，方可出厂、销售、进口或者在其他经营活动中使用”；国家市场监督管理总局发布的《认证及认证培训、咨询人员管理办法》第六条要求“从事认证及认证培训、咨询活动的人员应当向中国认证人员与培训机构国家认可委员会申请执业资格注册，未经注册的，不得从事相关活动”。

——认证相关的行政机构国家认证认可监督管理委员会发布规范性文件：《国家认可机构监督管理办法》第十四条规定“国家认可机构认可的认证机构、实验室、认证培训机构和认证人员违反认可准则和国家认监委有关规定的，由国家认监委责令国家认可机构对其进行处理，暂停或者撤销相关机构、人员的证书”。

以上来自外部监管方的强制性需要和期望，都是组织要强制遵守的合规义务。

第三节 确定合规管理体系的范围

组织在对自身所处的内外部环境、相关方的需要和期望，以及组织的合规义务和合规管理体系进行评估的基础上，确定其合规管理体系的范围。本节从边界和适用性两个方面理解组织合规管理体系的范围，并对确定合规管理体系范围的步骤，以及在实践中确立范围遵循的原则进行介绍。

【标准条款】

4.3　确定合规管理体系的范围

组织应确定合规管理体系的边界和适用性，以确立其范围。

注：合规管理体系的范围旨在厘清组织面临的主要合规风险，以及合规管理体系适用的地理和/或组织边界，尤其当组织是较大实体的一部分时。

组织应根据以下内容确定合规管理体系的范围：

——4.1 提及的内部和外部事项；

——4.2、4.5 和 4.6 提及的需求。

范围应作为文件化信息可获取。

A.4.3　确定合规管理体系的范围

确定合规管理体系的范围就是组织确立其合规管理体系所适用的物理边界和组织边界。在这个过程中，组织选择在整个组织、组织内特定单元或特定职能内部实施合规管理体系时，具有自由度和灵活性。

通常情况下，合规管理体系会在整个组织中实施，如果组织由多个组织组成，合规管理体系会在所有组织中实施，这样做的目的是为了避免在道德操守和合规方面的双重标准。

合规管理体系的范围宜合理且与组织相匹配，宜考虑组织所面临的合规风险的性质和程度。

确立合规管理体系的范围和确定组织将采纳哪些需求时，宜结合对组织环境的理解和有关的相关方的需求。

【理解与实施要点】

本条款对组织如何确定合规管理体系的范围提出了明确要求。以下从“边界”和“适用性”的理解、合规管理体系范围确定的步骤，以及合规管理体系范围的实施要点进行介绍。

1. 关于“边界”和“适用性”的理解

（1）边界

GB/T 35770—2022 在 4.3 的注中对合规管理体系的边界做了说明，分为地理边界、组织边界。

地理边界偏向于物理边界，描述组织合规管理体系的物理区域或者范围。例如，跨国集团公司所在的地理位置和它分布在全球不同国家的分支机构各不相同，决定集团公司和它的分支机构的合规管理体系的范围不同。确定合规管理体系范围的物理边界时，主要依据对环境和相关方的需要和期望的理解，以及组织确定将采用哪些需要和期望，具有灵活性和自由度。

组织边界描述组织的结构、业务领域、资源、过程等。首先，从组织的结构边界来看，合规管理体系可能适用于整个组织及其所有分支机构，组织的某些分支机构，或组织内具体单位或具体职能部门内。通常，合规管理体系在整个组织中实施，以避免道德行为和合规产生双重标准。其次，从组织的业务领域边界来看，可以选择在所有的业务、专业领域建立实施合规管理体系，也可以对合规管理体系中的某些过程、领域进行专项合规，如个人信息保护、利益冲突、质量管理、税务管理、合同管理等。最后，从组织的资源边界来看，组织的合规管理体系可能由于业务组合、运行外包等，涉及组织之外的第三方、中间组织。组织也可以根据组织的类型、规模、行业等不同，对合规管理体系的组织结构进行协调一致的调整。

（2）适用性

适用性是指合规管理体系对在策划分析中所确定的组织环境的适应程度，以及一个组织维护或改进其合规管理体系的能力。

首先，组织在策划合规管理体系时，范围的确立需基于与组织自身实际情况、发展趋势和环境需求相匹配的原则，充分理解相关方的重要程度、需要和期望，考虑组织面临的合规风险的性质和程度，确保合规管理体系的合理性、适宜性。其次，在维护和改进合规管理体系的过程中，能根据组织自身经营管理活动、发展阶段的不同，以及组织外部环境、有关相关方需要和期望的变化，及时调整合规管理体系的范围。

组织在确立合规管理体系范围之前，以企业为例，需要考虑以下内容，具体包括：

①所在市场的相关监管机构的治理标准和法律、法规要求；

②客户、股东、企业内部员工、商业合作伙伴等利益相关方的诉求；

③组织所开展的业务经营活动、所提供的产品及服务所处的发展阶段；

④风险识别和分析方法是否适合企业的经营模式；

⑤其他专业领域（如内部审计、法律部门和风控部门）是否有参与到合规风险识别分析评估流程中来并发挥其作用；

⑥企业管理层是否有参与并致力于流程中；

⑦风险排序是否透明完整；

⑧风险是否有进行记录；

⑨企业内部治理、管理体系成熟度如何。

组织合规管理体系的建立要注意避免“大而全”的模式，合规管控的范围如果过大过细，反而会失去重点，起不到真正的风险防控作用，影响合规管理体系实现的结果。

2. 合规管理体系范围确定的步骤

合规管理体系范围的界定通常由组织来决定。标准要求组织需针对确定的范围保持文件化信息，用以证实组织对合规管理体系要求的应用范围的界定。组织确定其合规管理体系范围的过程涵盖如下步骤：

①识别条款 4.1 和 4.2 事项，评估 GB/T 35770—2022 要求的适应性，并对不适用的要求进行说明，说明这些不适用的要求不会影响达成产品或服务符合性的能力和责任；

②基于条款 4.1 和 4.2 已识别事项的影响，对已收集信息进行分析；

③确定为确保组织经营活动合规性，以及满足相关方需要和期望所需的合规义务和合规管理体系范围。

3. 合规管理体系范围的实施要点

组织确定合规管理体系范围的意义在于建立、开发、实施、维护和持续改进与组织相关方需要和期望相称，适合组织实际发展阶段和相关方需要和期望的合规管理体系，对合规风险实现动态的控制，与组织的战略和宗旨保持一致，为组织实现持续合规和可持续发展发挥作用。

在实施的过程中，以企业为例，不能盲目地、不计成本地制定“一刀切”的合规管理体系。组织可以考虑采取基于风险管理的“最低合理可行原则”（As Low As Reasonably Practical，ALARP）来确定合规管理体系范围。最低合理可行原则是指通过投入相当的资源，将风险降到可容忍的合理水平以内。可容忍的合理水平是指满足相关法规要求等合规义务和企业确定的合规风险容忍标准，投入合理，达到合规，以最小的经济成本获得最大的合规安全保障。如果要继续降低法规规定不明确的地方的合规风险，则要考量实施的难易程度，权衡为此需投入的时间和成本等资源与相关方期望达到的效果，来进一步确定合规管理体系的范围。

当今世界风云变幻、日新月异，组织所处的外部环境、内部发展情况时刻都在改变。组织需密切关注外部环境的变化，以及组织自身战略和业务的发展，随时检查合规管理体系框架和过程，及时调整合规管理体系的范围，确保组织合规管理能够与时俱进，满足合规要求和组织的发展需要。

【应用案例】

案例 3-3 是组织基于对自身所处的内外部环境、相关方的需要和期望，以及组织在合规义务、合规风险评估的基础上，确定出组织合规管理体系范围的案例。

【案例 3-3】

××× 集团基于【案例 3-1】中的组织环境分析，围绕治理科学、经营合规、管理规范、守法诚信的法治国企建设目标，通过五年的持续努力，在全集团建成符合企业实际的有效运行的合规管理体系，使诚信合规成为企业人自觉遵守的行为准则，将诚信合规融入日常经营管理活动，让企业“重质量、讲诚信、强自律”的品牌形象得到监管机构和社会公众的普遍认可。考虑集团本部暴露出的合规管理问题和违规事件，同时在国内 A 股上市的 A 公司和在香港上市的有境外业务的 B 公司都面临监管部门的高度关注，为了切实做好风险防范，提升 ××× 集团的合法合规管理能力水平，集团将集团本部、下属单位 A 公司和 B 公司纳入本次集团诚信合规管理体系建设的范围，要求体系建设单位不晚于 2021 年 8 月底提交诚信合规管理体系建设方案。A 公司和 B 公司两家单位的诚信合规管理体系建设方案需包括不少于三个三级及以下单位，并需经本单位决策程序及集团经理办公会批准后，启动诚信合规管理体系建设的全面工作。其他二级单位要在 2021 年年底前，参加或配合本诚信合规管理体系建设方案中第 1—9 项工作。

在总结集团本部和两家二级单位诚信合规管理工作经验的基础上，于 2022 年至 2023 年完善和改进各项机制，并对已开展诚信合规管理体系建设单位的实施效果进行评价。

在 2022 年年底前，按照集团的统一部署全面启动其他二级单位诚信合规管理体系建设工作。

2024—2025 年，稳步推进全系统的诚信合规管理体系建设，强化重点领域、重点环节、重点岗位的诚信合规管理，推动全系统形成诚信合规的企业文化。

第四节 合规管理体系

组织合规管理体系是基本结构、方针、过程和程序的有机组合，通过方针、过程和程序的实施使其运行，且对其进行维护和持续改进。本节从合规管理体系及合规管理体系的过程两个方面进行解释和说明。

【标准条款】

4.4　合规管理体系

组织根据本文件的要求，应建立、实施、维护和持续改进合规管理体系，包括所需的过程及其相互作用。

合规管理体系应反映组织的价值观、目标、战略和合规风险，并且应结合组织环境（见 4.1）。

A.4.4　合规管理体系

合规管理体系是一个框架，该框架是基本结构、方针、过程和程序的有机组合，其目的是实现预期的合规结果，并发挥作用以预防、发现和响应不合规。

通常，合规管理体系框架具有结构性特征：在必要的基础上构建这个体系。该体系需要通过方针、过程和程序的实施来使其运行，且对其进行维护和持续改进。

合规管理体系包含诸多要件。其中某些要件是为满足预期行为而设计，某些要件用于防止非预期行为而设计，而某些要件用于监视组织的合规绩效或在发生不合规时提出警告。

合规管理体系无法完全避免错误的发生，但有相应的过程确保对错误做出适当的反应，包括对过程、体系和受影响方的补救。

合规管理体系宜以良好治理、匹配性、诚信、透明、问责制和可持续性等原则为基础。合规管理体系宜作为文件化信息提供。

【理解与实施要点】

本条款对建立、实施、维护和持续改进合规管理体系的总体思路提出了要求。以下从合规管理体系及合规管理体系的过程两个方面进行介绍。

1. 关于“合规管理体系”的理解

首先，合规管理体系是一个框架，它整合了基本结构、方针、过程和程序，并使其具有可操作性。合规管理体系是由许多要件构成的，包括确立合规目标、识别合规义务、评估合规风险、制定合规应对措施、实施控制和程序、绩效评价、合规报告、合规文件化信息、持续改进等。某些要件将用于满足预期，实现预期的合规结果，譬如检验检测机构的合规目标是将本企业建设成符合国际检验检测认证理事会（TIC 理事会）合规要求的一流企业，那么 TIC 理事会的合规守则就成为该企业需要遵守的合规义务；而有些要件被设计为防止非预期行为，以采取行动防止、发现和应对不合规行为，以控制合规风险，譬如风险评估、合规审查、合规报告等；有些要件仅用于监视组织的合规绩效或在发生不合规情况时提出警告，以推动合规管理体系的持续改进，譬如举报和调查机制。仅仅策划或建立一个由要件组成的框架，并不能实现预期的合规结果、发挥作用以预防、发现和响应不合规，需要合规管理体系的基本结构、方针、过程和程序等要件相互作用，形成合规风险的三道防线，识别和评估风险、采取应对措施，并实现持续改进运行起来的过程，实现对合规风险的有效控制和组织合规管理的动态可持续发展。

其次，本标准条款要求组织的合规管理体系要结合组织环境，以良好治理、匹配性、诚信、透明、问责制和可持续性等原则为基础，根据实际需要建立合规管理体系，确保合规目标与组织的战略、价值观、目标的一致，协调好组织内部资源，特别是初次建立合规管理体系的组织，通过分工明确、权责分明、举报调查、违规问责等控制合规风险，实现组织合规管理体系及经营管理活动的可持续性。

2. 理解合规管理体系的过程

（1）确定合规管理体系过程的输入和输出

合规管理体系过程包括理解组织环境、识别相关方需要和期望、确定合规管理体系范围、识别和确定合规义务、识别和评估合规风险、策划合规风险控制措施、支持、运行、绩效评价及持续改进等。输入包括组织环境、识别和确定合规义务、目标，输出包括合规管理体系的组织架构、方针、合规制度、表格、合规报告系统、合同和其他文件化信息。

经营管理活动的过程也需进一步展开，包括产品和服务实现的策划、识别和评价产品，以及服务要求、研发、采购、生产和销售、提供服务等组织管理的每一个过程、每一个岗位和每一环节。由于每一个组织的业务经营管理过程几乎都是不同的，对业务过程的适当展开，是对经营管理活动过程中每个环节存在或者有潜在合规风险的实施控制的前提。组织需根据 GB/T 35770—2022 的要求将识别的合规义务融入组织现有的业务过程中，使合规的要求与实际的工作环节控制衔接一致，完善内部制度体系。组织需将识别出的合规风险落实到业务操作层面的控制环节中，把合规风险的应对措施转变为具体、可操作、可执行的控制措施、过程文件和操作规程等。

（2）确定过程的顺序和相互作用

组织要确定合规管理体系的过程和组织业务运作的过程之间的关系和相互作用，确认两个过程的输入和输出，确定两个过程融合的顺序，便于合规管理体系与业务管理活动的充分融合，厘清每个关键业务环节的合规风险。通常可以通过流程图识别过程顺序。

组织在建立、开发、实施、评价、维护和持续改进合规管理体系的实践过程中，需考虑：

——明确了合规义务，确定了合规目标，在风险评估的基础上拟定合规措施，进行沟通和培训，且运营状况受到监督；

——将合规义务纳入过程中，输出包括组织架构、合规制度、表格、报告系统、合同和其他法律文件；

——与组织中的其他管理体系过程和控制职能部门不冲突，相互融合补充；

——持续的监视和绩效评价；

——评估和报告，以确保员工遵守过程和程序，以发现、报告和逐级上报不合规案例和不合规风险。

（3）确定这些过程所需的资源并确保其可获得

组织基于风险评估的结果分配资源，确定过程所需资源方面的信息：

①每个过程需要哪些资源？

②为确保资源可获得需要哪些方面的信息沟通？

③需要收集哪些数据？

（4）分配适当的职责和权限

对职责和权限的规定和沟通，是体系和过程得以运行的组织保证。有效分配职责和权限也是组织合规管理体系策划中必须解决的工作。从治理机构到管理层、经理和普通员工都清晰地理解其在合规方面应当承担的责任。

第五节　合规义务

合规义务是组织建立、开发、实施、评价、维护和改进其合规管理体系的基础，是组织衡量自身经营管理行为正确性的标尺，是组织正确识别和评估合规风险、确立合规管理体系的范围、确保组织合规管理体系有效性的关键影响因素。本节从对合规义务的理解、合规义务影响的评估、合规义务的持续更新，以及对合规义务的补充解释四个方面进行介绍说明。

【标准条款】

4.5 合规义务

组织应系统识别来源于组织活动、产品和服务的合规义务，并评估其对运行所产生的影响。组织应建立过程以：

a）识别新增及变更的合规义务，以确保持续合规；

b）评价已识别的变更的义务所产生的影响，并对合规义务管理实施必要的调整。组织应维护其合规义务的文件化信息。

A.4.5 合规义务

组织宜将合规义务作为建立、开发、实施、评价、维护和改进其合规管理体系的基础。组织强制遵守的要求能包括：

——法律法规；

——许可、执照或其他形式的授权；

——监管机构发布的命令、条例或指南；

——法院判决或行政决定；

——条约、公约和协议。

组织自愿选择遵守的要求能包括：

——与社会团体或非政府组织签订的协议；

——与公共权力机构和客户签订的协议；

——组织的要求，如方针和程序；

——自愿的原则或规程；

——自愿性标志或环境承诺；

——与组织签署合同产生的义务；

——相关组织的和产业的标准。

组织宜按部门、职能和不同类型的组织性活动来识别合规义务，以便确定谁受到这些合规义务的影响。

获取关于法律和其他合规义务变更信息的过程能包括：

——列入相关监管部门收件人名单；

——成为专业团体的会员；

——订阅相关信息服务；

——参加行业论坛和研讨会；

——监视监管部门网站；

——与监管部门会晤；

——与法律顾问洽商；

——监视合规义务来源（如监管声明和法院判决）。

组织宜采取基于风险的方法，即组织宜首先识别出与业务相关的最重要的合规义务，然后关注所有其他合规义务（帕累托原则）。

适宜时，组织宜确立并维护一个单独文件（如登记册或日志），列出其所有合规义务，并确立定期更新该文件的过程。

除列出合规义务外，该文件还宜包括但不限于：

——合规义务的影响；

——合规义务的管理；

——与合规义务相关的控制；

——风险评估。

NA.1　合规义务

NA.1.1　概述

4.5 提及的合规义务在 A.4.5 进行了列举。在我国语境下，有些合规义务需要给予补充和提示，例如在我国，除法律法规外，强制性遵守的要求还包括强制性标准（见 NA.1.4）、检察决定（见 NA.1.3）；而有些合规义务则需要做进一步的解释、细化和区分，例如“法律法规”在我国司法管辖区体现为不同形式（见 NA.1.2）；“法院判决”在我国司法管辖区并不具有判例法法域的“遵循先例”的效力，而最高人民法院的指导性案例和司法解释则对法律在司法运用中提供了非常重要的规范，需要进一步解释、细化和区分（见 NA.1.3）；而组织签署合同所产生的义务既可以成为契约性合规义务，也可通过合同援引外国具有域外效力的法律成为组织宜遵循的合规义务的一部分（见 NA.1.5）。

NA.1.2 法律法规

A.4.5 中提及的“法律法规”在我国司法管辖区内主要体现为如下形式：现行有效的法律、行政法规、地方性法规、自治条例和单行条例。其中，法律有广义、狭义两种理解。广义上，法律泛指上述一切具有法律效力的规范性文件；狭义上，仅指全国人大及其常委会制定的规范性文件。在与法规等一起提及时，指狭义上的法律。综上，法律法规一般是指立法部门和执法部门（包括行政和监管部门）制定的法律规范性文件。

NA.1.3 法院判决、检察决定、指导性案例和司法解释

A.4.5 中提及的“法院判决”在我国语境下需要做出补充解释和说明。在我国，法院的判决只对其涉及的案件当事人具有约束力，对于其他相同或类似的案件没有约束力，仅具有参考价值。在法律法规没有对某个案件涉及的问题做出规定的情况下，法院的判决对于相关方了解司法部门所采取的强制性要求具有很强的现实指导意义。另外，除了法院判决外，我国的检察院会做出检察决定。检察决定在我国也构成强制遵守的合规义务。

在我国法域内，最高人民法院、最高人民检察院会颁布指导性案例、司法解释，这些会构成组织强制遵守的合规义务。最高人民法院颁布的指导性案例虽不具备强制约束力，但会成为法院对某些相同或类似案件进行判决的依据。组织为了解相关法律法规在具体案件适用的标准和边界，也要研究最高人民法院颁布的指导性案例。司法解释是最高人民法院、最高人民检察院为解决审判、检察工作中的“具体应用法律的问题”而依法制定的规范性文件，对司法主体与执法主体具有普遍的约束力，效力所及的任何组织和个人都需要遵守。根据 2019 年修订的《最高人民检察院司法解释工作规定》（高检发办字〔2019〕55 号），司法解释采用解释、规则、规定、批复、决定等形式。根据 2021 年最高人民法院颁布的《关于司法解释工作的规定》（法发〔2021〕20 号），司法解释的形式分为解释、规定、规则、批复和决定五种。

NA.1.4 强制性标准

强制性标准在我国也构成组织强制遵守的合规义务。强制性标准，一经发布、必须执行，如 GB 18384—2020、GB 40554.1—2021、GB 18599—2020 等。

NA.1.5 合同安排所产生的义务

根据 A.4.5，组织自愿选择遵守的要求包括“组织的合同安排产生的义务”。这是一种基于契约形成的“合规义务”，这种合规义务来自组织的合作伙伴通过合同条款提出的合规方面的要求。组织一旦选择与这样的合作伙伴进行交易，该组织就要遵守与这个合作伙伴订立的合同所产生的合规义务。合同安排所产生的义务有两种情形，第一种情形是合同条款中直接列明的各项义务；第二种情形是合同条款中纳入法律、法规、强制性标准等强制性要求，这些要求则成为合规义务。

需要注意的是，我国组织在签署国际业务合同时，宜谨慎识别和控制因纳入外国法律、法规（包括技术法规）所带来的合规义务与合规风险。这些外国纳入外国法律、法规（包括技术法规）可能与我国法律法规某些强制性规定相违背。一旦签署含有这样条款的合同，我国组织就需要考虑这些条款所援引和纳入的具有域外效力的外国法律以及基于我国的法律法规产生的合规义务与合规风险。

【理解与实施要点】

本条款对组织识别和评价合规义务提出了要求。以下从组织需系统识别其活动、产品和服务带来的合规义务，评估这些合规义务对组织业务的影响，持续识别新的和变更的合规义务，以及对合规义务的补充解释四个方面对合规义务及其实施要点进行说明。

1. 对合规义务的理解

合规义务包括组织强制遵守的要求和组织自愿选择遵守的要求。组织只有履行了全部合规义务（包括组织强制性地必须遵守的要求及组织自愿选择遵守的要求）才能说这个组织“合规”。无论是未履行一项合规义务，还是未履行所有合规义务，组织都会被认定为“不合规”。所以，合规义务的识别是组织实现合规的重要前提条件。

组织强制遵守的要求是源于政府、监管机构及行业组织等为了满足维护市场经济主体健康有序发展的需要，制定的强制性的法律法规、强制性标准等要求，主要包括法律和法规；许可证、牌照或其他形式的授权；监管机构发布的命令、规则或指南；法院或行政法庭的判决；条约、公约和议定书；强制性标准等。这类强制性必须遵守的要求中，很多是立法机构及其所代表的相关方对组织及其相关方提出的明确的禁止性的要求（如禁止 / 不得滥用市场支配地位）。如果违背了这些禁止性的合规义务，那么就会引发相关的合规风险（如违反《中华人民共和国反垄断法》的风险）。所以，一般来说对禁止性合规义务的违反是立法机构及其所代表的相关方所不能容忍的“红线”“地雷”“高压线”，违反禁止性合规义务的合规风险往往会给相关组织或者个人带来重大经济损害、行政处罚，甚至刑事责任。因此在实施合规义务识别的过程中，组织可以依据帕累托原则，采取基于风险的方法，优先识别与其合规管理体系和经营管理活动相关的最重要的禁止性合规义务，然后关注所有其他合规义务。

组织自愿选择遵守的要求是组织为获得股东、顾客、供应商等相关方的信赖，对自身生产经营过程和产品品质进行的若干承诺，包括但不限于：与社区团体或非政府组织的协定；与公共当局和客户的协议；组织要求，如方针和程序；自愿原则或实践准则；自愿性标志或环境承诺；与组织签署的合同产生的义务；相关的组织和行业标准等。

组织自愿选择遵守的要求，主要源于组织为了做好风险管控而自己所设置的控制性合规义务（比如组织要求），也有的来自组织自愿选择遵守的相关组织和行业标准等。

无论识别组织的哪种类型的合规义务，都需要充分了解组织环境，在组织的经营管理活动过程中，按部门、职能和不同类型的组织活动来识别合规义务产生的场景和源头，确认受这些合规义务影响的对象和过程、程序，并基于风险优先识别出与业务相关的最重要的合规义务，然后关注所有其他合规义务。在完成合规义务识别之后，组织需要确立并维护一个单独文件，列出其所有的合规义务，并确立定期更新该文件的流程。

2. 评估合规义务的影响

不遵守组织合规义务而产生不合规的可能性和后果即构成合规风险。所以组织需系统地识别合规义务及其对组织活动、产品和服务的影响，主要从梳理组织的业务过程和内部控制制度两个方面着手，识别相关方的要求，最后本着经济适宜的原则，根据组织实际以适合其规模、复杂性、结构和运营的方式来确定合规义务，并判断受其影响的人员、部门、组织。组织可以识别和建立书面合规义务内容清单，描述其对组织的影响，并确定组织是否遵循，这是组织识别和评估不合规的可能性和后果即合规风险的主要途径之一。

以企业为例，具有强制性的合规要求是企业必须要遵循的，不具有可选择性，必须列入企业合规义务清单的范围。企业自行选择遵守的要求，也属于企业合规义务的范畴。企业要根据这些要求识别合规义务，制定对应的合规管理制度、机制和过程，以满足相应的合规要求。

3. 合规义务的持续更新

来源于组织经营管理活动、产品及服务的合规义务不是一成不变的。因此，组织需依据内外部环境的变化，经过持续监测、评估、管理评审等识别新增及变更的合规义务，评估已识别的变更的合规义务所产生的影响，妥当调整和维护合规义务清单文件及应对管控措施，以确保组织的持续合规。标准条款中要求对合规义务文件化信息的维护，为组织持续关注和更新合规义务、调整管理措施提供证据和依据。

组织获取有关法律法规变更和其他合规义务的信息的过程包括：

①在有关监管机构的邮寄名单上；

②专业团体的成员资格；

③订阅有关的资讯服务；

④参加行业论坛和研讨会；

⑤监测管制人员的网站；

⑥与监管人员会面；

⑦与法律顾问的安排；

⑧监控合规义务的来源（如法规声明、法院裁决）。

4. 对合规义务的补充解释

（1）概述

根据 GB/T 35770—2022，组织的合规义务分为强制遵守与自愿选择遵守两类义务。将自愿选择遵守的契约义务及道德规范也列入合规义务，主要从以下几点考虑：①该类契约义务及道德规范虽不以国家强制力为保障，但对于组织仍然具有约束力；②未遵守该类契约义务及道德规范，仍可能导致组织承担不利的法律后果、遭受经济损失或者社会声誉的降低。

（2）对合规义务在我国适用的补充解释

GB/T 35770—2022 的 NA.1.1 进一步指出在我国语境下，有些合规义务需要给予补充和提示，例如在我国，除法律法规外，强制性遵守的要求还包括强制性标准（见 NA.1.4）、检察决定（见 NA.1.3）；而有些合规义务则需要做进一步的解释、细化和区分，例如“法律法规”在我国司法管辖区体现为不同形式（见 NA.1.2）；“法院判决”在我国司法管辖区并不具有判例法法域的“遵循先例”的效力，而最高人民法院、最高人民检察院的指导性案例和司法解释则对法律在司法运用中提供了非常重要的规范，需要进一步解释、细化和区分（见 NA.1.3）；而组织签署合同所产生的义务既可以成为契约性合规义务，也可通过合同援引外国具有域外效力的法律成为组织宜遵循的合规义务的一部分（见 NA.1.5）。

①法律法规。

NA.1.2 对法律法规做了补充解释。法律法规是指立法部门和执法部门（包括行政和监管部门）制定的法律规范性文件，其主要形式包括现行有效的法律、行政法规、地方性法规、自治条例和单行条例。笔者认为，在我国司法辖区内法律法规除上述主要形式外，还体现为国务院部门规章和地方政府规章，以及行政机关制定的具有法律效力的所有规范性文件。无论该规范性文件的效力层级和适用范围，都因其所具有的国家强制力而成为组织强制遵守的要求。例如，中华人民共和国国务院办公厅发布的规范性文件既不属于行政法规，也不属于部门规章，但仍具有法律强制力。

②法院判决、检察决定、指导性案例和司法解释。

NA.1.3 对法院判决、检察决定、指导性案例和司法解释做了补充解释。在我国语境下的“法院判决”与英美法系的区别，我国的法院判决只对其涉及的案件当事人具有约束力，对于其他相同或类似的案件没有约束力，仅具有参考价值。此外，检察决定、指导性案例及司法解释也会构成组织强制遵守的合规义务。最高人民法院及最高人民检察院颁布的指导性案例具有统一法律适用标准的作用，虽然其无法代替法律或者司法解释，但是根据《〈最高人民法院关于案例指导工作的规定〉实施细则》及《最高人民检察院关于案例指导工作的规定》，最高人民法院、最高人民检察院均应当参照相关指导性案例办理类似案件，因此成为组织强制遵守的合规义务。

③强制性标准。

NA.1.4 补充了强制性标准在我国也构成组织须强制遵守的合规义务。根据《中华人民共和国标准化法》，标准是指农业、工业、服务业及社会事业等领域需要统一的技术要求。而强制性标准则为国家标准的一种，通常冠以“GB”，与人身健康和生命财产安全、国家安全、生态环境安全及经济社会管理基本需要息息相关，其特点在于一经发布、必须贯彻执行。例如，GB 18384—2020《电动汽车安全要求》一经发布后，其提出的电动汽车安全要求和实验方法也成为电动汽车行业必须遵循的强制性要求。

④合同安排所产生的义务。

NA.1.5 对基于契约形成的“合规义务”进行了补充，并提示组织谨慎识别和控制因纳入外国法律所带来的合规义务与合规风险，因这些外国法律可能与我国法律法规某些强制性规定相违背。例如，我国的某个公司与外国某家大宗商品的供应商签订大宗商品的国际贸易合同，此时外国供应商往往会要求我国的买家公司基于外国有关反腐败、出口管制和制裁方面的法律做出契约性的承诺，而显然外国有关反腐败、出口管制和制裁方面的法律是基于国际贸易合同发挥域外效力。但近年来，我国基于维护国家主权、安全、发展利益，保护中国企业、其他组织或者个人的合法权益，陆续通过了《不可靠实体清单规定》《阻断外国法律与措施不当域外适用办法》及《中华人民共和国反外国制裁法》等，初步建立起应对他国"长臂管辖"的对策架构。这就提示我国的相关组织在与外国组织订立契约时需要关注自身做出的契约性承诺是否违反我国的法律法规，带来相关的合规风险。

【应用案例】

案例3-4（表3-1）是×××集团的合规义务清单的一部分。

【案例3-4】

表3-1　×××集团的合规义务清单（部分）

序号	文件名称	发文单位	发文时间	文号
1	《国务院办公厅关于进一步完善失信约束制度构建诚信建设长效机制的指导意见》	国务院办公厅	2020年12月7日	国办发〔2020〕49号
2	《全国工商联办公厅关于加强民营企业守法诚信教育引导的通知》	中华全国工商业联合会办公厅	2020年2月8日	—
3	《国务院关于加强和规范事中事后监管的指导意见》	国务院	2019年9月12日	国发〔2019〕18号
4	《国务院办公厅关于加快推进社会信用体系建设构建以信用为基础的新型监管机制的指导意见》	国务院办公厅	2019年7月16日	国办发〔2019〕35号
5	《关于开展2019年北京市企业信用评价工作的通知》	—	2019年3月25日	—
⋮	⋮	⋮	⋮	⋮
26	《期货业诚信建设实施指导意见》	中国期货业协会	2011年8月31日	—
27	《工业和信息化部关于印发〈食品工业企业诚信体系建设工作部门联席会议制度〉和〈食品工业企业诚信体系建设工作实施方案〉的通知》	工业和信息化部	2010年10月21日	工信部消费〔2010〕549号
28	《中国互联网协会信用评价中心关于开展第四批行业信用等级评价工作的通知》	中国互联网协会信用评价中心	2010年2月1日	—
29	《国家安全监管总局、国家煤矿安监局关于推进煤矿企业安全生产诚信建设的指导意见》	国家安全监管总局、国家煤矿安监局	2009年7月17日	安监总煤办〔2009〕135号

续表

序号	文件名称	发文单位	发文时间	文号
30	《国家工商行政管理总局关于印发〈工商行政管理机关在治理商业贿赂专项工作中推进市场诚信体系建设的规划〉的通知》	国家工商行政管理总局	2008年9月8日	工商公字〔2008〕194号
31	《关于贯彻落实〈关于在治理商业贿赂专项工作中推进市场诚信体系建设的意见〉有关问题的通知》	国务院国有资产监督管理委员会办公厅	2008年7月24日	国资厅发纪检〔2008〕85号
32	《国家质量监督检验检疫总局公告2007年第162号——关于公布〈商业、服务业诚信计量行为规范〉的公告》	国家质量监督检验检疫总局	2007年11月8日	2007年第162号
33	《中国保险监督管理委员会关于印发〈保险营销员诚信记录管理办法〉的通知》	中国保险监督管理委员会	2007年9月27日	保监发〔2007〕98号
34	《关于开展民办职业培训学校诚信等级评定工作的通知》	劳动和社会保障部办公厅	2007年4月29日	劳社厅发〔2007〕12号

第六节　合规风险评估

识别评估合规风险，是建立、实施、维护和改进合规管理体系的核心工作内容和工作的基础。合规风险评估是有效的合规管理体系不可或缺的组成部分。合规风险识别和评估工作质量决定合规管理体系的整体水平。本节主要从合规风险、合规风险的评估及合规风险周期性评估三个方面进行解释与说明，并给出应用案例，为相关方更好地理解和应用标准提供参考。

【标准条款】

4.6　合规风险评估

组织应基于合规风险评估，识别、分析和评价其合规风险。

组织应通过将其合规义务与活动、产品、服务以及运行的相关方面关联，来识别合规风险。

组织应评估与外包的和第三方的过程相关的合规风险。

组织应定期评估合规风险，并在组织环境发生重大变化时进行评估。

组织应保留有关合规风险评估和应对合规风险措施的文件化信息。

A 4.6　合规风险评估

合规风险评估构成了合规管理体系实施的基础，也是分配适当和充足的资源和过程，以便对已识别的合规风险进行管理的基础。

合规风险能够以不遵守组织的合规方针与义务的后果和不合规发生的可能性来表征。

合规风险包括固有合规风险和剩余合规风险。固有合规风险是指组织在未采取任何相应合规风险处理措施的非受控状态下所面临的全部合规风险。剩余合规风险是指组织现有的合规风险处理措施无法有效控制的合规风险。

组织宜结合不合规的根本原因、来源、后果及其发生的可能性，来分析合规风险。后果可能包括，例如个人和环境伤害、经济损失、名誉损失、行政管理变更以及民事和刑事责任。

合规风险识别包括合规风险源的识别和合规风险情况的界定。组织宜根据部门职责、岗位职责和不同类型的组织活动，识别各部门、职能和不同类型的组织活动中的合规风险源。组织宜定期识别合规风险源，并界定每个合规风险源对应的合规风险情况，开发合规风险源清单和合规风险情况清单。

风险评估涉及将组织能接受的合规风险水平与合规方针中设定的合规风险水平进行比较。

发生下列情形时，宜对合规风险进行周期性再评估：

——新的或变化的活动、产品或服务；

——组织结构或战略变化；

——重大的外部变化，如金融经济环境、市场条件、债务和客户关系；

——合规义务变更；

——并购；

——不合规（即使是单一的不合规事件也能构成情况的实质变化）和近乎不合规。

合规风险评估的详细程度和水平取决于组织的风险情况、环境、规模和目标，并能随着具体的细分领域（如：环境、财务、社会）变化。

基于风险方法的合规管理并不意味着在合规风险较低的情况下组织就接受不合规。它有助于组织集中主要注意力和资源优先处理更高级别风险，最终覆盖所有合规风险。所有已识别的合规风险 / 情况都会得到监视和处理。

在进行风险评估（相关指导见 ISO 31000）时，宜注意适当的技术（见 IEC 31010）。

【理解与实施要点】

本条款对合规风险评估提出了要求。以下分别从合规风险、合规风险的评估及合规风险周期性评估三个方面进行解释和说明。

1. 关于“合规风险”的理解

GB/T 35770—2022 要求组织将其合规义务与活动、产品、服务及相关业务运营方面联系起来，来识别合规风险，也就是说组织基于合规义务进行合规风险识别、分析和评价，而非基于合规风险的出现识别合规义务。因为根据合规风险识别合规义务通常具有滞后性和不完整性，而优先系统识别组织的合规义务则能够预先防范合规风险。合规风险是未履行或违反合规义务的不确定性导致的。合规风险的特征是不遵守组织合规方针与义务的可能性和后果。

合规风险包括固有合规风险和剩余合规风险。固有合规风险是指组织在未采取相应合规风险应对措施的情况下，处于非受控状态所面临的全部合规风险，是客观存在的合规风险。剩余合规风险是指组织现有的合规风险应对措施不能有效控制的合规风险。

合规风险可以划分为不同的类型。例如，根据合规义务涉及的内容或方面，可以分为数据保护合规风险、安全合规风险、竞争合规风险、出口管制合规风险等。

2. 关于“合规风险评估”的理解

合规风险评估是合规管理体系实施，以及分配适当和充分的资源、流程来管理已发现的合规风险的基础。风险评估包括风险识别、风险分析和风险评价三个步骤。

（1）合规风险识别

合规风险识别包括合规风险源的识别和合规风险情况的定义。组织可以根据组织职责权限和不同类型的组织活动过程，识别不同部门、职能和类型的组织活动中的合规风险源。组织还要识别那些可能对合规目标产生重大影响的风险源影响范围、事件及其根本原因、潜在的后果和后果发生的可能性。例如，后果可能包括人身和环境损害、经济损失、名誉损害、行政变更，以及民事和刑事责任等。

组织需定期识别合规风险源，并定义每个合规风险源对应的合规风险情况，以制定合规风险源清单和合规风险情况清单。合规风险识别方法包括：

①基于证据的方法，例如，检查表法及对历史数据的审查，如建立和维护的合规义务清单、公司业务制度、岗位职责说明书，以座谈、个别访谈、集体讨论、专家咨询和内部纪检监察、审计、内控测试报告、与其他合规相关的问题信息统计、计算

分析等；

②系统性的团队方法，例如，用头脑风暴法、德尔菲法、权力识别模型等来系统地识别风险；

③归纳推理技术，例如，危险与可操作性分析（HAZOP）等。

（2）合规风险分析

合规风险分析要考虑导致合规风险的原因和风险源、风险后果及其发生的可能性，识别影响后果和可能性的因素，还要考虑现有的合规风险控制措施及其有效性。然后结合合规风险发生的可能性及后果来确定风险水平。

风险分析通常涉及对风险事件潜在后果及相关概率的估计，以便确定风险等级和相应的保护及补救措施。组织进行合规风险分析，可以采取定性的、半定量的、定量的或以上方法相结合的方法。定性评估可通过“高、中、低”这样的表述来界定合规风险事件的后果、可能性及风险等级。如将后果和可能性两者结合起来，并与定性的风险准则相比较，即可评估最终的风险等级。定量分析则可估计出合规风险后果及其可能性的实际数值，结合具体情境，产生风险等级的数值。由于相关信息不够全面、缺乏数据、人为因素影响等，或是因为定量分析工作无法确保或没有必要，全面的定量分析未必都是可行的或值得的。

常用的风险分析方法包括结构化或半结构化访谈、头脑风暴法、情景分析法、检查表法、风险矩阵法、人因可靠性分析法等。

（3）合规风险评价

合规风险评价是将组织可接受的合规风险水平与合规方针中规定的合规风险水平进行比较，确定风险的等级。合规风险评价利用风险分析过程中所获得的对风险的认识，来对未来的行动进行决策。道德、法律、资金，以及包括风险偏好在内的其他因素也是决策的参考信息。

合规风险评价并非一项独立的活动，必须整合到合规风险管理过程的其他组成部分中，并与组织的活动、产品、服务和相关业务联系起来。合规风险管理过程包含以下要素：明确合规义务；风险评估（包括风险识别、风险分析与风险评价）；合规风险应对措施；监督和检查；沟通和记录。

3. 合规风险周期性评估

组织在完成初次全面合规风险评估后，还需周期性地进行合规风险评估。合规风险评估需在初次全面合规风险评估的基础上关注变化，即由于组织内部和外部发生的变化可能对组织合规风险造成的影响。需定期在下列情况发生时，对合规风险进行重新评估：

①推出新的或变更的活动、产品或服务；

②组织结构或战略目标发生改变；

③重大外部变化，如金融经济环境、立法和执法环境、市场状况、负债和客户关系；

④合规管理义务发生改变；

⑤发生并购；

⑥出现不合规行为（即使是单一的不合规事件，也可能构成环境的重大变化和接近违规的变化）。

合规风险评估的范围和详细程度，取决于组织的风险状况、背景、规模和目标，并因具体子领域（如环境、财务、社会）而不同。

以风险为基础的合规管理并不意味着在合规风险较低的情况下，组织可以接受不合规行为。该方法帮助组织将主要精力和资源优先集中在高风险上，并最终扩展至全部合规风险。所有确定的合规风险 / 情况都要接受监视和处理。

【应用案例】

案例 3-5（表 3-2）是 ××× 集团基于对自身所处的内外部环境、相关方的需要和期望，以及组织的合规义务进行评估的基础上，识别出的组织合规风险清单的一部分。

【案例 3-5】

表 3-2　××× 集团识别出的组织合规风险清单（部分）

序号	固有风险场景	可能性	后果	风险等级	进一步措施
1	董事、监事和经理层人员发生严重失信、违纪、违规或违法行为	可能	一般	中风险	通用措施
2	董事、监事和经理层人员公开发表与公司诚信合规目标相悖的言论	可能	轻微	常规风险	鼓励高级管理人员参加诚信合规培训，丰富专业知识和专业技能，并利用各种适宜的场合传播诚信合规理念，使用身边的案例阐述自己对诚信合规的理解
3	董事、监事和经理层人员私下发表与公司诚信合规目标相悖的言论，该言论被公开传播	可能	轻微	常规风险	通用措施
4	侮辱、诽谤、恐吓、歧视、骚扰或暴力威胁的语言和行为	可能	轻微	常规风险	通用措施

第四章

领导作用

GB/T 35770—2022 对组织的治理机构、最高管理者如何在合规管理体系中发挥领导作用提出了明确的要求。领导作用是合规职责的根本，对于整个组织树立合规意识、建立高效的合规管理体系具有至关重要的作用。本章从治理机构和最高管理者如何在组织中发挥领导作用并践行承诺，确立合规方针，分配岗位、职责和权限三个方面，对治理机构和最高管理者如何带头支持合规、构建合规管理的组织结构、确立合规方针、形成合规文化、确立并实施合规治理原则等做出解释和说明，并给出应用案例，为相关方更好地理解和应用标准提供参考。

第一节　领导作用和承诺

治理机构和最高管理者的直接领导和积极承诺是组织进行有效合规管理的前提。本节从治理机构和最高管理者如何证实他们对组织的领导作用和承诺，如何在组织内确立合规文化并对其进行考核，以及确定并实施合规治理原则进行解释与说明。

一、治理机构和最高管理者

【标准条款】

> **5.1.1　治理机构和最高管理者**
>
> 治理机构和最高管理者应通过以下方面证实其对合规管理体系的领导作用和承诺：
>
> ——确保合规方针和合规目标得以确立，并与组织的战略方向一致；
>
> ——确保将合规管理体系要求融入组织的业务过程；

——确保合规管理体系所需的资源可获取；

——就有效的合规管理的重要性以及符合合规管理体系要求的重要性进行沟通；

——确保合规管理体系实现其预期结果；

——指导和支持人员为合规管理体系的有效性做出贡献；

——促进持续改进；

——支持其他相关岗位在职责范围内证实其领导作用。

注：本文件中提到的“业务”能够广义地理解为涉及组织宗旨的那些核心活动。

治理机构和最高管理者应：

——确立和坚持组织的价值观；

——确保制定并实施方针、过程和程序，以实现合规目标；

——确保能及时获知合规事件，包括不合规情况，并确保采取适当措施；

——确保维护合规承诺，并妥善处理不合规和不合规行为；

——视情况确保合规责任在工作职责说明中得到体现；

——任命或提名合规团队（见 5.3.2）；

——确保根据 8.3 确立了提出和解决疑虑的机制。

A.5.1.1　治理机构和最高管理者

有效的合规要求治理机构和最高管理者的积极承诺，并贯穿于整个组织。

对于合规管理体系而言，治理机构和最高管理者清楚、明确地证实其对实现合规管理体系目标的承诺是至关重要的。

不合规能对业务造成负面影响，如声誉受损、丧失经营许可、丧失机会和巨大成本。因此，治理机构和最高管理者宜认识到有效合规管理的战略重要性。

本文件列出了诸多领导层能证实其承诺的方式。最根本的方式是通过积极和显而易见的支持来建立和维护合规管理体系。

承诺的水平标示为下列事项的实现程度：

——治理机构和所有管理层通过自己的行动和决定，积极证实他们承诺建立、开发、实施、评价、维护和改进的是一个有效且及时响应的合规管理体系；

——合规方针由治理机构正式批准；

——最高管理者对确保组织充分实现关于合规的承诺承担责任；

——所有管理层一致向人员传达一个清晰的信息（通过文字和措施证实）：组织会履行它的合规义务；

——以清晰并令人信服的声明向所有人员和有关的相关方广泛沟通关于合规的承诺，并有措施支持；

——合规团队的员工具有体现有效合规的重要性的适当能力、身份权限和独立性，而且可以直接接触治理机构；

——通过对所有人员和有关的相关方开展意识提升活动和培训，为建立、开发、实施、评价、维护和改进强劲的合规文化提供适当的资源；

——方针、过程和程序不仅反映法律要求，还反映自愿性准则和组织的核心价值观；

——组织向其所有管理层级分配合规责任并要求他们负责；

——定期评审合规管理体系（建议至少每年一次）；

——组织的合规绩效持续改进；

——及时采取纠正措施；

——治理机构和最高管理者遵守组织的合规管理体系。

【理解与实施要点】

本条款对组织的治理机构、最高管理者等如何发挥领导作用提出了要求。以下从对合规管理体系领导作用的理解、合规管理体系领导作用的发挥等方面展开介绍。

1. 对合规管理体系领导作用的理解

GB/T 35770—2022 要求治理机构和最高管理者能够证实他们对组织合规管理体系的领导作用和承诺，可从以下四个方面进行理解。

（1）治理机构和最高管理者要确保确立合规方针、合规目标并实现

组织的治理机构和最高管理者要确保确立组织的合规方针和合规目标，并且保证所确立的合规方针、合规目标与组织的战略方向保持一致。只有将合规管理放在组织战略的层面来规划，才可能确保合规方针和合规目标与组织的战略方向的一致性。组织战略为组织制定了明确的发展目标，并为目标的实现规划了正确的路径。组织确立合规目标时，除了考虑合规风险，更重要的是要确保所确立的合规目标，与组织的战略目标及其他管理目标相互协调。通过合规方针、合规目标的设定和对实现合规方

针、合规目标的过程的策划，确立行为准则，使各类业务活动及过程满足预期目标，从而实现组织的合规目标。

（2）确保制定方针、过程和程序，将要求融入业务，保障资源可获取，强调沟通重要性

组织要确保制定组织的合规方针、过程和程序，以实现组织的合规目标。合规方针是组织在合规管理方面的基本制度，其作用是表明组织合规管理的基本态度和对组织成员的基本要求，是制定合规管理具体制度的基础和依据。过程和程序往往是组织为了落实合规方针而制定的更加细化的合规管理专项制度或操作手册。

组织的最高管理者要将合规管理体系要求是否融入组织的业务流程作为评价其合规管理体系设计与实施效果的准则之一。最高管理者要确保组织的人员在其职责范围内将合规义务融入现有的业务和程序。合规管理在保持独立性的同时，要与组织的其他管理过程、运行需求和程序融合。

资源是建立、实施、维护和持续改进有效合规管理体系的必要条件，提供实现合规目标所必需的内部和外部资源是组织最高管理者的职责。最高管理者要根据组织建立和维护合规管理体系所需资源的类型、需要的程度的具体状况确保资源可获得。

沟通能够确保组织合规管理的相关信息通畅并能及时反馈，有助于形成统一的合规信息输入及输出口径。通过沟通，人员能够即时了解组织的合规方针、合规目标、合规管理职责，以及自己的行为对合规管理体系绩效的影响。

（3）促进、支持和指导人员做出贡献

组织的治理机构和最高管理者要任命或提名合规团队，向组织的所有管理层级分配合规责任并要求他们负责。各管理岗位在其职责范围内发挥领导作用，是合规管理体系能够在该范围内得到维护和持续改进的必要条件。组织内各个单元的合规管理体系有效运行，是组织整体合规管理体系有效运行的充分条件，二者缺一不可。

组织合规管理体系的有效运行有赖于所有人员的努力，每个人员都认真履行其合规义务，是保障组织合规管理体系有效运行的必要条件。为此，每个人员需要按照组织合规方针的指引，在组织的各个业务流程和环节，履行组织的合规义务；可行的情况下，组织要确保每个人员的合规责任在岗位职责说明中予以体现，确保每个人在其具体的职责范围内，报告合规关注事项、发现的或隐含的问题和漏洞；按要求参加培训，以保证员工具有履行其岗位职责的能力。

（4）确立提出合规疑虑机制、获知合规事件，妥善处理不合规，促进持续改进

组织的治理机构和最高管理者要构建鼓励举报不合规并使举报者不会遭到报复的

机制。这是组织获悉合规相关问题的重要途径。组织还可以通过内部审核、内部或外部审计、管理评审、员工反馈、调查问卷等方式即时发现组织存在的合规管理问题。组织需要采取措施对不合规进行处理，不论人员的职位高低，均一视同仁地对不合规事件予以处理。组织的治理机构和最高管理者要确保持续改进组织的合规管理体系，以使组织的合规管理体系能够实现预期的合规目标。

2. 合规管理体系领导作用的发挥

合规管理体系中领导作用的发挥是否满足 GB/T 35770—2022 的要求，可以从以下三个方面证实。

（1）治理机构和最高管理者要以身作则支持合规

领导层的言行对员工起到示范作用，如果领导层不注重自己的行为是否合规，就会使员工认识到，组织的规章制度形同虚设。治理机构和最高管理者要带头参加培训，带头按合规方针办事，强调实现合规承诺与合规目标的重要性。不论职位高低，对不合规进行一致性处理。在涉及合规管理工作中，提供所需的资源支持活动的开展，适时给予建议和指导，推动持续改善的热情。对有利于合规管理体系有效实施的成果，及时进行表彰鼓励，带动更多人投身到改善合规管理体系的活动中。

（2）分配合规职能，提供充分资源

职责分配不清晰极有可能引起管理混乱和发生部门互相扯皮内耗的现象，资源配置不当极有可能造成工作不能顺利开展和打击人员积极性的不良后果。因此，组织要把合规管理体系的所有要求逐一分配到合规团队和其他部门，将合规管理体系要求融入业务过程中；继而进一步明确部门和岗位的职责权限，策划和设计各业务过程，以及业务过程的相互配合。职能分配的结果、部门和岗位的职责权限、过程和相关文件的确定都需要进行充分的讨论和沟通。通过为建立、开发、实施、评价、维护和改进合规文化提供适当的资源，支持合规管理体系的运行，并确保各方都清晰地知道有关要求。

（3）促进持续改进

治理机构和最高管理者工作的一项重要内容就是促进合规管理体系的持续改进。治理机构和最高管理者要及时获知合规事件及不合规情况，并采取适当的措施。要对组织合规管理体系绩效情况进行跟踪和审视，定期开展管理评审，听取相关报告，对可能影响预期目标的关键事项，及时进行分析和讨论。审视关键过程，有利于掌控全局，促进预期结果的达成，及时总结过程中的问题，及时鼓励过程中的成绩，从而更好地凝聚团队的精神。

二、合规文化

【标准条款】

5.1.2 合规文化

组织应在其内部各个层级建立、维护并推进合规文化。

治理机构、最高管理者和管理者应证实，对于整个组织所要求的共同行为准则，其做出了积极的、明示的、一致且持续的承诺。

最高管理者应鼓励创建和支持合规的行为，应阻止且不容忍损害合规的行为。

A.5.1.2 合规文化

支持开发合规文化的因素包括：

——一系列已发布的清晰的价值观；

——管理层积极并显而易见地实施和遵守价值观；

——不论职位，对不合规的一致性处理；

——在指导、辅导和领导中以身作则；

——对潜在的关键职能的人员进行适当的聘用前评估，包括尽职调查；

——在入职培训或新员工训练中强调合规和组织价值观；

——持续进行合规培训，包括更新面向所有人员和有关的相关方的培训；

——持续就合规问题进行沟通；

——绩效考核体系，结合对合规行为的评估，并将合规表现与绩效工资挂钩，以实现合规关键绩效措施和结果；

——对合规管理业绩和结果予以明确认可；

——对故意或因疏忽而违反合规义务的情况给予即时和适当的处分；

——在组织的战略和个人岗位之间建立清晰的联系，强调合规是实现组织结果所必不可少的；

——在内部和外部就合规进行公开和适当的沟通。

合规文化的形成体现于下列方面的实现程度：

——上述事项得以实施；

——相关方（特别是组织的人员）相信上述事项已实施；

——人员理解合规义务与自身活动和所在业务单元活动的相关性；

——组织所有适当层级都按照要求自主应对不合规并采取纠正措施；

——重视合规团队的岗位及其目标；

——人员有能力且受到鼓励向包括最高管理者和治理机构在内的适当的管理层提出合规疑虑。

组织宜：

a）衡量其合规文化；

b）寻求所有人员的意见，以确定他们是否感知到治理机构、最高管理者和中层管理者对合规的承诺；

c）根据组织合规文化指标的结果，确立行动计划。

NA.2 合规文化

NA.2.1 合规文化的价值

合规文化通常由贯穿于整个组织的价值观、道德规范、信仰和行为构成。与组织结构和控制系统相互作用，产生有利于实现组织的使命、愿景和合规目标的一系列行为规范。合规文化反映了组织的治理机构、最高管理者、各级管理层、员工和其他相关方应对合规风险的意识和态度，是合规管理体系不可或缺的重要组成部分。

合规文化的价值在于：

——提供原则性指引，应对合规风险：在制定合规管理体系应对合规风险的同时，组织宜宣贯自己的价值观、道德规范和信仰，并据此建立原则性指引，以员工手册、行为准则或其他形式呈现出来，使得组织内外部人员在具体规定不清、不全没有具体规定或灰色地带的情况下，根据原则性指引，开展活动，及时应对合规风险；

——增强主动合规：良好的合规文化可以正面影响人的行为，提升认同感和主动合规意识；有助于组织 / 各层级及时发现不合规行为并自主采取补救措施；

——提升合规管理有效性，促进实质性合规：组织通过将支持合规文化发展的因素在合规方针中体现，及与合规管理体系的其他要件共同作用，使得合规文化渗透到组织的各个层级和领域，实现预期合规结果。

NA.2.2 合规文化的建立、维护、推广和实施

建立、维护、推广和实施良好合规文化宜考虑以下方面：

——最高层定调并以身作则；

——管理层推动且言行一致；

——团队内良好的合规氛围；

——同事间、相关方正面影响。

组织宜依赖于最高层和管理层运用价值观、道德规范和信仰等塑造合规文化，并以身作则积极推行；宜形成鼓励合规、不容忍不合规的团队氛围，以及对不合规行为进行一致性处理；鼓励和推动同事以及与相关方间合规价值观的传递和影响。

合规文化宜通过合规管理体系的实施反映出来，组织才能有效应对合规风险，降低不合规发生的可能性，实现合规目标。

【理解与实施要点】

本条款对组织在内部的各个层级建立、维护并推进合规文化提出了要求。以下从对合规文化的理解、合规文化的价值、影响合规文化的因素，以及合规文化的形成与衡量等角度，对组织如何发展和培育合规文化进行解释与说明。

1. 对合规文化的理解

合规文化通常由贯穿于整个组织的价值观、道德规范、信仰和行为构成，与组织结构和控制系统相互作用，产生有利于实现组织的使命、愿景和合规目标的一系列行为规范。

合规文化是组织的意识形态，以及与之相适应的组织结构与制度的有机结合。合规文化的核心是组织的价值观。这里的价值观不是泛指组织管理中的各种文化现象，而是组织或组织中的员工在从事生产与经营活动中所持有的合规优先的价值理念。组织需要在它的所有层级发展、维护和促进合规文化，通过创建遵守合规要求的共同行为准则并由治理机构和最高管理者带头执行，来鼓励和支持合规行为，通过不容忍损害合规的行为、合规奖惩机制的实施等来构建和宣传合规文化。

组织的合规管理能否成功，很关键的一点就是看组织的合规文化，合规治理的原则、理念、意识和价值观是否渗透到组织的各个层次和领域，成为组织合规管理体系的重要组成部分。

2. 合规文化的价值

（1）提供原则性指引，应对合规风险

在制定合规管理体系应对合规风险的同时，组织要宣贯自己的价值观、道德规范和信仰，并据此建立原则性指引，以员工手册、行为准则或其他形式呈现出来，使组织内外部人员在具体规定不清、不全、没有具体规定或灰色地带的情况下，根据原则性指引，开展活动，及时应对合规风险。

（2）增强主动合规

良好的合规文化可以正面影响人的行为，提升认同感和主动合规意识；有助于组织及各层级及时发现不合规行为并自主采取补救措施。

（3）提升合规管理有效性，促进实质性合规

组织通过将支持合规文化发展的因素在合规方针中体现，以及与合规管理体系的其他要素共同作用，使合规文化渗透到组织的各个层级和领域，实现预期合规结果。

3. 支持发展合规文化的因素

影响合规文化的因素很多，既包括制定和公开组织的合规价值观，也包括对价值观的宣传、沟通，以及落实情况进行考核与奖惩。

（1）对于治理机构、最高管理者和管理者来说，以下行为或者做法会影响合规文化。

①制定清晰的价值观，积极并显而易见地实施和遵守价值观；

②无论职位高低，只要不合规，都会进行一致性处理；

③在指导下属、辅导员工和领导工作中以身作则；

④关注组织合规文化的相关情况，并对其进行监视和指导。

（2）对于职能部门来说，合规团队要与相关职能部门合作，制定相关制度，并做到如下两个方面。

①在宣传、沟通和培训方面：

一是新员工入职时，要令其知悉组织合规优先的价值观，对其强调合规的重要性；

二是对可能担任关键职务的人员进行适当的入职前培训，使其了解岗位潜在的合规风险，及要遵守的合规准则；

三是按计划对所有人员及相关方进行持续的合规培训，强调组织合规优先的价值观及合规的重要性；

四是定期安排组织内各部门就合规问题、组织内外发生的合规案例进行持续沟通和交流。

②在对合规行为结果的关注与处置方面：

一是组织要将全体人员的合规绩效与组织的绩效评估系统建立关联，将员工合规的行为和绩效工资挂钩并纳入绩效评估系统；

二是组织要表彰合规管理方面的成就，对故意或疏忽违反合规义务的行为及时给予适当的纪律处分；

三是从合规行为结果的角度分析，要在组织的战略和个人岗位之间建立清晰的联系，强调合规是实现组织成功的必要条件。

4. 合规文化的形成与评估

组织制定明确的价值观并公开发布，治理机构、最高管理者以身作则带头遵守合规优先的价值观，并一视同仁对不合规进行一致性处理，监督、指导员工落实价值观，这为组织建立和发展合规文化打下了坚实的基础。

（1）合规文化的形成

如何将合规文化贯彻到组织的组织结构、业务流程和各个环节，并使合规文化作用于组织结构与控制系统，使其相互间发生作用，最终形成有利于合规的结果，是另一件至关重要的事，这涉及合规文化的落实与考核，直接影响组织合规管理体系的有效性。实际上，在培训、沟通、运行、绩效监视，以及改进环节，都涉及合规文化的建设与落实。

组织在战略目标、愿景、原则等文件中要强调合规文化的重要性。组织的内部沟通和外部沟通过程中，与合规管理体系有关的合规文化、合规目标和合规义务等信息要视情况告知到内外部相关方，如员工、第三方合作伙伴等。

建立、实施、评估和改进合规文化需要资源的支持，组织需要为其提供保障。组织要为所有人员提供所需的培训，培训的目标是确保人员有能力以符合本组织合规文化和合规要求的方式履行其工作职责。在举办相关合规培训时，所有人员与利益相关方都要参与。

为了使合规文化既有内容又有效果，为合规管理体系设计各项管控措施（例如，政策、流程、程序）时，要进行精心设计。

合规管理体系运行控制的一个基本要素是人员的行为准则，行为准则要适用于所有人员并为其所用，组织要将源自行为准则的合规措施纳入组织的日常运作，以此方式来培养合规文化。

（2）合规文化的评估

组织可从以下六个方面对合规文化的实施进行评估：

①源自合规行为准则的各项合规措施的实施情况；

②利益相关方（特别是人员）对上述各项措施实施情况的反馈；

③人员能够理解合规义务与自身活动和所在业务单元的相关性；

④组织各层级都按照要求主动应对不合规并采取纠正措施；

⑤重视合规团队的作用及合规团队设定的目标；

⑥鼓励人员向适当的管理者提出合规问题，包括最高管理者和治理机构。

组织可根据以下情况进行合规文化的改进：

一是分析组织的合规文化执行的结果；

二是征求所有人员的意见，以确定他们是否了解治理机构、最高管理者和中层管理者对合规的承诺；

三是根据组织合规文化执行情况的结果，制订行动计划对合规文化进行持续改进。

三、合规治理

【标准条款】

5.1.3 合规治理

治理机构和最高管理者应确保下列原则得到实施：

——合规团队应能直接接触治理机构；

——合规团队的独立性；

——合规团队具有适当的权限和能力。

注 1：直接接触包括：向治理机构的直接汇报线定期提交报告以及参加其会议。

注 2：独立性是指合规团队的运行不受任何不当干扰和 / 或压力。

A 5.1.3 合规治理

合规治理建立在以下基本原则基础上。

合规团队能直接接触治理机构和最高管理者。如有需要，他们能绕过组织中的其他人直接与一个或多个最有权采取行动的人沟通。这直接裨益治理机构和最高管理者，便于他们履行职责。这种接触宜是有计划和系统性的。例如，合规团队能直接向首席执行官报告和间接向审核委员会、主席或整个董事会报告。

合规团队宜是独立的，不与组织结构或其他要件冲突。他们可以自由行动、不受垂直管理者的干涉。

合规团队拥有权限。合规团队在权限上不是一个能被上级否决或被其修改报告或信息的初级部门。合规团队能根据需要指导其他员工。合规团队宜有“发言权”，以申明和提出合规疑虑。

合规团队有足够的资源来支持组织不受限制地执行合规管理体系的必要工作和职责，包括获得技术以使合规管理体系能全面和有效地支持组织实现其合规目标。

【理解与实施要点】

本条款对实施合规治理原则提出了要求。在组织内确立并实施合规治理原则是确保组织合规管理体系有效的必备要件。即治理机构和最高管理者要确保组织的合规团队能直接接触治理机构，合规团队要具有独立性，合规团队要具有能力并被赋予适当的权限开展合规管理工作。合规治理原则的确立与实施，直接裨益治理机构和最高管理者，便于他们履行职责，为组织的合规管理体系的有效性负责。以下将具体解释直接接触原则、独立性原则和适当权限与能力原则，为组织更好地确立和落实合规治理原则提供指导。

1. 直接接触原则

直接接触原则是指合规团队能直接接触治理机构和最高管理者，可以绕过组织的其他人直接与一个或多个最有权采取行动的个人或治理机构进行沟通。

在实践中，直接接触原则通常体现在以下三个方面：

①合规团队负责人在组织内拥有适当的地位，有权参加组织的核心决策会议，以便合规团队掌握组织的经营战略及业务重点，并在组织做出相关战略决策时提供合规建议。

②合规团队负责人定期向治理结构或最高管理者汇报，使其全面掌握组织合规管理的最新情况，并及时制定或调整合规工作计划。

③合规团队有直接向治理机构及最高管理者汇报的渠道。这种汇报要有计划地进行安排，并具有系统性。

2. 独立性原则

独立性原则是指组织的合规团队具有独立性，不受组织结构或合规管理体系其他要件的影响。合规团队可以自由行动、不受垂直管理者的干涉。同时，该原则还强调合规职能与部门承担的其他职能不能存在利益冲突。

在合规实践中，合规团队的“独立性”通常体现在以下四个方面：

①合规团队相对于业务部门，在薪酬结构上具有独立性，从而使合规决策不受薪酬影响。

②合规团队拥有独立的办公空间，能够有效进行合规调查并安全保管相关敏感文件。

③合规团队拥有足够的预算，能够前往各分支机构或部门进行合规检查及监督。

④合规团队与其他控制部门在资源和知识共享方面建立了良好的联系。在合规团队和其他部门职能有重叠的地方，各自的职责范围都有清晰的界定。

3. 适当权限与能力原则

适当权限与能力原则是指合规团队具有开展工作的能力，并被赋予适当的权限资源来支持组织执行合规管理体系的必要工作和职责，包括获取技术以使合规管理体系能够全面而有效地支持组织实现其合规目标。

在合规实践中，合规团队具有适当的权限和能力，通常体现在以下五个方面：

①组织赋予合规团队适当且足够的合规人员从事合规管理相关工作，并且保证合规人员在接受适当的培训或相关训练后能够胜任合规管理工作。

②组织赋予合规团队适当的权限开展合规管理工作。合规团队所提供的报告或信息，不能被垂直管理的上级部门否决或修改。

③合规团队具有权威性，可根据需要指导其他工作人员，具备“发言权”，以主张并提出合规问题。

④合规团队宜有“发言权”，在重要决策会议中，阐述合规建议。同时，在需要时，可以申明和提出合规疑虑，对完善合规管理体系提供建议。

⑤合规团队有权向组织的人员了解相关信息，获取相应资料，并组织人员对发现的不合规问题进行调查。

【应用案例】

案例 4-1 至案例 4-4 展现了合规价值观、合规文化及其对组织发展的影响，以及合规治理原则的实践。其中，案例 4-1 和案例 4-2 给出了合规治理原则的实践案例，合规职能部门向治理机构或最高管理者的直接汇报机制，以及合规职能部门具有相应的权限，对于建立和维护有效的合规管理体系至关重要。

【案例 4-1】

1. 合规优先的价值观与管理者的合规承诺

A 公司的合规管理体系之所以有效，是因为 A 公司确立了合规优先的价值观，公司确定不会因眼前利益而牺牲长远发展。公司以可靠、公平与诚信赢取公众信任，是 A 公司总裁的公开承诺。同时，A 公司的所有管理者都清楚地知道并落实着其所肩负的合规管理职责。A 公司高管的立场非常明确：公司的每一位管理者都必须以身作则，并确保其职责范围内的业务决策和行动始终符合相关的法律规定和公司自己的价值观与准则。公司可能因为不愿从事不合规的行为而丢掉了部分业务，但实际上公司由于诚信合规赢得了更多订单。对于A公司而言，合规管理不仅是一种工具，更是一种文化，融入业务环节，体现在员工言行间。

2. 合规的价值观积极影响商业伙伴

作为在190多个国家开展业务的跨国公司，A公司始终坚持推动合规对合作伙伴和商业环境的积极影响。对新的商业合作伙伴，A公司会审核对方的合规风险并在合同中要求对方做出合规承诺。而在很多腐败高风险地区，A公司会联合竞争对手探讨采用合规手段来开展业务，共同创造一个公平公正的商业环境，同时A公司还与政府和公益组织合作，开展反腐败活动。A公司认为，虽然国际商业环境仍存在各种挑战，但毋庸置疑，合规管理将迎来更大的机遇，政府机构趋向于对腐败行为施行更为严厉的处罚，而国际合作的合规制度及规则也更加趋同，这些都将为跨国企业海外业务的发展带来利好。

3. 合规使A公司业绩保持稳健增长

随着国际市场环境透明度的逐步提高，合规管理已成为跨国公司实现可持续发展的重要抓手。A公司作为合规管理方面的优秀企业，在不断调整优化合规管理，积极影响合作伙伴，为自己的可持续发展打造一条安全的航线。虽然合规管理曾救公司于危难之中，但是A公司内部对合规管理并不都是支持的声音，因为合规管理使程序更加复杂，对业务部门快速运行造成一定影响。近几年的财务数据有力地支持了合规管理，在合规管理的护佑下，A公司的业绩保持了稳健增长。

【案例4-2】

A公司的合规文化建设

A公司认为，企业想要建立行之有效的合规管理体系，培育合规文化是根本。合规文化建设，具体落实到企业中，就是要全力营造崇尚合规、践行合规的文化氛围①。

A公司确立了公司的价值观为勇担责任，致力于符合道德规范的、负责任的行为。A公司努力满足一切法律和道德要求，并努力超越这些要求。A公司要求所有人员按照最高的职业和道德标准与惯例来开展业务：公司不容忍任何不合规的行为。A

---

① 引自俞国鸿，《合规文化：企业合规管理体系的密码》，法人杂志［J］，2021年第1期。

公司还鼓励商业伙伴、供应商和利益相关方遵循同样的道德标准。

更重要的是A公司将合规优先的价值观进行了内化，并在人员每天的工作中身体力行。A公司把员工个体行为的诚信度放在第一位。只有每个人都能意识到自己的行为对公司可能造成的负面影响，保证每一天、每一刻、每一分钟都诚信合规，A公司才会拥有一个光明的未来。可见，A公司的合规管理不仅是一种工具，更是一种文化，融入管理环节中，体现在员工言行间。最终，A公司只做合规的业务已成为企业的DNA，成为每名员工心里坚不可摧的信条和底线。

对员工进行合规价值观的培训和沟通。A公司通过大量持续的合规培训和经常性的沟通，潜移默化地使合规理念深植入员工心底。该公司对员工进行大量持续性的合规培训，使员工充分理解公司的规章制度、流程和重点。网上合规培训是公司所有具备公司网络终端的员工必修的课程，如果不按期完成，系统将会发邮件提示。为了培养员工的合规理念，该公司的管理层经常和员工进行合规谈话，强调合规的基本原则是诚实，并在重要场合的讲话中谈到合规，使合规成为员工言行的第一标准。管理层也时刻以身作则，成为合规的榜样，接受所有人的监督。

【案例4-3】

瑞幸咖啡主管合规的高级副总裁直接向董事长兼CEO汇报工作

2020年4月2日，瑞幸咖啡公告，称自查发现公司首席运营官财务造假，牵涉约22亿元交易额，公司董事会成立特别委员会，进行内部调查。6月29日，瑞幸咖啡正式在纳斯达克交易所停止交易，进入退市程序。12月7日，瑞幸咖啡通过微博发布声明，称其与美国证券交易委员会（SEC）已就部分前员工涉嫌财务造假事件达成和解。根据公告，瑞幸咖啡已同意支付1.8亿美元（约合人民币11.75亿元）的罚款，以了结SEC的指控。

在付出惨痛的代价后，瑞幸咖啡积极反思其内控合规制度并做出整改。2021年2月18日，瑞幸咖啡人力资源部发布组织结构调整及任命通知，该通知显示瑞幸进行了大幅的组织架构调整，将瑞幸原有的架构调成前台、中台和后台三个部分，前台涵盖运营线和增长线，中台涵盖技术线和产品线等，后台则涵盖对外合作线、财务线和人力资源线等，重要职位的人将直接向瑞幸董事长兼CEO汇报工作。

根据文件，瑞幸咖啡将撤销大区层管理架构，由高级副总裁负责运营线，首席财务官和首席战略官负责财务线，高级副总裁负责合规线，分管法务部、内控合规部；副总裁兼董事负责对外合作线。上述几位副总裁，均直接向瑞幸董事长兼 CEO 汇报。

瑞幸高级副总裁直接向董事长兼 CEO 汇报体现了合规治理重点直接接触原则。

【案例 4-4】

汇丰银行首席合规官权限过小，导致其无法正常履职

2012 年，英国最大的银行汇丰银行控股公司首席合规官（CCO）戴维·巴格利接受美国国会参议院问询时承认，汇丰银行未能遵守反洗钱等法律法规的规定，成为一些贩毒团伙和恐怖组织洗钱的工具，并宣布将引咎辞职。

美国参议院常设调查小组委员会发布的报告称，汇丰银行没有重视外界警告，使该行在不经意间为墨西哥贩毒团伙的账户洗钱，并使为"基地"组织等中东恐怖组织提供融资的机构可以获得资金。参议院的报告指出，巴格利在合规工作中存在疏忽，对警告也不够重视。

巴格利表示，自己的职位缺乏足够的权力，他的工作只是制定制度，以及处理汇报给他的问题。汇丰银行分支机构众多且均设有合规团队，他并没有被赋予权限管理和控制所有分支机构的合规团队。

在上述汇丰银行案例中，首席合规官巴格利因自己的职位缺乏足够的权力而导致无法正常履行合规职能。

第二节 合规方针

合规方针是由组织的最高管理者正式表述的组织合规管理的意图和方向。合规方针是组织合规管理的基本制度，阐述了对组织成员的基本要求，是制订合规管理具体制度的基础和依据。本节从对合规方针的理解、确立合规方针的要求、对合规方针内容的要求，以及执行合规方针的要求四个方面进行解释与说明。

【标准条款】

> **5.2 合规方针**
>
> 治理机构和最高管理者应确立合规方针，该方针：
>
> ——适合于组织的宗旨；

——为设定合规目标提供框架；

——包括满足适用需求的承诺；

——包括持续改进合规管理体系的承诺。

合规方针应：

——与组织的价值观、目标和战略保持一致；

——要求遵守组织的合规义务；

——根据 5.1.3 支持合规治理原则；

——提及并描述合规职能；

——概述不遵守组织的合规义务、方针、过程和程序的后果；

——鼓励提出疑虑，并且禁止任何形式的报复；

——用通俗易懂的语言书写，易于所有人员理解其原则和意图；

——被适当地实施和执行；

——作为文件化信息可获取；

——在组织内予以沟通；

——视情况，可被相关方获取。

A 5.2　合规方针

合规方针确立了组织实现合规的首要原则和行动承诺。它设定了要求的职责和绩效水平，并设定了对行动进行评估的期望。该方针宜与组织活动产生的合规义务相适应。

合规方针宜由治理机构批准。

合规方针宜规定：

——与组织的规模、性质、复杂性及其环境有关的合规管理体系的应用和环境；

——合规与其他职能的结合程度，如与治理、风险、审核和法务；

——对内外部相关方的关系进行管理的原则。

合规方针不宜是一个独立的文件，宜得到其他文件的支持，包括运行方针和过程。

如有必要，宜将合规方针翻译成其他语言。

合规方针宜适合于组织因其范围和活动而产生的合规义务。

> 开发合规方针，宜结合：
>
> a）具体的国际、区域或属地义务；
>
> b）组织的战略、目标、文化和治理方法；
>
> c）组织结构；
>
> d）与不合规相关的风险的性质和等级；
>
> e）采用的标准、准则、内部方针和程序；
>
> f）行业标准。
>
> 合规方针可包括：
>
> ——使命宣言；
>
> ——总体方针声明；
>
> ——管理战略以及责任和资源的分配；
>
> ——标准合规程序；
>
> ——审核、尽职调查和合规。

【理解与实施要点】

本条款对组织确立合规方针、合规方针需要符合的条件提出了要求。以下对合规方针的含义，以及合规方针与合规管理体系之间的关系，确立合规方针、合规方针的内容，以及执行合规方针的具体要求进行解释与说明。

1. 对合规方针的理解

方针被定义为由治理机构和最高管理者正式表述的组织的意图和方向。方针是组织开展合规管理体系建设的首要原则和行动承诺。管理体系是组织为确立方针和目标，以及实现这些目标的过程所形成的相互关联或相互作用的一组要件。因此，要使合规管理体系有效运行，并实现合规目标，治理机构和最高管理者要确立组织的合规方针，阐述合规义务和合规管理的具体要求。

2. 对确立合规方针的要求的理解

确立合规方针时，治理机构和最高管理者要确保合规方针满足下列整体要求及具体要求。

（1）对合规方针的整体要求

①合规方针要适合于组织的宗旨。组织的宗旨，不但涉及组织的战略目标、具体业务，同时更涉及组织文化、组织的经营理念等。合规方针的确立，要为实现组织的

战略目标服务，与组织的具体业务融合，能够融入组织文化，对组织的经营理念产生正向影响。

②为设定组织的合规目标提供框架。GB/T 35770—2022 明确提出组织的合规方针要与组织的价值观、目标和战略保持一致，同时，合规方针中明确要求遵守组织的合规义务。这两条就为组织设定合规目标提供了框架。

一是组织的合规义务是组织强制性的必须遵守的要求和组织自愿选择遵守的要求。这是组织合规风险的来源，也是设定组织合规目标的出发点和依据。

二是设定组织的合规目标，在考虑组织的合规风险的同时，还需要与组织的价值观、目标和战略方向保持一致。组织的治理机构和最高管理者所确立的合规方针，已经明确了组织的合规管理与组织的价值观、目标和战略的关系，组织合规目标的设定要在这个框架下进行。

（2）对合规方针的具体要求

①合规方针要包括满足适用需求的承诺。治理机构和最高管理者在确立组织的合规方针时，要考虑组织相关方的所有需求中，哪些可以通过合规管理体系来满足。对于适用的需求，要在合规方针中予以明确，组织需要做出满足适用需求的承诺。

②合规方针要包括持续改进合规管理体系的承诺。实际上，合规方针中要包括一项承诺，即组织的治理机构和最高管理者要承诺持续改进组织的合规管理体系，以确保合规管理体系的适宜性、充分性和有效性。

3. 对合规方针内容要求的理解

GB/T 35770—2022 对于组织合规方针要包括的内容做了具体规定，包括以下四个方面：

①组织制定合规方针是为组织的经营发展服务的，所以组织合规方针的内容要与组织的价值观、目标和战略保持一致；

②组织的合规方针，要阐述组织的合规治理原则，并明确要求组织要支持合规治理原则在组织内得以实施；

③组织的合规方针中，要提及并描述组织的合规职能，并明确规定与其他职能的关系，比如治理、风险、审核、法务、人力等，以及它们之间如何具体分工与合作；

④阐明组织需要遵守的合规义务，明确不遵守合规义务、方针、过程和程序需要问责，鼓励所有人员提出疑虑，并且禁止任何形式的报复。

4. 对合规方针执行要求的理解

为便于合规方针在组织内顺利实施，GB/T 35770—2022 对此提出了具体要求，包括：

①组织要确保其控制范围内的所有人员（包括新入职人员）都能够理解和遵循合规方针；

②需要时，组织能够与相关方进行沟通，使其了解并遵循组织的合规方针；

③组织的合规方针要能够通俗易懂，易于所有人员理解其原则和意图，并以文件化信息的形式提供给需要的人员。

【应用案例】

案例 4-5 至案例 4-7 展现了 A 公司、B 公司及 C 公司的商业行为准则或诚信合规手册。其中，案例 4-6，A 公司的《商业行为准则》明示了 A 公司的合规价值观、公司要遵守的合规义务。案例 4-7，B 公司的《商业行为和道德规范》明示了 B 公司的业务范围、合规价值观、合规义务及违反合规义务的后果。案例 4-8，C 公司的《诚信合规手册》明示了 C 公司的业务范围、企业宗旨、合规的价值观。

【案例 4-5】

A 公司《商业行为准则》

A 公司中国官网发布的《商业行为准则》前言部分，用醒目的字体明示："只有清廉的业务才是 A 公司的业务"，并进一步规定："A 公司的合规体系，以管理层职责为核心，打造诚信与透明的企业文化。我们以负责任的态度开展各项业务，严格遵守中国的各项法律法规及 A 公司的《商业行为准则》。公司绝不姑息任何违法和不道德的行为，以一整套约束性的规章制度，要求所有员工遵纪守法，诚信守德。"

【案例 4-6】

B 公司《商业行为和道德规范》

B 公司作为一家在全球许多国家拥有广泛关系的国际化公司，致力于在所有业务所在地区维持高标准的商业行为。B 公司《商业行为和道德规范》中规定：

"所有员工遵守适用的法律、法规和条例开展业务，并且方式要道德。服从法律，包括从字面上及精神上，是我们的道德标准建立的基础。您必须尊重和服从集团业务所在的国家、州和城市的法律。尽管并不期望您熟悉适用法律的细节，但是知晓足够的知识，知道何时向您的主管、人力资源代表或其他相关部门寻求建议仍然非常重要。B 公司和其任何附属公司间或附属公司之间的所有交易，必须符合所有适用法律要求。违反这些法律可能导致高额罚款、监禁及对 B 公司经商能力的严格限制。

“如果某条法律和本规范中的政策冲突，您必须遵守该法律；但是，如果某地风俗或惯例与本规范冲突，您必须遵守本规范。如果您对潜在的冲突有任何疑问，请根据本规范向您的主管或其他相关 B 公司工作人员寻求帮助。对于适用的法律要求有任何疑问，应提交给 Legal Department（法务部门）。”

【案例 4-7】

C 公司《诚信合规手册》

C 公司董事长在《诚信合规手册》中致辞：

“C 公司是国有重要骨干企业，是以油气业务、工程技术服务、石油工程建设、石油装备制造、金融服务、新能源开发等为主营业务的综合性国际能源公司，是中国主要的油气生产商和供应商之一。我们始终秉承‘奉献能源、创造和谐’的企业宗旨，坚持诚实守信、依法合规的价值观，努力为社会创造财富、促进和谐。实践证明，诚信合规是公司发展的基石，是公司有质量、有效益、可持续发展的坚实保障。

“继往开来，我们清晰地认识到，公司的卓越声誉和持续发展更加有赖于诚信合规。我们将坚持诚信合规优先于经济利益的理念，让诚信合规涵盖经营管理各领域、业务活动各环节、全体员工各岗位。”

C 公司在《诚信合规手册》中还规定了企业诚信合规基本要求：“守法合规、忠诚公司、诚信做事、爱岗敬业。”具体表述体现为：诚信合规是公司基业长青的保障。无论在哪里开展业务，无论从事何种工作，我们的一言一行都直接关系到公司的利益和声誉。每一位员工都要做到守法合规、忠诚公司、诚信做事、爱岗敬业，为建设世界水平的综合性国际能源公司打牢根基。

第三节　岗位、职责和权限

在组织内设置适当的岗位并为其分配职责和权限是确保合规管理体系符合 GB/T 35770—2022 要求的前提。GB/T 35770—2022 对组织的治理机构、最高管理者、管理者、合规团队及人员设置合规管理的岗位、职责和权限提出了具体要求。本节从如何为治理机构、最高管理者、管理者、合规团队及人员设置岗位、职责与权限的角度，进行解释、说明并给出案例分析，为组织构建合规管理组织结构提供参考。

【标准条款】

5.3.1 治理机构和最高管理者

治理机构和最高管理者应确保在组织内分配并沟通相关岗位的职责和权限。

治理机构和最高管理者应分配职责和权限，以便：

a）确保合规管理体系符合本文件的要求；

b）获得合规管理体系绩效的报告。

治理机构应：

——确保根据合规目标的实现情况对最高管理者进行衡量；

——对最高管理者运行合规管理体系的情况进行监督。

最高管理者应：

——为建立、制定、实施、评价、维护和改进合规管理体系配置足够且适当的资源；

——确保建立及时有效的合规绩效报告制度；

——确保战略和运行目标与合规义务相协同；

——确立和维护问责机制，包括纪律处分和结果；

——确保合规绩效与人员绩效考核挂钩。

5.3.2 合规团队

合规团队应负责合规管理体系的运行，包括：

——推进识别合规义务；

——编制合规风险评估文件（见 4.6）；

——使合规管理体系与合规目标保持一致；

——监视和测量合规绩效；

——分析和评价合规管理体系的绩效，以确认是否需要采取纠正措施；

——确立合规报告和文件化制度；

——确保按策划的时间间隔对合规管理体系进行评审（见 9.2 和 9.3）；

——确立提出疑虑和确保疑虑得到解决的制度。

合规团队应监督：

——履行已识别的合规义务的职责在整个组织内得到适当分配；

——合规义务与方针、过程和程序的整合；

——所有相关人员按要求接受培训；

——确立合规绩效指标。

合规团队应：

——使人员可获得与合规方针、过程和程序有关的资源；

——就合规相关事项向组织提供建议。

注：合规团队的特定职责并不免除其他人员的合规责任。

组织应确保合规团队能接触：

——高级决策者，并有机会在决策早期提出建议；

——组织的所有层级；

——所有人员、文件化信息和所需的数据；

——专家关于相关法律、法规、准则和组织标准提出的建议。

5.3.3　管理者

管理者应通过以下方式对其职责范围内的合规工作负责：

——配合和支持合规团队，并鼓励人员也这么做；

——确保在其控制下的所有人员都遵守组织的合规义务、方针、过程和程序；

——识别其运行中的合规风险并进行沟通；

——在其职责范围内将合规义务融入现有的业务实践和程序；

——参加并协助合规培训活动；

——培养人员的合规意识，指导他们满足培训和能力要求；

——鼓励并支持人员提出合规疑虑，并防止任何形式的报复；

——根据要求积极参与合规相关事件和事项的管理、解决；

——确保一经确认需要采取纠正措施时，适当的纠正措施能得到推荐和实施。

5.3.4　人员

所有人员应：

——遵守组织的合规义务、方针、过程和程序；

——报告合规疑虑、问题和漏洞；

——根据要求参加培训。

A.5.3　岗位、职责和权限

A.5.3.1　治理机构和最高管理者

治理机构的积极参与和监督是有效合规管理体系不可或缺的组成部分。这有助于确保人员充分理解组织的合规方针、合规运行程序以及这些方针和程序如何应用于他们的工作，并确保他们有效地履行合规义务。

为使合规管理体系有效，治理机构和最高管理者需要以身作则，坚持并积极、明确地支持合规与合规管理体系。

许多组织视其规模也有合规管理的全面负责人，尽管该负责人可能有其他岗位或职能，例如现有的委员会、组织的单元或合规专家的外包要件。

最高管理者宜鼓励创造和支持合规的行为，而不宜容忍侵害合规的行为。

最高管理者宜确保：

——组织对合规的承诺与其价值观、目标和战略一致，以便适当地定位合规工作；

——鼓励所有员工承认实现其负责或负有责任的合规目标的重要性；

——创造一种鼓励报告不合规并使报告的员工不会受到报复的环境；

——将合规纳入更广泛的组织文化和文化变更举措中；

——识别不合规并即时采取行动予以纠正或处理；

——运行目标和指标不会影响合规行为。

最高管理者宜参考关键绩效指标和其他关键信息并按策划的时间间隔（例如：每季度或每月）评审合规管理体系的绩效，以确保合规管理体系实现其目标。

合规管理体系的有效性要求最高管理者通过制定标准和实施合理监督做出承诺。最高管理者宜了解合规管理体系的内容和运行，并宜确保组织拥有有效的合规管理体系所需的足够的过程。

A.5.3.2 合规团队

许多组织都由专门人员（例如：合规官）负责日常合规管理，有些组织还设有跨职能合规委员会来协调整个组织的合规工作。合规团队会与管理层一起合作。

并非所有的组织都创建独立的合规团队；一些组织将此职能分配至现有岗位或职能外包。外包时，组织不宜将全部合规职能分配给第三方。即使组织将部分职能外包，也宜考虑维护组织对这些职能的权限并对其进行监督。

分配合规管理体系职责，宜考虑确保合规团队证实：

——诚信和对合规的承诺；

——有效的沟通和影响力；

——有能力接受建议和指导；

——具备设计、实施和维护合规管理体系的相关能力；

——具备面对测试和挑战的信心、业务知识和经验；

——以战略性、积极的方式对待合规；

——有足够的时间来满足合规岗位的需求。

合规团队宜拥有权限、地位和独立性。权限意味着合规团队被治理机构和最高管理者授予足够的权力。地位意味着其他人员很可能倾听和尊重他/她的意见。独立性意味着合规团队尽可能地不亲自参与可能暴露在合规风险之下的活动。

合规团队履行其岗位不宜存在利益冲突。

A.5.3.3 管理者

最高管理者的职责不宜被视为免除其他各级管理者的合规职责，因为所有管理者都在合规管理体系方面发挥作用。因此，明确设定他们各自的职责并列入其岗位描述之中很重要。

管理者的合规职责必然会根据权限的级别、影响力和其他因素而有所不同，如组织的性质和规模。然而，一些职责很可能在不同的组织中是通用的。

A.5.3.4 人员

所有人员都宜履行合规义务。

人员宜确保了解自己的合规职责并有效地执行这些职责。对此，人员将通过合规管理体系的要件获得支持，如培训、方针和程序以及行为准则。

人员宜积极主动地洞察不足与改进，以促进合规管理体系的绩效。

【理解与实施要点】

本条款规定了治理机构、最高管理者、管理者、合规团队及人员的岗位职责和权限。以下将先分析岗位、职责、权限的含义与相互关系，进而对治理机构与最高管理者、管理者、合规团队及人员的岗位、职责与权限要满足的要求进行解释说明，并提供案例为组织建立合规管理组织结构提供参考。

1. 对岗位、职责和权限的理解

组织需要设置岗位、职责和权限，以保障组织合规管理工作得以顺利开展，合规目标得以实现。岗位是组织中专业分工的结果和各种活动的基本单元，是为了实现组织的战略目标、配合组织结构和业务流程的设计，按照一定的原则将组织内性质相同的工作任务进行分类、合并设置而成。在组织的管理活动中，可通过规定岗位责任，明确每一岗位所需完成的工作内容及应当承担的职责，在对应的岗位说明书中将某岗位的工种、职务、职称和等级等内容阐述清楚，从而使每个岗位的工作人员都真正理解自身岗位的含义。

职责是指任职者为履行一定的组织职能或完成工作使命，所负责的范围和承担的一系列工作任务，以及完成这些工作任务所需承担的相应责任。

权限通常指允许做的事，是指为了保证职责的有效履行，任职者必须具备的，对某事项进行决策的范围和程度。

组织的岗位、职责和权限的设置不是一成不变的。组织内外部环境的变化，也会带来组织业务流程和组织结构的调整和变化，从而带来岗位的调整和变化。组织需要积极主动地优化岗位设置，以适应组织环境的变化。组织的合规目标，经过分解可转化为每个岗位的合规目标。如果组织的每个员工都完成了相应岗位的合规目标，那么组织的合规目标则可能顺利实现；反之，组织的合规目标很难达成。

2. 职责和权限的分配

治理机构和最高管理者要明确合规管理的组织结构，明确治理机构、最高管理者、管理者、合规团队及人员的合规管理岗位、职责和权限，并确保相应事项在组织内得以安排和落实。这是确保组织的合规管理体系符合 GB/T 35770—2022 的前提，也是组织的治理机构和最高管理者获悉组织合规管理体系绩效情况的基础。

3. 治理机构和最高管理者的职责

（1）治理机构的职责

治理机构需要对合规目标的实现情况负责，并据此对最高管理者进行考核。同时，对最高管理者运行合规管理体系的整体情况进行监督。如果组织的治理机构和最高管理者并不独立，则治理机构对最高管理者合规目标实现情况进行监督时，要注意考虑监督的有效性。

（2）最高管理者的职责

在提供资源保障方面，推进组织合规管理体系相关工作过程中，组织的最高管理者要负责调配足够和适当的资源，以确保合规工作顺利推进，合规目标得以实现。在机制建设上，最高管理者还需要建立及时有效的合规绩效报告制度，确保组织的战略目标、运行目标与组织的合规义务不发生冲突，组织要建立维护问责机制，也要确保合规绩效与人员绩效考核挂钩。

最高管理者的合规职责还包括以下六点：

①为建立、制定、实施、评价、维护和改进合规管理体系，分配足够和适当的资源，保证合规管理体系建设和维护活动得以顺利开展；

②确保建立有效的合规绩效报告制度，以保证治理机构和最高管理者了解合规管

理体系实施情况并在适当时采取相应的改进措施；

③确保组织的战略规划、运营目标与组织要履行的合规义务保持一致，保证在实现组织运营目标和整体战略规划的同时，履行组织的合规义务；

④构建鼓励举报不合规并使举报员工不会遭到报复的机制，以即时发现组织存在的合规管理问题，建立和维护问责机制，并一视同仁地对不合规事件予以处理；

⑤使所有员工了解实现合规目标的重要性，并确保建立和实施合规绩效与人员绩效考核挂钩的机制。

⑥最高管理者要参考合规关键绩效指标和其他关键信息并按计划的时间间隔（如每季度或每月）评审合规管理体系的绩效，以确保合规管理体系实现其预期目标。

4. 合规团队的职责

合规团队的职责主要涉及三类，一是组织推动合规管理体系的运行，二是对合规管理体系运行情况进行监督，三是对组织开展合规管理工作提供支持。

合规团队在合规管理体系运行方面，承担以下职责：

①在相关资源的支持下牵头组织各个部门识别要履行的合规义务，将这些合规义务转化为可执行的方针、过程和程序；

②负责组织和协调相关部门对合规风险进行系统的识别、分析和评价，并记录对合规风险的评估情况，编制合规风险评估文件。其中，识别合规风险，就包括了要识别和管理与第三方（如供应商、代理、分销商、咨询顾问和承包商）有关的合规风险；

③确保能够按计划定期对合规管理体系目标的实现情况进行评审；确保按策划的时间间隔对合规管理体系进行评审；

④对合规管理体系的绩效进行监视和量化评估，根据对监视和量化评估结果的分析，确定是否需要对合规管理体系采取纠正措施；

⑤建立适合提出合规疑虑，并确保疑虑得到解决的制度，如建立提出合规疑虑的信息反馈系统，通过热线、举报或其他机制进行投诉或反馈；

⑥建立适当的合规报告制度，确保治理机构和最高管理者及时知晓合规管理体系的相关情况；

⑦确保所建立的合规管理体系与合规目标保持一致。

合规团队承担的监督职责包括：

第一，确保为组织的各个部门分配了需要实现的合规义务，并促使合规职责融入岗位职责描述和员工绩效管理过程；

第二，确保每个人要实现的合规义务与组织的合规方针保持一致，并与组织的过程和程序融为一体；

第三，所有人员都按要求参加了培训，培训结果达到预期目标；

第四，建立合规绩效指标，以监视和测量合规绩效。

值得一提的是，全员合规是组织合规管理体系的基本要求，合规团队的具体职责并不会免除或减轻其他人员的合规责任。合规团队有义务支持和配合其他部门开展合规工作。在支持其他部门工作方面，合规团队要做到以下几点：

一是向人员提供与合规、政策和程序有关的资源；

二是就合规相关事宜向组织、相关部门和人员提供客观建议。

为了保证合规团队在合规管理体系建设、运行及达到合规绩效目标方面，充分发挥其作用，组织要确保合规团队具有以下权限：

一是直接向治理机构报告，能参加组织战略决策会议，使其在决策过程中能尽早给出合规建议；

二是有权接触组织的所有层级、所有人员、所有需要的文件、信息和相关数据；

三是确保合规管理体系的建立、实施和维护得到专业建议的支持。如为更好地理解建立、维护合规管理体系涉及的相关法律、法规、规范和组织标准，可获得内外部专家的建议。

5. 管理者的职责

治理机构和最高管理者对合规管理体系绩效负责并不意味着免除了其他各级管理者的合规责任，所有管理者都需要在合规管理体系中发挥应有的作用。因此，组织需要明确规定其各自责任，并写入岗位描述中。管理者的合规职责也会因权力的级别、影响力等而有所不同。管理者通过以下方式对其职责范围内的合规工作负责：

第一，要带头配合和支持合规团队的工作，同时，鼓励部门内的其他人员也这样做；

第二，确保部门要履行的合规义务融入现有的业务过程和程序，并确保部门内的所有人员都遵守他们应该履行的合规义务，以及组织的方针、过程和程序；

第三，负责带领本部门人员识别、分析和评价本部门的合规风险，并即时就合规风险相关情况与合规团队进行沟通；

第四，要培养部门人员的合规意识，指导人员按要求参加培训，以保证人员在合规意识的指导下开展工作，并满足开展合规工作的能力要求；

第五，部门领导要鼓励部门内的人员提出合规疑虑，并进行处理。

需要时要与合规团队沟通，并确保防止提出合规疑虑的人员遭受任何形式的报复；

第六，对于完善合规管理体系，如需要本部门采取措施进行纠正，那么本部门要推荐适当的纠正措施并保证实施纠正措施完善合规管理体系。

6. 人员的职责

GB/T 35770—2022 将合规管理体系涉及的范围由“雇员”扩大到了“人员”。按照术语 3.22 的定义，人员是在国家法律或实践中被确认为工作关系的个人，或依赖于组织活动的任何合同关系中的个人。也就是说，除了与组织有雇用关系的个人外，因与组织签订合同而纳入合规管理体系范围内的所有人员，也要履行他们的合规职责。

这就要求所有人员都要了解自己的合规职责并有效地执行这些职责，能够主动遵守组织的合规义务、方针、过程和程序。每个人员能按照要求参加培训以提升自己的合规意识并提高开展合规管理工作的能力。人员能够积极主动地洞察合规管理体系的不足，并主动报告合规疑虑、合规管理体系的问题和漏洞，以促进达到合规管理体系的预期目标。

【应用案例】

案例 4-8 展现了我国某些上市的央企或国企党委、纪委、董事会、监事会、合规管理委员会、合规负责人、合规综合管理部门及业务部门合规管理的岗位、职责与权限。

【案例 4-8】

1. 治理机构的合规职责

我国有些上市的央企或国企设立党委、纪委、董事会、监事会、合规管理委员会、合规负责人、合规综合管理部门及业务部门的组织架构，依据 GB/T 35770，该类企业的党委、纪委、董事会、监事会、合规管理委员会、合规负责人、合规综合管理部门及业务部门将被授予不同的合规管理岗位、职责和权限。例如：

（1）党委的合规职责

①公司党委在合规管理中发挥领导作用，统筹把握合规管理工作的原则和方向；

②履行合规管理体系建设的主体责任；

③按照《中国共产党章程》、党内法规以及《公司三重一大决策制度》要求履行重大事项相关的合规管理职责。

（2）纪委的合规职责

①公司纪委在公司合规管理工作中发挥监督作用，履行合规管理体系建设的监

督责任；

②调查和处理违规行为，维护党内法规和公司规章制度的权威。

（3）董事会的合规职责

①审议和批准合规管理整体规划、年度工作计划、管理制度和合规报告；

②任免合规负责人；

③建立、健全合规管理组织机构；

④及时制止并纠正决策过程中发现的不合规；

⑤按照权限对违规人员进行责任追究或者提出处理建议；

⑥经董事会授权的其他事项。

（4）监事会的合规职责

①监督董事和高级管理人员履行合规管理职责；

②监督董事会的决策及决策流程的合规性；

③法律法规或公司章程规定的其他合规管理职责。

（5）合规委员会的合规职责

企业可设立合规委员会。合规委员会一般承担以下职责：

①审议合规管理整体规划和年度工作计划；

②审议合规管理制度；

③审议合规报告；

④审议重要合规事项。

（6）合规负责人的合规职责

企业的合规负责人全面负责企业的合规管理工作，承担以下职责：

①组织拟定合规管理整体规划和年度工作计划，经总裁办公会批准后实施；

②向合规委员会和总裁办公会提交合规报告；

③召集和主持合规联席会议；

④参与公司重大决策并提出合规意见；

⑤组织应对突发合规事件；

⑥领导合规综合管理部门开展工作；

⑦组织对合规管理进行持续改进。

2. 合规综合管理部门的合规职责

企业要确定合规综合管理部门，其一般承担以下合规职责：

①编制合规管理整体规划和年度工作计划；

②起草合规管理制度；

③持续关注法律法规等规则变化，组织开展合规风险评估和预警；

④参与合规审查；

⑤将合规管理的内容汇总成《合规管理手册》并发布；

⑥参与对重要业务伙伴的合规尽职调查；

⑦指导、检查、监督下属公司开展合规管理工作，并进行考核（如适用）；

⑧接收合规疑虑报告，组织或参与对不合规行为的调查，并提出处理建议；

⑨组织或协助业务部门、人力资源等部门开展合规培训；

⑩起草合规报告。

3. 业务部门的合规职责

企业的业务部门负责各自业务领域的日常合规管理工作，并承担以下职责：

①开展与本部门相关的合规义务识别和合规风险评估；

②及时向合规综合管理部门通报可能产生合规风险的事项；

③按照合规管理的要求完善业务流程和相关制度；

④发起和执行合规审查和业务伙伴合规尽职调查等工作；

⑤参加或者提供合规培训；

⑥配合对不合规行为的调查；

⑦对合规管理缺陷及时整改。

第五章

策　　划

GB/T 35770—2022 从应对风险和机会的措施、合规目标及其实现的策划、针对变更的策划三个方面，对合规管理体系的策划做出了规定。策划对于确保组织合规管理体系能够实现预期目标，防范并减少合规管理过程中的不确定性，实现持续改进具有重要作用。本章针对如何策划应对合规风险并利用可能的潜在机会，如何策划确立和实现合规目标，以及如何针对变更合规管理体系进行策划做出解释和说明，并给出应用案例，为相关方更好地理解和应用标准提供参考。

第一节　应对风险和机会的措施

确定需要应对的风险和机会，策划应对风险和机会的措施，并将这些措施纳入合规管理体系，有助于防范并减少合规管理过程中的不确定性。本节针对组织如何策划应对风险和机会的措施，以及如何利用可能的潜在机会进行解释和说明，并提供相关应用案例。

【标准条款】

6.1　应对风险和机会的措施

在策划合规管理体系时，组织应根据 4.1 提及的事项和 4.2 提及的需求，并确定需要应对的风险和机会，以便：

——确保合规管理体系能够实现预期结果；

——预防或减少不利影响；

——实现持续改进。

在策划合规管理体系时，组织应结合：

——其合规目标（见 6.2），

——经识别的合规义务（见 4.5），

——合规风险评估结果（见 4.6）。

组织应策划以下活动：

a）应对这些风险和机会的措施；

b）如何：

1）将措施纳入合规管理体系过程并实施；

2）评价这些措施的有效性。

A.6.1 风险与机会的应对措施

合规管理体系的策划是在战略层面上开展的，而运行策划则是针对运行层面的策划和控制开展的。

策划的目的是预测可能发生的情况和后果，因此它是预防性的。根据合规风险评估的结果，组织宜策划如何在不利影响发生之前应对它们，以及如何从支持合规管理体系有效性的有利条件或环境中获益。

策划还宜包括确定如何将被认为对合规管理体系必要或有益的行动融入业务活动和过程中。这种融入能通过目标设定、运行控制或其他具体条款（例如：资源规定、能力）实现。还宜策划评价合规管理体系有效性的措施。这包括监视、测量技术、内部审核或管理评审。

【理解与实施要点】

本条款针对如何策划合规管理体系，以及如何策划确定的风险和机会的应对措施及其有效性做出了规定。以下将从整体逻辑、合规管理体系策划的目的、合规管理体系策划的依据、合规风险和机会应对措施的策划四个方面展开介绍。

1. 整体逻辑

组织要从战略的层面整体考虑和策划合规管理体系，不是从运行推进、运行控制层面，这是理解本标准条款的关键。

为了建立适用、有效的合规管理体系，实现组织的合规目标，组织需要在充分认知、理解其内外环境，确定需要通过合规管理体系去满足相关方的需要和期望，并在组织识别、确定了合规义务和对合规风险分布、发生原因、发生场景及后果进行预测的基础上，对合规管理体系进行全过程的策划。

通过合规管理体系的策划，建立的合规管理体系才具有防御合规风险不利因素的作用。这需要在策划过程中，对合规管理体系有关的要素进行计划和布置，并且策划如何在不利影响发生之前应对可能的风险，以及如何从支持合规管理体系有效性的有利条件或环境中获益。另外，策划过程中还要能够充分利用现代信息技术、科技管理手段和人才资源等，使合规管理体系更加有效，更加经济、合理。

2. 合规管理体系策划的目的

对合规管理体系进行策划，主要为了达到以下三个方面的目的。

①确保合规管理体系能够实现预期结果。合规管理体系是建立在合规风险识别的基础上，而在此基础上，组织设定的合规目标，需要通过合规管理体系运行来实现，策划要为此服务。

②预防或减少不利影响。合规管理体系要实现能够防范并减少不期望的合规风险，以及不合规的不利影响。这就需要：一是规范制度流程，把合规风险发生的可能性降到最低；二是部署重点控制措施，让重大合规风险尽量不发生；三是设计积极应对机制，把发生的合规风险不利影响降低到最低。

③实现持续改进。合规管理体系不是一成不变的，要根据内外部环境的变化、相关方需求和期望的变化，以及内部审核的结果等进行持续改进，以确保合规管理体系的适宜性、充分性和有效性。这就需要建立合规管理体系运行过程的缺陷、不足与偏离的查错机制，并建立收集问题、改进合规管理体系的工作机制，提升组织合规管理体系的绩效。

3. 合规管理体系策划的依据

组织在开展合规管理体系策划时需要结合内外部环境、相关方的需要和期望、合规目标、合规义务，以及合规风险评估的结果进行，具体情况如下。

①组织的内外部环境。组织内外部环境对应标准条款 4.1 的工作结果。在合规管理体系策划前，组织需要完成内部合规环境情况盘点和外部合规环境情况的调研工作，包括内部的业务模式，经济状况，内部结构、方针、过程、程序和资源（包括技术），自身的合规文化，以及与第三方业务关系的性质和范围；外部的法律和监管环境，社会、文化、环境背景等事项，以全面掌握、明晰组织所面临的各种环境因素，从而确保策划的合规管理体系能够适应组织的内外部事项。比如国家加强生态环境的保护，相关监管措施更加严格，那些与环境保护有关的工业尾料处理业务活动的合规管理，便需要与这样的合规外部法律和监管环境相匹配。

②相关方的需要和期望。相关方的需要和期望对应标准条款 4.2 的工作结果。在合规管理体系策划前，组织需要识别和分析相关方的需要和期望，包括政府、监管机构和业务伙伴等外部相关方的需要和期望，以及治理机构、员工等内部相关方的需要和期望，这些相关方的需要和期望是合规义务的重要来源，进而成为合规管理体系策划需要考虑的重要方面。比如监管机构对于组织的需要和期望，通常以法规的形式体现出来，这便是重要的合规义务。

③合规目标。合规目标对应标准条款 6.2 的工作结果。合规管理体系的策划基于确定的合规目标，合规目标不同，需要投入的资源也不同。合规目标指标值的高低，决定策划哪些要素及对应的投入量。合规管理体系策划前，组织需要确定组织各部门、各层级的合规目标，比如有的组织会明确其在违法违规方面的合规目标为零次 / 年，行政违规处罚方面的合规目标为不高于两次 / 年，出现民事赔偿纠纷方面的合规目标为不高于三次 / 年，违反道德规范、社会公德方面合规目标为不高于三次 / 年，并把这样的合规目标层层分解到各部门、各管理层级的下属单位，这样才能为合规管理体系的策划指明方向和结果。

④合规义务。合规义务对应标准条款 4.5 的工作结果。合规管理体系是组织为了要遵守组织适用的合规义务，所建立的体系化、系统化的合规管理工作体系。合规义务包括法律法规，许可、执照或其他形式的授权，监管要求，法院判决或行政决定，条约、公约和协议等组织必须遵守的要求和组织自愿选择遵守的要求。在合规管理体系策划前，组织首先需要确定组织各个活动需要遵守的合规义务，对于组织来说，不同的部门、职能和不同类型的组织性活动可能都对应不同的合规义务，需要进行全面梳理和识别，比如财务核算业务对应的合规义务主要来源于《会计法》，市场营销业务对应的合规义务主要来源于《广告法》和知识产权方面的法规。

⑤合规风险评估的结果。合规风险评估对应标准条款 4.6 的工作结果。合规风险是合规管理体系管理的核心对象，在合规管理体系策划前，组织首先需要确定各部门、各岗位、各类活动可能存在的合规风险源，以及合规风险源对应的合规风险点及风险情形，以便为合规管理体系的策划打好基础。比如，企业普遍都具有采购业务活动，引起采购合规风险发生的合规风险源即采购人员的采购权力，该采购权力会引起采购合规风险的发生，导致出现采购违反招投标法、反商业贿赂、廉洁从业规定等合规风险情形。

4. 合规风险和机会应对措施的策划

合规管理体系建立在合规风险评估基础上，持续有效地对于合规风险和机会应对措施的策划就成为最核心的内容。合规风险评估是合规管理体系实施，以及分配适当和充分的资源，并管理已识别合规风险的过程的基础。此外，由于风险和机会总是并存的，还需要关注应对风险和机会的措施，确定如何将对合规管理体系必要或有益的行动融入业务活动和过程中。

应对合规风险和机会的措施，可以按照合规风险评估等级进行不同的控制措施组合，以实现合规风险的有效防控，并将控制措施整合到合规管理体系流程执行，所有对合规管理体系必要或有益的控制措施并入业务活动和流程中，这样的整合可以通过将合规目标设定，控制措施写入业务实施制度、监督检查制度、考核评价制度、举报调查制度等控制或其他具体条款（例如，资源、能力）来实现。同时，企业需要定期评价这些控制措施的有效性，确定如何来监视，有哪些测量技术，并通过内部审计或管理评审合规管理体系有效性，这些在策划时应一并进行安排，整体形成 PDCA 合规管理循环。

合规风险和机会应对措施的策划主要包括三个方面的内容，一是根据风险评估结果，策划如何在不利影响发生之前应对这些风险，以及策划如何发现其中蕴含的机会并使组织获益；二是策划如何将被认为对合规管理体系必要或有益的行动融入业务活动和过程中；三是策划评价合规管理体系有效性的措施。

实践中，应对合规风险和机会的措施可以采用多种方式，比如依据实施主体可以分为“四道控制线”；依据措施管控介入时间可以分为“事前、事中、事后控制措施”，并且需要注意与合规管理体系其他要素的整体策划衔接。

（1）“四道控制线”

组织应对合规风险和机会的措施实践中，通常会实施“四道控制线”。一是自律控制线，即依靠业务经办人自觉去遵守合规义务，如签订合规承诺书，业务经办人自身合规自律；二是机制控制线，即通过激励、创造合规文化氛围、领导示范等，在组织内部形成普遍的合规激励、合规导向机制以鼓励合规，比如制定合规奖惩制度；三是制度控制线，即从业务执行过程本身出发，设计出具有内控、制衡的制度安排，比如制定采购业务合规管理制度，用制度来约束员工合规；四是他律控制线，即由组织的内部监督部门或企业外部相关人员进行监督的措施，比如内部审计部门的合规审计，便是通过监督、约束的方式促进实现合规。“四道控制线”包括但不限于如下几种表现形式，企业可以根据实际采用。

①自律控制线（10 项）。

- 签订合规承诺书或签订合规协议书；
- 制定合规行为规范 / 准则；

- 开展合规培训、宣贯与警示教育；
- 进行合规职责交底；
- 进行合规义务交底；
- 进行合规风险交底；
- 进行合规风险防控措施交底；
- 定期进行合规自查和自报告；
- 申请利益冲突回避；
- 定期进行合规自诊断。

②机制控制线（5 项）。

- 开展合规绩效管理，将合规绩效纳入个人绩效；
- 开展合规积分制管理，合规和不合规累积加、扣分制，与人员工资调级、职业发展挂钩；
- 建立合规激励处罚制度：在阻止、举报后果严重的潜在不合规、合规风险应急管理、合规疑虑及时报告等方面突出的，实施奖励，对不合规行为责任人有约束处罚；
- 发布和宣贯企业合规方针与合规政策，使其深入企业人员合规意识中；
- 建立合规文化引导机制：开展合规文化建设、合规文化宣传月活动、合规文化建设主题活动、领导率先垂范等。

③制度控制线（10 项）。

- 分解工作事项（如适用时采用）：将超高风险事项进行任务分解，由不同岗位执行，直接降低风险；
- 明确责任主体：确定工作事项的责任部门和责任岗位、责任人；
- 开展目标化管理：同步设定业务目标与合规目标；
- 推行工作记录标准化：明确必须有标准、规范的工作记录模板；
- 工作完成结果标准化：明确工作结果完成标准，包括时间要求 / 标准、质量要求 / 标准，达到合规义务要求；
- 工作方法标准化：明确工作过程的工作依据、组织方法、方法技巧；
- 实施业务专业管控把关：设定专业性复核环节；
- 实施独立审批决策制：经办与决策分离；
- 注意非相容职责事项分离（如适用时采用）：同一岗位内，存在非相容职责事项的，进行分离；

- 及时进行信息化固化：实施信息化在线管理，业务在线上操作办理。

④他律控制线（14 项）。

- 举报调查与设定问责标准；
- 定期强制轮岗；
- 人员聘用、调动前合规尽调；
- 事前疑虑时，进行合规咨询；
- 事前合规审查；
- 进行合规风险预警；
- 合规有效性监测评价；
- 嵌入监督：嵌入业务执行过程中监督；
- 定期合规公示；
- 离岗责任审计；
- 开展飞行监督检查；或不定期突击审计；
- 进行定期专项监督；或定期专项审计；或（全程）跟踪审计；或旁站监督（如果场景适用时采用）；或安装实时监控设施（如果场景适用时采用）；
- 发生不符合、不合规问题，监督部门督促有关部门及时纠正；
- 发生不符合、不合规问题，监督部门督促有关部门及时制定相关措施，防止以后再发生。

（2）事前、事中、事后控制措施

对于组织来说，不同业务活动的合规风险等级不同，合规控制措施介入的时机也会不同。对于合规风险等级高的，通常在业务活动开始前或进行中设定控制措施；如合规风险等级为中低级的，通常将控制措施设定在事后控制。实践中，事前、事中、事后控制措施已经有许多不同的表现形式，事前、事中、事后控制措施清单如表 5-1 所示。

表 5-1 事前、事中、事后控制措施清单

应对措施	合规风险应对措施具体内容
1 事前控制措施	
1.1 岗位职责分拆，直接降低风险（特定措施）	针对超高风险等级的岗位，可以将该岗位里的某一个、两个职责移到另一个岗位，直接降低该岗位的固有风险
1.2 设定风险预警阈值，到线预警	可以设定工作事项实施在一定时间区间内，违反制度规定的次数上限，比如事不过三，违反制度出现 3 次为上限，达到 3 次上限，即启动由公司内部纪检监察等部门落实组织的专门监督检查

续表

应对措施	合规风险应对措施具体内容
1.3 设定业务管理控制目标，目标监测	可以设定工作事项所在的业务流程上的管理控制目标，也叫考核目标。当目标没有实现的时候，业务主管部门落实应查找目标没有实现的原因，并排除因为贿赂舞弊原因引起的目标未实现情形，主要防控那些引起业务管理控制目标都不能够实现的重大贿赂舞弊事件发生
1.4 场景投入监控设施（特定措施）	比如是看管库房，就可以装监控摄像头。比如收购原材料现场可以安装监控摄像头
1.5 业务过程透明化措施，如全程留痕、全程记录模板等	制定工作表单模板，将权力行使全过程均记录下来，记录的方式可以是机器自动记录，可以是全程摄像，也可以是文字、数字记录等
1.6 工作事项分解、多人制衡	可以将工作事项再细分，由 2 人，或多人前后配合完成，或者不再分解，一件事由 2 人，或多人同时见证完成
1.7 制定利益分配、资源调配程序和分配 / 调配工作标准	由于该工作事项的实施结果是将利益分配给某人，或将资源调配给某方，因此要把这种是否分配给某人、是否调配给某方的“评判工作标准”明确，最大限度地避免执行人自立标准、主观评判、臆断，最大限度地提高“是”的“评判工作标准”客观性，或最大限度地提高“否”的“评判工作标准”客观性。同时，明确行使权力的时间长度，并考虑是否适应再增加复核、监督、审核、审批
1.8 制定工作方式方法	由于该工作事项的实施结果是将利益分配给某人，或将资源调配给某方，因此要把这种利益分配给某人、资源调配给某方的“工作方式方法”明确，最大限度地避免执行人主观地做。包括明确工作依据、组织形式、方法技巧
1.9 制定利益管理活动细则（特定措施）	涉及利益管理活动的工作事项，比如出纳管理现金业务事项，究竟具体如何管理，应很仔细地描述，以防止现金管理舞弊、贪污等问题。这样的具体管理方法包括：明确利益活动管理的工作日记录；明确交接班具体规则和标准；明确盘点工作规范等
1.10 制定利益冲突报告与回避制度	应当规定清楚如何处理出现的利益冲突，比如在出现利益冲突时，明确“当事人自我申报，填写《利益冲突事项回避申请表》”
1.11 签订廉洁承诺书，或廉洁协议书	核心是明确廉洁责任，一旦发生，采取对应的处罚标准，就可以廉洁承诺书或廉洁协议书为凭据
1.12 教育	可以建立教育制度，并且定期教育提醒，比如参观监狱等
1.13 采取物理隔离技术（特定措施）	这里主要是针对关键信息、利益管理活动，可以将其锁在某个空间，防止人员接触到
2 事中控制措施	
2.1 增加专业性复核环节	业务人员把事情做完后，或中间环节，另一个同样专业的人员再复核一次，认为业务做正确了后，再继续进行后面的工作。与 1.7 配合使用
2.2 增加嵌入式监督环节	业务人员把事情做完后，或中间环节，另一个专门从事监督的人员监督分析是否存在舞弊、作假的情形，排除后，再继续进行后面的工作。与 1.7 配合使用

续表

应对措施	合规风险应对措施具体内容
2.3　不定期突击审计	纳入审计内容范围，审计人员用专业的审计方法，对其工作过的事项进行审计，并且是采取不事先通知就突然审计的方式
2.4　不定期飞行监督检查	纳入监督内容范围，监督人员用专业的监督方法，对其工作过的事项进行监督，看其是否存在舞弊、作假和贿赂、腐败的情况，并且是采取不事先通知就突然去监督检查的方式
2.5　定期强制轮岗	纳入人力部门落实的定期轮岗的范围
2.6　定期控制目标考核	考核部门落实每年年底或半年一次的目标考核
2.7　定期在特定范围公示、公开，收集意见	将过去一段时间的工作事项实施情况，向工作事项的潜在利益相关方公示出来，公布信息收集渠道，接受他们的质询和举报
3　事后控制措施	
3.1　实施离岗责任审计	将该岗位纳入例行审计覆盖范围，该岗位的人调离该岗位时，应对其自上岗以来的工作进行离岗审计
3.2　定期专项审计	将该岗位纳入审计范围，对该岗位某段时间的工作进行阶段审计评价
3.3　建立违规问责标准	将该工作事项的违规情形，根据严重程度不同，明确不同的处罚标准
3.4　畅通举报渠道	建立畅通的内部、外部举报渠道，24 小时接受知情人的举报，并及时进行调查核实

合规管理体系整体策划的同时，企业需要定期评价这些控制措施的有效性，确定如何来监视，有哪些测量技术，并通过内部审计或管理评审合规管理体系有效性，这些在策划时需要一并进行安排，整体形成。

此外，合规风险和机会的应对措施策划要与合规管理体系其他要素的整体策划衔接。策划要确保合规管理体系能够实现预期的合规目标，预防或减少不利影响和实现持续改进，结合梳理掌握的内外部环境、相关方的需要和期望，以及确定的合规目标、识别的合规义务、合规风险评估结果，在合规风险应对措施策划基础上，建立合规管理长效机制体制和制度。合规管理体系整体的策划内容包括但不限于：

①建立什么样的合规管理组织体系？

②企业合规理念是什么？

③领导如何发挥作用？

④建立什么样的企业合规文化与合规氛围？

⑤如何防控？防控到什么程度？

⑥划分合规管理重点的标准是什么，或划分哪些是合规管理重点？

⑦确定采用哪些合规控制手段？

⑧建立的举报热线与渠道，覆盖到什么范围？立案调查标准是怎样的？

⑨合规有效性监测内容包括哪些，如何监测？来源渠道是什么？

⑩ 内审要求是什么？管理评审频次与要求是什么？

⑪ 纠正与持续改进要求是什么？

⑫ 公司将提供哪些资源与支持保障？

【应用案例】

案例 5-1 和案例 5-2 全面展现了合规管理体系策划的依据、风险和机会应对措施的策划等在合规管理体系建设中的应用。其中，案例 5-1 展现了合规管理体系策划的三个方面的依据；案例 5-2 展现了合规风险和机会的应对措施，以及将其融入企业的整体合规管理体系的策划。

【案例 5-1】

上海 ××× 广告有限公司（以下简称上海广告公司），年度营业收入约 8000 万元，公司包括创意部、客户服务部、媒介部和综合办公室“三部一室”。在策划上海广告公司的合规管理体系之前，首先需要掌握以下信息作为策划依据。

（一）策划依据一：内外部环境及相关方的需要和期望调研结果

合规管理体系建设前，企业管理层需要调研了解影响公司经营合规的内部和外部事项，以及影响合规管理体系的相关方的需要和期望。以下是公司的合规管理体系建设前的内外环境及相关方的需要和期望调研结果（见表 5-2）。

表 5-2　合规管理体系建设前内外环境及相关方调研

序号	调研要素	调研内容清单	调研结果	备注说明
1	公司外部利益相关方	1.1 本公司对接的监管部门有哪些？ 请列出能够影响、监管公司经营服务办公所在地的国际、国家政府各类监管机构、行业协会、地方社区街道组织等强制管理部门	附监管部门名单	都有谁监管公司
		1.2 本公司对接的供应商和外包方有哪些类型？ 请列出向公司输入生产经营要素的合作伙伴（供应商、外包方）	附供应商及外包方名单	谁向公司提供生产要素服务

续表

序号	调研要素	调研内容清单	调研结果	备注说明
1	公司外部利益相关方	1.3 本公司的客户有哪些? 请列出本部门向谁提供产品和服务，如果公司有代理商，请列出代理商	附公司客户名单	公司向谁服务，是否找代理商
		1.4 公司经营服务办公所在地，对公司可能有影响的社团、文化与宗教组织有哪些	无	公司所处的软环境
2	公司外部监管部门和社团、文化与宗教组织的要求	根据上述列出的“1.1 本公司对接的监管部门和 1.4 社团、文化与宗教组织”，逐一列出相关部门或组织已送达 / 通知公司的有效监管文件、要求文件的名称(限于公司所对接的监管部门范围)	附监管文件名称	明文发布的，包括公开发布和不公开发布、给公司发送的监管文件和要求文件名称清单
3	公司产品、服务、经营活动与运营服务特征	3.1 公司战略规划	附公司“十四五”战略规划	公司的未来蓝图
		3.2 公司向社会提供的产品、服务清单	主要向社会提供广告服务	公司提供什么服务和产品
		3.3 公司规划的市场拓展区域、范围	1. 现有存量市场主要分布在长三角区域范围内; 2. 规划的市场拓展区域：××× 市、××× 市、××× 市	市场经营拓展范围
		3.4 公司的竞争方有哪些? 请列出市场上可以提供相同或可替代的产品 / 服务的竞争者	附公司竞争方名单	市场上谁可以取代公司的产品、服务
		3.5 公司所开展的经营服务和主要业务活动所在分布在哪些区域	1. ××× 市、××× 市; 2. ××× 区; 3. ××× 市	已经形成合同的产品、服务范围
		3.6 公司员工人数、年龄、各学历人员占比和各民族、各国家来源分布	总人数：238 人; 年龄分布：20～30 岁 ×× 人；30～40 岁 ×× 人；40～50 岁 ×× 人；50～60 岁 ×× 人；60 岁以上 ×× 人; 学历分布：中专及以下 ××× 人，大专 ×× 人，本科 ×× 人，硕士 ×× 人，博士 ×× 人; 民族分布：汉族 ××× 人，少数民族 ×× 人; 国籍分布：中国籍 ×× 人，外国籍 ×× 人	公司员工国籍、地区来源和民族来源

续表

序号	调研要素	调研内容清单	调研结果	备注说明
4	公司的产权组织结构与管理组织架构及职责分布	4.1 公司、子公司设立情况与设立依据	公司根据 ××× 市 ××× 集团分业经营发展战略规划，成立于 2019 年 5 月，注册资本 ×× 亿元人民币。无控股子公司	市场主体设立法规依据及具体情况
		4.2 公司、子公司的治理、运营管理部门组织结构图	附公司三定方案	治理机构与管理机构
		4.3 公司、子公司的各层级的部门设置与部门职责	附公司三定方案	管理机构下的部门设置与部门职责
		4.4 公司、子公司各部门内的岗位设置与岗位职责	公司内设党建工作部、行政人事部、广告策划部、户外广告部、广告市场部、媒体整合部、财务会计部、资金管理部、风险合规部、审计部、纪检监督部 11 个部门	部门内的岗位设置与岗位职责
5	公司绩效考核、价值观与合规管理期望	5.1 公司、子公司绩效考核指标设置情况	附 2022 年公司目标管理责任书	对公司、子公司考核内容
		5.2 对公司、子公司高级管理人员的绩效考核指标设置情况	集团行政人事部正在制定中	对个人考核内容
		5.3 对公司、子公司部门的绩效考核指标设置情况	附 2022 年各部门目标责任书	对公司、子公司部门考核内容
		5.4 对公司、子公司员工的绩效考核指标设置情况	附员工绩效及激励绩效考核方案	对个人考核内容
		5.5 公司战略中的使命、愿景、价值观，合规管理在公司战略规划、公司文化中的定位	1. 企业愿景：×××； 2. 企业宗旨：×××； 3. 企业口号：×××； 4. 工作作风：×××； 5. 用人理念：×××	追求的企业价值观或文化理念
		5.6 公司对合规方针、合规目标的展望	符合 GB/T 35770—2022，即使在企业违规后，使公司能免受或减少违法违规处罚，达到合规不起诉的条件	公司的合规期望
6	公司生产经营基本情况	6.1 公司过去 3 年的合同签订额	大约 2 亿元	包括母、子公司借款业务
		6.2 公司过去 3 年的经营收入额	9000 万元左右	

续表

序号	调研要素	调研内容清单	调研结果	备注说明
7	公司现有的文件化制度体系建设（由负责相应业务的部门提供）	7.1 决策治理、战略管理制度清单	1.“三重一大”决策制度实施办法； 2. 党支部书记、董事长、总经理权力清单	
		7.2 市场营销、服务制度清单	1. 广告经营管理办法； 2. 广告策划管理办法	
		7.3 供方与采购管理制度清单	1. 日常采购管理制度； 2. 招标采购管理办法	
		7.4 产品服务研发制度清单	无	
		7.5 财务税务管理制度清单	1. 财务管理制度； 2. 预算管理办法； 3. 财务付款审批制度； 4. 备用金管理办法； 5. 会计档案管理办法	
		7.6 质量安全环境与职业健康管理制度清单	1.“三防”管理制度； 2. 门卫、值班巡查制度； 3. 治安防范教育培训工作制度； 4. 社会保险和福利制度	
		7.7 人力资源管理制度清单	1. 招聘与配置管理制度； 2. 培训与开发制度； 3. 薪酬管理制度； 4. 社会保险和福利制度； 5. 考勤及休假管理制度； 6. 劳动合同管理制度； 7. 员工晋升制度； 8. 离职管理制度； 9. 员工日常行为规范管理制度； 10. 奖惩制度； 11. 投诉管理制度； 12. 工装管理制度； 13. 岗位说明书	
		7.8 渠道与合作伙伴管理制度清单	无	
		7.9 内部审计、纪检、监察等内部控制、监督、调查、处罚管理制度清单	1. 信访工作制度； 2. 综治维稳制度； 3. 督查督办制度； 4.“三防”管理制度； 5. 门卫、值班巡查制度； 6. 治安防范教育培训工作制度	
		7.10 企业文化与宣传管理制度清单	无	
		7.11 行政管理制度清单	1. 档案管理制度； 2. 收发文管理制度； 3. 印章管理办法； 4. 办公用品管理制度	
		7.12 其他的相关制度	无	

（二）策划依据二：适用该公司的合规义务

首先梳理广告公司的业务活动清单，可以按照业务活动分类或岗位职责分类两种方法进行梳理。具体采用哪一种方法，企业根据自己的管理情况确定。业务流程管理比较清晰的，可以考虑按照业务流程梳理，如果岗位职责比较清晰的，可以考虑按照岗位梳理。两种方法路径，内容本质上是相同的，只是表现的方式不同。

方法一：按照业务流程梳理，形成广告公司的广告业务活动清单如下。

①广告文案内容策划与设计。

②广告时长设计。

③选择委托广告经营、发布、代言、经纪公司主体。

④广告收费定价。

⑤商业广告合同签订。

⑥广告业务台账。

⑦广告发布效果考核管理。

⑧户外广告管理。

⑨发送电子信息广告管理。

⑩ 互联网发送广告管理。

⑪ 医药类广告内容审查。

⑫ 广告许可申请管理。

⑬ 公益广告管理。

⑭ 人员招聘管理。

⑮ 人员辞退管理。

⑯ 人员考核与薪酬管理。

⑰ 财务核算管理。

⑱ 财务资金管理。

方法二：按照岗位分类，梳理分析公司的业务活动清单，形成广告公司的广告业务活动清单如下。

①创意部广告策划岗。

一是广告文案内容策划与设计。二是广告时长设计。

②客户管理部客户管理岗。

一是广告收费定价。二是商业广告合同签订。

③客户管理部广告内业岗。

广告业务台账。

④媒介部媒介管理岗。

选择委托广告、发布、代言、经纪公司主体。

⑤媒介部广告运维岗。

一是户外广告管理。二是发送电子信息广告管理。三是互联网发送广告管理。四是医药类广告内容审查。五是广告许可申请。

⑥综合管理部人事岗。

一是广告发布效果考核管理。二是人员招聘管理。三是人员辞退管理。四是人员考核与薪酬管理。

⑦综合管理部财务岗。

一是财务核算管理。二是资金管理。

企业适用的合规义务主要由外部决定。在合规内外部环境调研梳理的基础上，按照业务、职能事项清单，检索所管业务、职能事项对应的外部监管机构及其对应的监管要求和企业自己对外的承诺、公开的文件，在此基础上确定本业务、职能部门所管领域应遵循的全部合规义务，并建立本部门的合规义务管理台账。通过台账，对合规义务的外规内化全过程实施动态管理。在合规义务台账管理过程中，形成本部门的合规义务汇编，并在公司合规管理部门汇总形成公司合规义务汇编，建立公司适用的合规义务数据库。

上海广告公司主要适用的合规义务包括：

第一，公司生产经营通用领域的法律法规：《消费者权益保护法》《价格法》《民法典》《会计法》和《反不正当竞争法》等。

第二，公司所在特定行业领域的法律法规与地方规定：《广告法》《商业广告代言活动合规指引》《著作权法》《专利法》《上海市流动户外广告设置管理规定》和《上海市户外广告设施管理办法》等。

第三，商业道德、社会公德、民族情结和社会主义核心价值观等。

第四，广告公司对外的服务承诺。

（三）策划依据三：公司合规风险评估结果

根据上海广告公司的业务活动内容、频次、经办角色等进行合规风险源及合规风险情形识别，并根据合规风险发生的可能性及其后果进行合规风险等级评估，评估结果见表 5-3。

表 5-3　岗位对应业务、职能事项合规风险点的矩阵清单

序号	业务、职能事项信息	固有合规风险信息		
	岗位职责（工作事项）	合规风险源	固有合规风险等级	可能发生的合规风险情形
1	广告文案内容策划与设计	关键信息	低	数据与隐私合规风险
2	广告时长设计	关键信息	低	数据与隐私合规风险
3	选择委托广告经营、发布、代言、经纪公司主体	采购权	超高	采购合规风险、反贿赂合规风险、腐败风险
4	广告收费定价	销售权、关键信息	高	销售合规风险、反贿赂合规风险、腐败风险
5	商业广告合同签订	销售权、关键信息	高	销售合规风险、反贿赂合规风险、腐败风险
6	广告业务台账	无	无	无
7	广告发布效果考核管理	放行权	低	反贿赂合规风险
8	户外广告管理	销售权	中	销售合规风险、反贿赂合规风险
9	发送电子信息广告管理	销售权	中	销售合规风险、反贿赂合规风险
10	互联网发送广告管理	销售权	中	销售合规风险、反贿赂合规风险
11	医药类广告内容审查	放行权	中	反贿赂合规风险
12	广告许可申请管理	放行权	中	反贿赂合规风险
13	公益广告管理	无	无	无
14	人员招聘管理	人事权	中	人事合规风险、反贿赂合规风险
15	人员辞退管理	人事权	低	人事合规风险
16	人员考核与薪酬管理	人事权	低	人事合规风险
17	财务核算管理	计量权	中	计量合规风险
18	财务资金管理	财务资金权	中	财务资金合规风险

【案例 5-2】

（一）合规风险和机会的应对措施策划

依据不同等级合规风险策划不同的应对措施，是企业合规风险应对的主要思路。从控制成本投入考虑，不同风险分级的合规风险，适宜采取不同的应对措施组合拳。上海广告公司各业务活动的合规风险等级分成超高、高、中、低、无风险五级，对于无风险级的，不需要采取合规风险应对措施，对于超高、高、中、低四级，按照“风险级越高，应对措施越增加；风险级越低，应对措施越减少”的思路，配置合规风险应对措施组合拳。以下是上海广告公司按照合规风险等级不同，策划的事前、事中和事后应对措施组合建议（见表 5-4）。

表 5-4　防控措施和合规风险级对应策划建议

防控措施	风险评级				风险防控技术改进建议
	低风险	中风险	高风险	超高风险	风险应对措施改进具体内容建议
1. 事前					
1.1 岗位职责分拆，直接降低风险（特定措施）				适宜采用	针对超高风险等级的岗位，可以将该岗位里的某一个、两个职责移到另一个岗位，直接降低该岗位的固有风险
1.2 设定风险预警阈值，到线预警				适宜采用	可以设定工作事项实施在一定时间区间内，违反制度规定的次数上限，比如事不过三，违反制度出现 3 次为上限，达到 3 次上限，即启动由公司内部纪检监察等部门落实组织的专门监督检查
1.3 设定业务管理控制目标，目标监测			适宜采用	适宜采用	可以设定工作事项所在的业务流程上的管理控制目标，也叫考核目标。当目标没有实现的时候，业务主管部门落实应查找目标没有实现的原因，并排除因为贿赂舞弊引起的目标未实现情形，主要防控那些引起业务管理控制目标都不能够实现的重大贿赂舞弊事件发生
1.4 场景投入监控设施（特定措施）	专用	专用	专用	专用	比如看管库房、原材料现场便可以安装监控摄像头
1.5 业务过程透明化措施，如全程留痕、全程记录模板等		适宜采用	适宜采用	适宜采用	制定工作表单模板，将权力行使全过程均记录下来，记录的方式可以是机器自动记录，可以是全程摄像，也可以是文字、数字记录等

续表

防控措施	风险评级				风险防控技术改进建议
	低风险	中风险	高风险	超高风险	风险应对措施改进具体内容建议
1.6 工作事项分解、多人制衡			适宜采用	适宜采用	可以将工作事项再细分，由 2 人或多人前后配合完成，或者不再分解，一件事由 2 人或多人同时见证完成
1.7 制定利益分配、资源调配程序和分配 / 调配工作标准		适宜采用	适宜采用	适宜采用	由于该工作事项的实施结果是将利益分配给某人，或将资源调配给某方，因此要把这种是否分配给某人、是否调配给某方的“评判工作标准”明确，最大限度地避免执行人自立标准、主观评判、臆断，最大限度地提高“是”的“评判工作标准”客观性，或最大限度地提高“否”的“评判工作标准”客观性。同时，明确行使权力的时间长度，并考虑是否适应再增加复核、监督、审核、审批
1.8 制定工作方式方法		适宜采用	适宜采用	适宜采用	由于该工作事项的实施结果是将利益分配给某人，或将资源调配给某方，因此要把这种利益分配给某人、资源调配给某方的“工作方式方法”明确，最大限度地避免执行人主观地做。包括明确工作依据、组织形式、方法技巧
1.9 制定利益管理活动细则（特定措施）	专用	专用	专用	专用	涉及利益管理活动的工作事项，比如出纳管理现金业务事项，究竟具体如何管理，应很仔细地描述，以防止现金管理舞弊、贪污等问题。这样的具体管理方法包括：明确利益活动管理的工作日记录；明确交接班具体规则和标准；明确盘点工作规范等
1.10 制定利益冲突报告与回避制度		适宜采用	适宜采用	适宜采用	应当规定清楚如何处理出现的利益冲突，比如在出现利益冲突时，明确“当事人自我申报，填写《利益冲突事项回避申请表》”
1.11 签订廉洁承诺书，或廉洁协议书	适宜采用				核心是明确廉洁责任，一旦发生，采取对应的处罚标准，就可以廉洁承诺书或廉洁协议书为凭据
1.12 教育	适宜采用				可以建立教育制度，并且定期教育提醒，比如参观监狱等
1.13 采取物理隔离技术（特定措施）	专用	专用	专用	专用	这里主要是针对关键信息、利益管理活动，可以将其锁在某个空间，防止人员接触到

续表

防控措施	风险评级				风险防控技术改进建议
	低风险	中风险	高风险	超高风险	风险应对措施改进具体内容建议
2. 事中					
2.1 增加专业性复核环节			适宜采用	适宜采用	业务人员把事情做完后，或中间环节，另一个同样专业的人员再复核一次，认为业务做正确了后，再继续进行后面的工作。与 1.7 配合使用
2.2 增加嵌入式监督环节				适宜采用	业务人员把事情做完后，或中间环节，另一个专门从事监督的人员监督分析是否存在舞弊、作假的情形，排除后，再继续进行后面的工作。与 1.7 配合使用
2.3 不定期突击审计			适宜采用	适宜采用	纳入审计内容范围，审计人员用专业的审计方法，对其工作过的事项进行审计，并且是采取不事先通知就突然审计的方式
2.4 不定期飞行监督检查			适宜采用	适宜采用	纳入监督内容范围，监督人员用专业的监督方法，对其工作过的事项进行监督，看其是否存在舞弊、作假和贿赂、腐败的情况，并且是采取不事先通知就突然去监督检查的方式
2.5 定期强制轮岗				适宜采用	纳入公司人力部门落实的定期轮岗的范围
2.6 定期控制目标考核			适宜采用	适宜采用	考核部门落实每年年底或半年一次的目标考核
2.7 定期在特定范围公示、公开，收集意见				适宜采用	将过去一段时间的工作事项实施情况，向工作事项的潜在利益相关方公示出来，公布信息收集渠道，接受他们的质询和举报
3. 事后					
3.1 实施离岗责任审计				适宜采用	将该岗位纳入例行审计覆盖范围，该岗位的人调离该岗位时，应对其自上岗以来的工作进行离岗审计
3.2 定期专项审计				适宜采用	将该岗位纳入审计范围，对该岗位某段时间的工作进行阶段审计评价
3.3 建立处罚标准（公共措施）	通用	通用	通用	通用	将该工作事项的违规情形，根据严重程度不同，明确不同的处罚标准
3.4 畅通举报渠道（公共措施）	通用	通用	通用	通用	公司建立畅通的内部、外部举报渠道，24 小时接受知情人的举报，并及时进行调查核实

从以上的防控措施和合规风险等级对应的策划建议可以看出，对于合规风险等级超高的业务活动，几乎采取了所有事前、事中、事后应对措施；对于合规风险等级高的业务活动，采取的事前、事中、事后应对措施减少了许多；对于合规风险等级属于中、低的业务活动，只采用了几项应对措施。

（二）合规风险和机会的应对措施融入企业的整体合规管理体系策划

以下是上海广告公司的合规管理体系整体策划示例（见表 5-5）。

表 5-5 上海广告公司合规管理体系策划

工作目标	确定企业应该建立什么样的合规管理体系			
公司合规管理要素	需要考虑的问题	如何考虑与研究	公司决议	落实责任人
合规管理战略规划前调研（合规管理规划准备）				
一、合规环境与利益相关方管理				
1. 合规环境管理	进行合规管理体系建设前调研获得	人工检索	见合规环境因素清单	业务部门
2. 合规利益相关方管理	进行合规管理体系建设前调研获得	人工检索	见利益相关方清单及要求	
二、公司合规义务管理				
1. 梳理公司业务活动清单	进行合规管理体系建设前调研获得	人工检索	建公司业务活动清单	业务部门
2. 合规义务梳理与更新	进行合规管理体系建设前调研获得	人工检索	见公司合规义务清单和台账	
三、公司合规风险识别分析评价				
1. 合规风险识别、分析、评价管理	进行合规管理体系建设前调研获得	合规工具软件，如合规眼软件	见业务活动合规风险分级清单	业务部门
2. 合作伙伴合规风险尽职调查	进行合规管理体系建设前调研获得	合规工具软件，如合规眼软件	见合作伙伴合规风险尽调表	
四、企业战略				
1. 企业价值观、使命、愿景	进行合规管理体系建设前调研获得	人工检索	见公司“十四五”战略规划	从相关部门收集
2. 企业战略	进行合规管理体系建设前调研获得	人工检索	见公司“十四五”战略规划	
3. 企业目标	进行合规管理体系建设前调研获得	人工检索	见公司“十四五”战略规划	

续表

工作目标	确定企业应该建立什么样的合规管理体系			
公司合规管理要素	需要考虑的问题	如何考虑与研究	公司决议	落实责任人
合规管理体系规划（合规管理规划实施）				
一、确定建立合规管理体系范围				
1. 确定合规管理体系适用的地理边界	把公司哪些市场、地域范围纳入合规管理体系覆盖范围	依据经营地域分布和合规义务管辖范围		合规专员
2. 确定合规管理体系适用的经济边界	公司哪些人员、哪些业务活动、产品、服务纳入合规管理体系覆盖范围	依据合规风险清单分布范围		
二、确定合规领导机制				
1. 确定合规方针	企业合规理念是什么？追究什么样的合规价值观	与公司的企业价值观、使命、愿景、战略、目标保持一致	追求中国特色社会主义核心价值观的合规理念与公司合规价值，从其中进行提炼，总结	合规专员
2. 领导人员的合规领导作用	领导如何发挥作用	依据公司现有领导责任体系进行合规领导责任拓展	建立合规领导责任制，一岗双责，每年签订领导合规责任书	
3. 领导人员推进合规承诺 / 合规管理责任书				
三、确定合规管理组织与治理机制				
1. 公司合规管理组织与分工 1.1 合规领导 1.2 合规专员 1.3 合规管理职责	建立什么样的合规管理领导体制和组织分工体系	依据公司现有管理组织结构，进行合规管理职责拓展	公司党委研究，审核，负合规领导责任，董事会对公司合规管理负决策责任，总经理层负执行落实责任，设立公司合规总监，直接向董事会、公司党委报告，单独设立公司合规部，负责公司合规管理工作	合规专员
2. 公司合规治理要求				
四、公司合规防控策划				
1. 合规目标管理	防控到什么程度？合规管理成本怎么权衡	与公司合规方针保持一致	合规目标覆盖公司高管、中层和一线岗位，做到100%覆盖，合规目标实现情况纳入绩效考核，权重不低于10%	合规专员与业务部门

续表

<table>
<tr><th colspan="2">工作目标</th><th colspan="4">确定企业应该建立什么样的合规管理体系</th></tr>
<tr><th colspan="2">公司合规管理要素</th><th>需要考虑的问题</th><th>如何考虑与研究</th><th>公司决议</th><th>落实责任人</th></tr>
<tr><td>2.合规管控重点环节清单（合规进业务流程）</td><td rowspan="4">可选择的合规管控重点</td><td rowspan="4">划分合规管理重点的标准是什么？对公司哪些岗位、业务环节和业务领域、第三方进行重点的合规管控？合规管理成本怎么权衡</td><td rowspan="3">依据合规风险评估结果，即合规风险清单内容</td><td rowspan="3">社会层面已发生的类似合规事件案例的重点环节、重点岗位、重点业务领域和合规风险评估等级为高和超高的。
数据合规、反贿赂合规、知识产权合规、采购合规、存在超高风险级业务的岗位、发生过合规事件的业务环节（决策前的方案、广告方案、对外发出的文案、对外应急沟通方案等）为公司重点的合规管理重点</td><td rowspan="4"></td></tr>
<tr><td>3.合规管理重点岗位清单（合规进岗位）</td></tr>
<tr><td>4.合规管理重点业务领域清单（合规进核心领域）</td></tr>
<tr><td>5.合规管理重点第三方清单（合规进第三方）</td><td>依据与第三方有关的业务过程合规风险等级情况</td><td>风险等级为高、超高的，四道合规控制线均落实，其他的考虑自律、激励约束措施</td></tr>
<tr><td colspan="2">6.合规风险应对策划管理</td><td>如何防控？合规管理成本怎么权衡</td><td>（另见合规风险应对措施策划表）</td><td>合规风险按照无蓄意合规风险、蓄意合规风险分类，蓄意合规风险等级按照超高、高、中、低、无五级划分，自律控制、激励控制覆盖公司全员，制度控制覆盖全部高、超高风险级业务，内部监督控制覆盖全部超高风险级业务</td><td></td></tr>
<tr><td colspan="6">五、公司合规绩效评价</td></tr>
<tr><td colspan="2">1.合规目标监测</td><td rowspan="4">合规目标和合规管理体系有效性监测评价内容包括哪些，如何监测？来源渠道是什么</td><td rowspan="4">与合规目标、合规方针保持一致；与是否满足合规义务保持一致</td><td rowspan="2">以部门、各生产一线为单元，每季度统计岗位合规目标的实现情况</td><td rowspan="2">合规专员</td></tr>
<tr><td colspan="2">2.合规有效性监测与评价</td></tr>
<tr><td colspan="2">3.合规报告</td><td>出现违反公司内部业务管理制度、合规环境、合规利益相关方、合规义务等变化即报告合规部</td><td>合规专员与业务部门</td></tr>
<tr><td colspan="2">4.业务留痕与可追溯</td><td>存在合规义务的业务执行过程均必须留痕，可追溯检查</td><td>业务部门</td></tr>
</table>

续表

工作目标	确定企业应该建立什么样的合规管理体系			
公司合规管理要素	**需要考虑的问题**	**如何考虑与研究**	**公司决议**	**落实责任人**
5. 内部审核	建立什么样的内审机制	根据审核指南确定	每年内审覆盖合规管理体系全部两次	合规专员
6. 合规管理评审	建立什么样的管理评审机制	与公司其他的管理优化工作频率保持一致	每年管理评审一次	
六、公司合规管理体系持续改进				
1. 不符合纠正	建立什么样的合规管理体系不符合纠正与持续改进机制	从如何确保合规管理体系时效性出发考虑	每年持续改进合规管理体系不少于两次	合规专员
2. 合规管理持续改进				
七、公司合规管理基础设施保障				
1. 合规文件制度管理	公司将提供哪些资源与支持保障	根据合规方针和公司追求的“合规层级”（合规价值观）确定公司的合规管理基础设施投入	通用合规与定制化合规文件及时送达每个人员	合规专员
2. 合规管理工具与信息化			分合规管理模块逐步实现合规管理信息化	
3. 合规管理预算与资源投入			按照 600 元 / 人报合规管理预算	

第二节 合规目标及其实现的策划

在组织各职能和层级上建立适宜的合规目标，并策划实现合规目标需建立的过程，有助于组织实现合规管理的预期目标。本节主要围绕组织合规目标设定层级、合规目标的要求，以及对于策划如何实现合规目标给出理解与实施要点，并提供相关应用案例。

【标准条款】

6.2 合规目标及其实现的策划

组织应在相关职能和层级上确立合规目标。

合规目标应：

a）与合规方针一致；

b）可测量（如果可行）；

c）体现适用的需求；

d）予以监视；

e）予以沟通；

f）视情况予以更新；

g）作为文件化信息可获取。

策划如何实现合规目标时，组织应确定：

——要做什么；

——需要什么资源；

——由谁负责；

——何时完成；

——如何评价结果。

A.6.2　合规目标及其实现的策划

目标宜以一种可测量其结果的方式来明确。

合规目标举例：至少每年向相关人员提供合规培训。

宜确定实现目标所需的行动（即“什么”）、相关的时间表（即“何时”）和责任人（即“谁”）。宜根据要求定期监视、记录、评估和更新目标的状态和进度。

【理解与实施要点】

本条款对组织在各职能部门、各层级设置合规目标，以及就如何实现目标进行策划做出了规定。以下将从整体理解、合规目标确立范围、合规目标确立要求、策划如何实现合规目标四个方面展开。

1. 整体理解

为了反映其使命、愿景、战略，以及组织意图和方向并与它们保持一致，组织需要在各部门、各层级策划合规目标，让组织的人员均有明确的合规目标指引，这是组织合规管理方向正确的保证。另外，从战略层面，通过策划合规管理体系需要实现的合规目标，也可以确保合规管理体系的其他策划内容具有明确的方向。

2. 合规目标确立范围

本条款规定“组织应在相关职能和层级上确立合规目标”，表明组织不只需要在组织层面确立合规目标，还需要确立一整套覆盖组织合规管理体系全范围、各部门和层级的合规目标体系，让组织的每一位员工都了解自身明确的合规目标。

3. 合规目标确立要求

组织确立的合规目标需要满足以下七个方面的要求。

①与合规方针一致。合规方针是组织的使命、愿景、战略和组织目标体现在合规管理体系中的顶层表达，体现了组织合规价值观的选择及合规管理体系建设的基本要求，因此，确立的合规目标必须与合规方针保持一致。

②可测量。确立的合规目标要尽可能地可以测量，以方便准确地反映和评价合规管理的预计结果是否得到实现。比如，企业合规培训工作的合规目标可以设定为至少每年向相关人员提供合规培训两次。

③体现适用的需求。组织确立的合规目标需要与组织的业务模式、经济状况及内部资源等适用，能够反映组织的合规管理体系在某部门、某业务领域和某线业务层面的合规绩效结果，设定的目标忌不切组织的实际。比如对于合规培训，如果确立的合规目标为“对相关人员进行合规义务更新培训每年 12 次”，考虑到有些组织未必每个月都更新合规义务，该培训合规目标可以更改为“组织适用的合规义务更新后 1 个月内完成相关人员的 100% 培训”，更加适用和务实。

④予以监控。确立的合规目标必须具有可监控的路径，实现监察注视并确保可控。比如将组织相关人员的“合规能力达标”设定为合规培训目标，可能就是一个难以监控的合规目标，因为合规能力是一个比较抽象的指标，不便进行监察和控制。

⑤予以沟通。确立的合规目标需要能够描述和测量，并在组织的相关部门和层级上进行沟通交流，使相关方准确理解该目标。比如，从事合规管理的新入职员工的合规培训目标为“合规管理体系标准知识点考核及格”，便是可以描述和测量的目标，需要向人事部门、合规部门及入职员工等方面沟通交流该合规目标。

⑥视情况予以更新。组织确立的合规目标不是一成不变的，需要根据组织内外部环境相关事项的变化、相关方的需要和期望的变化、合规风险和合规义务的变化等，及时予以更新。

⑦作为文件化信息可获取。组织在各部门、各层级设定的合规目标要以文件化信息的形式留存，以便在需要时提供给目标完成责任部门、责任人等相关方。

4. 策划如何实现合规目标

合规目标起到的是纲举目张的作用，为组织及相关人员指引努力的方向。合规目标确定后，还需要策划如何实现这些合规目标。策划实现合规目标时，组织需要确定如下五个方面的事项。

①做什么。明确为了实现合规目标，组织各职能和层级需要完成的工作任务。工作任务可能是一项，也可能是两项以上。

②需要什么资源。需要的资源可能包括有形的和无形的资源，比如人、机、料、法、环的保障，也可能包括组织相关的内、外部信息的收集和准备。

③谁负责。组织需要将合规目标进行分解，并明确合规目标具体由谁负责，确定承担的牵头责任部门、责任岗位和责任人。

④什么时候完成。明确合规目标的考核周期，或者明确实现合规目标的时间截止期限。

⑤如何评价结果。明确实际合规结果的评价主体、评价的工作程序和评价结果等内容。

此外，合规目标的过程监督与目标更新也非常重要，组织宜明确对合规目标实现过程和后续更新情况的监督，定期按要求监视、记录、评估和更新目标的状况和进展。

【应用案例】

案例 5-3 至案例 5-5 展现了某公司合规目标的确立，以及实现合规目标的策划。其中，案例 5-3 展现了企业层面确立的合规目标；案例 5-4 展现了企业不同合规风险分级设定的合规目标；案例 5-5 展现了按照部门合规目标的实现开展的策划。

【案例 5-3】

某公司从企业层面设定合规管理体系建设目标，其合规管理体系全岗位覆盖，具体如下：

①建立合规责任体系，合规职责与考核指标 100% 覆盖全岗位、全员。

②建立公司适用的合规义务数据库，合规义务要求 100% 转化、整合到公司规范各岗位正确履职的对应的业务管理制度。

③建立公司各岗位的合规风险数据库，100% 覆盖全岗位、全员。

④建立公司各岗位的合规风险防控措施和预警数据库，100% 覆盖全岗位、全员。

⑤建立各岗位的合规监督清单数据库，100% 覆盖全岗位、全员。

⑥建立各岗位的合规考核清单数据库，100% 覆盖全岗位、全员。

⑦合规管理体系培训 100% 覆盖全岗位、全员。

【案例 5-4】

根据合规风险分级不同，对其合规率的要求不同。比如，某公司从公司合规管理体系运行、四级合规风险分级可实现的合规绩效设定目标，如表 5-6 所示。

表 5-6　四级合规风险分级的合规目标

合规风险分级	公司总体年度合规率	总部	下属单位	部门管理的业务系统
超高	100%	100%	100%	100%
高	100%	100%	100%	100%
中	≥ 95%	≥ 98%	≥ 98%	≥ 96%
低	≥ 90%	≥ 95%	≥ 92%	≥ 92%

【案例 5-5】

以下是某公司按照部门合规目标的实现开展的策划（见表 5-7）。

表 5-7　某公司按照合规目标的实现开展的策划

部门名称	××× 部		部门负责人	签名：×××		
合规目标	合规目标考核时间区间	合规目标责任人	对应的工作任务	经费与其他资源保障	合规目标评价方式	纳入个人绩效考核权重
1. 公司外溢性合规目标 （1）年度刑事合规风险发生率为 0。 （2）年度民商事合规风险发生率为 0。 （3）年度行政合规风险发生率为 0。 （4）年度商业道德伦理合规风险发生率为 0。 2. 公司内部管理合规目标 超高、高、中、低风险业务活动违反公司管控制度均为 0 次。 3. 公司合规培训目标 （1）以部门为考核单元，每半年，本部门主责的业务活动适用的全部合规义务培训覆盖率为 100%，一年培训覆盖两次。 （2）新发布的合规义务，发布之日起 15 日内，培训覆盖率为 100%。 （3）新修订的合规义务，发布之日起 15 日内，培训覆盖率为 100%。 （4）进入新领域、新市场，当地的合规义务自进入起 30 日内，培训覆盖率为 100%	每年的 1 月 1 日—12 月 31 日	张三	档案业务开拓对应的业务活动	每人 600 元合规经费预算，严格执行公司业务运行合规管理制度	1. 每年收集来自监管机构的执法结果情况； 2. 公司内部的合规监督检查； 3. 公司组织的合规培训记录	1. 工作合规积分作为个人年奖励的计算系数； 2. 占个人绩效考核权重的 10%

第三节 针对变更的策划

合规管理体系的变更也需要进行策划，并按照策划的方案予以实施。本节主要围绕合规管理体系需要变更的情形和针对变更需要结合的事项进行解释和说明，并提供相关应用案例。

【标准条款】

> **6.3 针对变更的策划**
>
> 当组织确定需要变更合规管理体系时，应对这些变更的实施进行策划。
>
> 组织应结合：
>
> ——变更目的及其潜在后果；
>
> ——合规管理体系设计和运行的有效性；
>
> ——足够的资源的可获取性；
>
> ——职责和权限的分配或再分配。

【理解与实施要点】

本条款对策划合规管理体系的变更提出了要求。组织遇到需要变更合规管理体系的情形时，需要策划如何变更该合规管理体系，而且这样的变更调整要与组织自身的资源、职责权限分工、合规管理体系有效性、变更影响结合起来考虑。以下将从整体理解、需要变更的情形、针对变更的策划三个方面展开介绍。

1. 整体理解

该条款提出组织要对合规管理体系进行定期和不定期的滚动、持续策划，通过适时的合规目标调整、实现目标策划的改进和应对合规风险及机会的措施等方面的变更策划，实现组织合规管理体系建立和运行的持续有效。

例如，组织的合规义务是不断变化的，有的法规修订、有的法规废止，也有新的适用的法规发布，或者组织可能对外部相关方的合规承诺进行调整等。因此，组织的合规管理体系需要与组织适用的合规义务变化情况进行及时衔接，将新的外规内化，更新组织合规管理体系的某些局部地方，甚至是整体，让对应受到影响的业务活动能够持续有效的“合规运行”。变更的策划，更体现组织合规管理的日常状态，即合规管理体系的运行是一个动态、变更管理的过程。

2. 需要变更的情形

组织在开展合规管理体系策划时需要结合内外部环境、相关方的需要和期望、合规目标、合规义务，以及合规风险评估的结果五个方面进行。因此，这些方面发生变化，可能会导致组织原来策划的合规管理体系在局部或更大范围出现合规绩效不佳，使原来的策划有必要改进。这意味着，五个方面出现以下的变化时，组织原策划的合规管理体系可能需要变更。

①商业模式发生变化，包括组织活动和运营的战略、性质、大小、规模发生变化。

②与第三方相关联的业务性质和范围发生变化。

③法律和监管环境发生变化。

④社会经济状况发生变化。

⑤社会、文化、环境发生变化。

⑥组织的内部结构、方针、过程、程序和资源，包括技术发生变化。

⑦组织主张的合规文化发生变化。

⑧与合规管理体系相关的相关方发生变化，或这些相关方的相关要求发生变化。

⑨通过合规管理体系来解决的相关方要求发生变化。

⑩ 组织需要遵守的合规义务发生变化。

⑪ 组织的合规风险发生变化。

⑫ 组织的合规目标发生变化。

此外，GB/T 35770—2022 的 4.4 中明确“合规管理体系应反映组织的价值观、目标、战略和合规风险”，这表明：当组织的价值观、目标、战略发生变化时，组织原来策划的合规管理体系要进行相应的变更。

3. 针对变更的策划

当组织确定需要对原策划的合规管理体系进行变更时，需要根据上述五个方面十二条具体事项变化的深度和广度进行策划调整，以确保组织的合规管理体系持续有效，实现组织的合规目标。

组织对原合规管理体系进行变更策划时，需要结合以下方面开展，包括变更的目的及其潜在后果、资源的重新调配与供应、合规管理职责和权限的再分配，以及变更后的合规管理体系设计和运行的有效性。最后，需要依据十二条具体事项变化情况，以及变更策划情况，按照 GB/T 35770—2022 的 6.1 和 6.2 规定的策划内容和过程进行策划。

【应用案例】

案例 5-6 是合规义务发生变化时，针对原合规管理体系的策划。

【案例 5-6】

（一）场景

2020 年 1 月 7 日国务院发布新规《保障农民工工资支付条例》，自 2020 年 5 月 1 日起施行。

（二）引起合规管理体系变更的原因

这属于“⑩ 组织需要遵守的合规义务发生变化”的情形。

（三）合规问题挑战

这是一个比较深刻影响雇用农民工的所有单位，特别是工程建设领域的单位。

（四）公司需要开展的合规应对工作

①首先在公司合规义务管理台账进行及时登记，将新规《保障农民工工资支付条例》内化为公司相关制度里的一部分，并对内化全过程进行管理，更新《公司合规义务管理台账》，这是公司要长久保持的工作台账记录、对企业合规义务转化、进入企业制度和管理活动中的动态管理台账。

②梳理该法规涉及的公司各相关岗位，形成《保障农民工工资支付岗位业务管理事项清单》，确定受到该新规影响的公司相关业务活动。

③将《保障农民工工资支付条例》内容，按照涉及的岗位、对应的岗位业务管理事项，进行分割、分解，形成《保障农民工工资支付岗位合规义务清单》，确定企业相关岗位需要遵循的新的合规义务。

④运用合规风险识别方法工具模型，进行风险识别、分析、风险等级评价、应对策划等工作，形成《保障农民工工资支付岗位合规风险清单》，确定企业需要面对的合规风险。

⑤在收集前面的工作结果的基础上，即进入本章的“变更的策划”环节，经过相关部门讨论研究，形成《保障农民工工资支付关键岗位合规管理更新策划》，即变更的策划结果。

第六章

支　　持

GB/T 35770—2022 从资源、能力、意识、沟通、文件化信息五个方面，对组织建立、开发、实施、评价、维护和改进合规管理体系所需的支撑保障条件做出了规定。支持是合规管理体系建立、开发、实施等活动的重要保障，对于合规管理体系在各个层面得到认可并推动实施具有重要作用。本章对如何提供合规管理体系所需的资源，如何聘用能胜任的人员或使其获得所需的能力，如何提升人员的合规意识，如何针对合规管理开展内外部沟通，如何管理和维护文件化信息等做出解释和说明，并给出应用案例，为相关方更好地理解和应用标准提供参考。

第一节　资　　源

资源是组织拥有的人力、财力、物力等各种要素的总称。合规管理体系的建立、开发、实施、评价、维护和改进，离不开资源的支持。本节对合规管理体系所需的资源，以及具体实践中如何配置资源等进行介绍。

【标准条款】

7.1　资源 为建立、实施、维护和持续改进合规管理体系，组织应确定并提供所需的资源。

A.7.1　资源 资源包括财务、人力和技术资源，以及获得外部咨询和专业技能的机会、组织基础设施、职业发展情况、技术和关于合规管理与法律义务的同时期参考材料。

【理解与实施要点】

本条款对确定并提供合规管理体系所需的资源提出了要求。以下就资源的理解、资源配置两个方面展开介绍。

1. 对资源的理解

组织合规管理体系所需的资源有很多种类型，包括人力和财力的资源，外部咨询和专业技能，组织基础设施，关于合规管理和法律义务、职业发展和技术的同时期参考材料等。这些类型的资源，根据具体情况，可以是组织已有的内部资源，也可以是组织收集的外部可获取资源。以下将以人力和财力资源为例进行介绍。

（1）人力资源

合规管理体系的建立、开发、实施、评价、维护和改进需要具有多方面知识和技能的人才，包括合规师、专业法律人才、管理人才、审计人才、信息技术人才等。这些人才分布在组织的不同部门和岗位，既各自发挥作用，又相互配合。

例如，对于合规师，需要具有对组织的合规管理体系进行整体策划、组织各部门人员共同开展合规管理体系工作等方面的知识和能力。对于专业法律人才，需要精通相关的法律法规，这样才能更好地完成合规义务与合规风险的识别、分析等工作。例如，如果组织在《中华人民共和国反垄断法》下有合规风险，但其负责管控《中华人民共和国反垄断法》下合规风险的合规岗位对该法及其背后的经济学原理一无所知或者只是一知半解，那么该组织对于该法下合规风险的识别、评价和控制就会出现偏差。对于管理人才，需要具备相关的管理学知识和实践，这样才能将合规管理体系工作与组织的日常管理相结合，确保合规管理体系要求在组织的落地与应用。

（2）财力资源

合规管理体系的建立、开发、实施、评价、维护和改进需要组织投入必要的经费。这些经费主要涉及人力成本、培训费用、认证费用、资料费用、宣传费用、信息化建设费用等。

2. 对资源的配置

在资源的配置上，通常需要考虑以下因素。一是组织需要根据自身规模，确定建立、实施、维护和持续改进合规管理体系所需的人员数量、资金投入和物资投入（包括信息化建设所需资源），并根据发展情况不断地迭代更新。组织为合规管理体系投入资源的量级，需要和组织业务发展的目标高度正相关；组织给予合规部门的资源，需要与组织的整体发展目标相匹配。二是组织需要将合规管理体系所需资源纳入组织的合规管理体系总体规划、组织年度预算、用人计划、物资采购计划等，并由治理机构和最高管理者来部署。

【应用案例】

案例 6-1 是基础设施资源在合规管理中的应用。

【案例 6-1】

美国联邦调查局（FBI）于 2017 年 6 月 3 日成功逮捕美国国家安全局（NSA）泄密人员 Reality Leigh Winner，后者罪名为将政府机密信息匿名发送给美国新闻网站 The Intercept。

在该案例中，FBI 通过对 Winner 发送给 The Intercept 的扫描文件上黄色点状标志记录的分析，锁定该机密文件打印于 2017 年 5 月 9 日 6:20，打印机型号为 54，序列号为 29535218。由此，NSA 通过打印日志记录轻松调查跟踪到个人。

第二节 能 力

能力是应用知识和技能实现预期结果的本领。人员能力是确保合规管理体系预期结果得以实现的基础。本节就组织的合规管理体系需要其人员拥有的能力，以及如何使人员具备此种能力进行介绍。

一、能力的通用要求

【标准条款】

7.2.1 通则

组织应：

——确定在其控制下工作、影响合规绩效的人员所需的能力；

——确保这些人员在适当的教育、培训或经验的基础上胜任工作；

——适用时，采取措施获得所需的能力，并评价所采取措施的有效性。

适当的文件化信息应作为能力证据可获取。

注：适当的措施可能包括，例如：向现有人员提供培训、指导或重新分配工作；或者聘用或劳务雇用能够胜任的人员。

A.7.2.1　通则

术语“能力”指运用知识和技能实现预期结果的本领。能力需要知识、经验和技能，以便人员能以有效的方式履行其职能。组织宜为所有人员确定完成其任务所需的专业技能和知识，以便组织能向顾客提供其产品和服务。组织宜确立能力证据（例如：岗位描述、职位说明），以便担任该职位时进行考量。

宜采取措施（例如：培训）以便确保维持现有能力和根据需要获得新的能力。宜有足够的能力证明文件以及为维持或获得这些能力所采取的措施。

【理解与实施要点】

本条款对组织内影响合规绩效的人员［包括组织的雇员和依赖于组织活动的任何合同关系中的个人，详见第二章“二（二）”中的“3.‘人员’的概念”］的能力，以及如何确保人员获得这些能力规定了通用要求。以下从确定人员所需的能力、获得能力的途径、对所采取措施的有效性评价等方面来展开介绍。

1. 确定人员所需的能力

组织需要根据人员的岗位职责或职能确定所需的相应能力。组织内不同岗位或具有不同职能的人员，其需要完成的特定任务是不同的，故而完成这些任务所需的专业知识、技能和经验也是不同的。根据具体岗位或职能，组织的人员所需具备的能力可能包括风险识别评价与控制的能力、分析问题的能力、访谈 / 调查能力、共情能力①、边界能力②、组织能力、团队能力等。因此，组织需要根据人员岗位或职能确定所需的具体能力，并在岗位描述、职位说明等文件中明确指明。

2. 获得能力的途径

组织的人员可以在适当的教育、培训或经验基础上，获得履行岗位职责或职能所需的能力，从而胜任工作的需要。教育或培训可以是正式的，甚至是付费的；覆盖的人员范围不仅包括企业内专职合规人员（例如，企业合规师），还包括业务人员。经

---

① 也称为神入、同理心，也有译作同感、同情等。它是由人本主义创始人罗杰斯提出的，是指体验别人内心世界的能力。包含三个方面的含义：（1）借助对方的言行，深入对方内心去体验他的情感、思维；（2）借助于知识和经验，把握对方的体验与他的经历和人格之间的联系，更好地理解问题的实质；（3）运用“共情”技巧，把自己的共情传达给对方，以影响对方并取得反馈。通过共情，你能够迅速地缩小与对方之间的心理距离，从而建立共鸣，是职场人士的基本沟通技能之一。

② “边界”，也称心理边界，就是自我存在所需要的空间、时间、自我意志、自我责任、个人主权、情感距离、物理距离，所以既有物理的需要也有精神的需要，还有责任的问题，自我的存在就意味着心理边界的存在。它就像主人修建的一座房子一样，有卧室，有客厅，有进户门，有房子周围的栅栏，有大门，不是任何人都可以在任何时候进入你的领地的。在合规管理的场景下，一个企业（和其他组织）最本源的价值和利益也是不容侵犯的，同时也是划定边界来保护的。

验主要靠人员从既往工作中获得。

当需要维持人员现有能力或者人员现有能力与岗位实际需求相比存在差距时，组织需要根据具体情况采取培训、指导等措施，以维持人员现有能力或根据需要获得新的能力。如果培训、指导不足以使人员获得所需的能力，组织还可以采取重新分配工作、聘用或劳务雇用能够胜任的人员等措施，以满足岗位或职责所需的能力要求。

3. 对所采取措施的有效性评价

组织需要对所采取的措施的有效性进行评价，并根据评价结果对措施进行改进。对所采取措施的有效性评价，通常包括对培训、指导的内容的适宜性，参训人员对培训、指导内容的掌握程度，参训人员对岗位职责的履行情况等，评价方式可以采用考试、问卷、抽查、面试、工作绩效考核等。

二、聘用过程

【标准条款】

7.2.2 聘用过程

组织应针对其所有人员开发、确立、实施和维护以下过程：

a）要求人员遵守组织的合规义务、方针、过程和程序，作为人员的聘用条件；

b）在聘用后的适当期间内，新聘用人员能获得合规方针的副本或者有渠道获得合规方针，并获得关于合规方针的培训；

c）对于违反组织合规义务、方针、过程和程序的人员，应采取适当的纪律处分。

作为聘用过程的一部分，组织应结合岗位和人员可能引发的合规风险，在任何聘用、调动和晋升之前按要求进行尽职调查。

组织应实施对绩效目标、绩效奖金和其他激励措施进行定期评审的过程，以验证是否有适当的措施来防止鼓励不合规。

A.7.2.2 聘用过程

在聘用或提拔现有人员之前，组织宜进行尽职调查，包括推荐信或者背景调查。

【理解与实施要点】

本条款提出了人员聘用过程的要求，将组织关于合规方针、合规义务、过程和程序的要求融入人员招聘、签订劳动合同阶段，旨在确保人员在接触组织的同时也接触到组织的合规管理要求及其与聘用、绩效奖金、调动、晋升等的关系。以下从将合规相关要求纳入聘用条件、关键岗位人员的尽职调查、新聘用人员获取合规相关材料的渠道、纪律处分、激励措施的定期评审等方面来展开介绍。

1. 将合规相关要求纳入聘用条件

组织需要开发、确立、实施和维护人员聘用过程，并将遵守组织的合规义务、方针、过程和程序的要求，纳入人员聘用条件中。这就要求组织在确定用人需求时，充分评估该岗位可能存在的合规风险，并在招聘信息发布、简历筛选与笔试面试、背景调查与利益冲突、发放录用通知等各个环节，将组织的合规方针等内容通过口头交流、书面文件阅读等方式使其知悉。组织在聘用人员之前，需要将组织的合规义务等要求纳入劳动合同或者员工手册之中。

2. 关键岗位人员的尽职调查

组织开发、确立、实施和维护的人员聘用过程中，需要结合岗位和人员可能引发的合规风险，对关键岗位或人员聘用、调动、晋升之前的尽职调查做出规定。尽职调查可以通过组织自行调查、委托调查、要求候选人提供相关证明资料等方式开展。为避免组织承担相关风险，尽职调查的重点是确认以下内容：①候选人不属于法律禁止招用的人员；②候选人身份信息、学历信息、工作经历、职业资质信息真实准确；③候选人无犯罪记录、信用记录；④候选人是否已解除或终止劳动关系及是否存在竞业限制义务等；⑤高级管理人员任职资格；⑥特殊行业任职资格等。

3. 新聘用人员获取合规相关材料的渠道

组织开发、确立、实施和维护的人员聘用过程中，需要对新聘用人员获取合规方针的文件化信息和培训做出规定，以使新聘用的人员了解组织治理机构或最高管理者针对组织合规的意图和方向。在实践中，组织往往通过制定合规手册，把组织的合规目标、合规方针及员工的合规义务等一同编纂成册，提供给新入职的人员。

4. 纪律处分

组织开发、确立、实施和维护的人员聘用过程中，需要对人员聘用后因违反组织合规义务、方针、过程和程序而受到的纪律处分做出规定。纪律处分方式一般包括批评教育、责令书面检查、通报批评、诫勉、停职、调离工作岗位、降职、责令辞职、免职等。实践中，对于违反组织合规义务、方针、过程和程序的人员的处理，需要与组织对人员的考核评价、日常工作纪律管理等工作相结合，特别是对于人员履职过程中发生的违反内部管理要求但尚未构成违法犯罪的行为，如何做到宽严相济、实现合理处置、降低劳动人事争议发生的可能性等，是组织在应对人员违反合规义务、方针、过程和程序情形时需重点考虑的。

5. 激励措施的定期评审

组织开发、确立、实施和维护的人员聘用过程中，需要对激励措施的定期评审做出规定。组织的绩效目标、绩效奖金和其他激励措施影响着人员的行为，组织需要对激励措施进行定期评审，以便发现所采用的激励措施是否存在鼓励不合规的嫌疑。在鼓励人员合规方面，组织可以在人员管理过程中将人员绩效考核与其合规表现挂钩，从而引导、鼓励合规行为。

三、培训

【标准条款】

> **7.2.3 培训**
>
> 组织应定期对有关人员进行培训，培训应在聘用开始时和组织策划的时间间隔实施。
>
> 培训应：
>
> a）适合于人员的岗位及其面临的合规风险；
>
> b）进行有效性评估；
>
> c）进行定期评审。
>
> 结合已识别的合规风险，组织应确保实施程序对代表组织开展业务并可能给组织带来合规风险的第三方进行培训，提高其合规意识。
>
> 培训记录应作为文件化信息予以保留。

> **A.7.2.3 培训**
>
> 治理机构、管理者和负有合规义务的人员宜有能力有效履行其义务。有多种方式可获得能力，包括通过教育、培训或工作经验获得所需的技能和知识。
>
> 培训计划的目标是确保人员有能力以符合本组织合规文化和对合规的承诺的方式履行其岗位职责。
>
> 经过适当设计和执行的培训能为人员提供一个有效的方式以沟通之前未识别的合规风险。

> 教育和培训宜：
>
> ——在适当的情况下，基于对员工知识和能力差距的评估；
>
> ——有足够的灵活性，覆盖了一系列技术，以适应组织和人员的不同需要；
>
> ——由经验丰富和有资格的人员进行设计、开发和提供；
>
> ——适用时以当地语言提供；
>
> ——定期评估和评价其有效性。
>
> 如果不合规会造成严重后果，那么互动式培训是最好的培训形式。
>
> 组织宜对已发生不当行为的领域进行培训。
>
> 当出现下列情况时，宜考虑进行合规再培训：
>
> ——职位或职责的变化；
>
> ——内部方针、过程和程序的变更；
>
> ——组织结构的变化；
>
> ——合规义务的变更，特别是法律要求和相关方的需求的变化；
>
> ——活动、产品或服务的变化；
>
> ——产生于监视、审核、评审、投诉和不合规的问题，包括相关方反馈。

【理解与实施要点】

本条款对组织开展培训提出了要求。培训是组织的人员维持或者获得能力的重要途径之一，能够帮助治理机构、管理者和负有合规义务的人员获得有效履行其义务的能力，并且以符合本组织合规文化和对合规的承诺的方式履行其岗位职责。以下就培训的频次或时机、培训内容的设计、培训对象、培训形式、培训管理、培训记录的留存等方面展开介绍。

1. 培训的频次或时机

在培训的频次或时机上，一般情况下，组织需要定期对有关人员进行培训，在聘用开始时需要进行培训，聘用后的具体工作中需要在组织规定的时间间隔进行培训（例如，每月开展培训、每个季度开展培训等）。如果某些领域或部门发生了不合规行为，组织的内部方针、过程或程序发生了变更，组织结构发生了变化，相关人员的职位或职责发生了变化，合规义务发生了变更，组织的活动、产品或服务发生了变化，在监视、审核、评审等方面发现了问题，收到相关方的投诉等，组织需要举行有针对性的再培训。

2. 培训内容的设计

在培训内容的设计上，由于不同行业的组织所面临的合规义务与合规风险源不同，同一组织内不同岗位人员面临的风险点也不同，因此，培训内容要有针对性，适合于组织的业务、组织人员的岗位及其面临的合规风险。比如，针对医药领域的企业进行培训时，需要着重对医药行业合规管理进行介绍；对销售人员的培训，需要着重讲行贿风险、反垄断合规风险及其他销售岗位往往能够引发的合规风险；对采购部门的培训往往要侧重在受贿等舞弊风险上。此外，为了确保培训的有效性，培训内容宜由经验丰富和有资格的人员进行设计、开发和提供；宜对员工知识和能力的差距进行评估；宜有足够的灵活性，覆盖了一系列技术，以适应组织和人员的不同需要；如果组织覆盖了较广的地域范围，宜以当地语言提供。

3. 培训对象

在培训对象上，不仅包括对组织自身的人员进行培训，还包括对代表组织开展业务并可能给组织带来合规风险的第三方的培训，从而确保第三方也能够践行组织的合规管理要求。这体现了合规风险穿透管理的原则。很多企业建立的经销商管控流程中，很重要的一项措施就是开展合规培训。

4. 培训形式

在培训形式上，组织可以根据情况，选择丰富多样的形式，例如，授课式、互动式、角色扮演、示范演示、小组讨论、案例分析等一种或多种的组合。实践中，有的企业让员工到法院旁听职务侵占、受贿等职务犯罪的庭审；还有的企业通过部门负责人培训、设置合规大使等方式，确保合规培训的覆盖率及有效性。

5. 培训管理

在培训管理上，组织需要对培训进行有效性评估和定期评审，以确保培训能够使人员获得有效履行其义务的能力、发现或沟通未识别的合规风险等。在对培训进行有效性评估方面，可以从很多维度进行考量，例如，培训提供的便利性、趣味性，培训中学员的参与度（例如，通过手机端培训、通过培训考试积分等方式提高参与度、通过测试给予积分高的员工一定的奖励等），考试结果，一定时间后对相关参训人员进行面谈询问以检测其是否充分了解、掌握相关培训内容等。在对培训进行定期评审方面，组织可以将培训的定期评审纳入组织合规管理体系的定期评审一并实施，也可以根据情况设置定期评审周期。定期评审的内容包括但不限于对培训的有效性评估内容。

6. 培训记录的留存

组织需要将培训记录形成文件化信息，并予以保留。培训记录是区分组织责任与员工责任的重要证据之一，也是证明组织合规管理体系有效性的重要方面。保留的培训记录包括但不限于签到记录、培训课件、在线培训测试等。

四、应用案例

案例 6-2 至案例 6-5 展现了使组织的人员获得能力、对违反组织合规义务等的人员采取纪律处分等的做法。其中，案例 6-2、案例 6-3 展现了采用灵活多样的培训方式取得良好培训效果的做法，案例 6-4 展现了某公司在重点岗位人员聘用时未进行尽职调查而遭受损失的教训，案例 6-5 展现了保留培训的文件化信息的重要性。

【案例 6-2】

××企业合规师抛开单一的培训讲座式宣贯，采取以下方式进行员工培训：推出 App 合规小游戏、咨询热线、常态化测试等积分模式，对于得分在前的工作人员，由群众投票评选出各个部门的合规文化大使，并在公司年会上颁发奖杯、给予现金奖励。

【案例 6-3】

雀巢的前任合规官带领团队在过去的几年中，花大量的精力去探索有效的途径，利用即时通信技术，通过网络和手机端的呈现，力求与每位员工进行沟通，了解每位员工对于合规培训的反馈，使合规培训真正深入人心。

功夫不负有心人，雀巢的合规培训覆盖率每年都在增加。比如：对于《雀巢业务行为规范》的遵守方面，其中有四条是与“利益冲突”有关的，所以雀巢大中华大区从 2015 年开始逐步要求员工进行利益冲突（Conflicts of Interest）的申报，最初试验的完成率从 40%、80%、98%，到如今的 99.7%。2017 年的时候，雀巢集团要求的反腐败培训就已经达到了 99% 的完成率。

【案例 6-4】

某跨国公司曾经招聘了一名采购经理，在就职期间和其他公司签订了几单价值数千万元的合同，而后就辞职了。在他辞职以后，公司为这些合同支付了货款，但对方的货物却迟迟没有交付。后来经过调查，发现这个采购经理和供货公司的股东是兄妹关系。最终公司因为自己没有在聘用员工之前进行充分的尽职调查，蒙受了上千万元的损失。

【案例 6-5】

摩根士丹利的高管 Gareth Peterson 因为触犯《反海外腐败法》被判入狱，但作为其雇主的摩根士丹利公司在该法下被免除处罚。其原因之一是在 2002 至 2008 年间，Peterson 就《反海外腐败法》接受过七次培训，并至少被提醒过三十五次要遵守《反海外腐败法》，并且有培训的记录和证明，摩根士丹利公司之所以能在非常短的时间内非常准确地向执法机构提供了前述文件，源自它对培训的文件化信息保留非常到位。

第三节 意 识

“意识”是人的头脑对于客观物质世界的主观反映。在合规管理领域，“合规意识”指组织的人员对于合规管理工作的认识和主动性。本节对合规管理体系建立、开发、实施、评价、维护和改进过程中，组织需要人员具有何种意识及如何培养或提高这样的意识等进行介绍。

【标准条款】

7.3 意识

在组织控制下工作的人员应知道：

——合规方针；

——他们对合规管理体系有效性的贡献，包括改善合规绩效带来的效益；

——不符合合规管理体系要求的后果；

——提出合规疑虑的方法和程序（见 8.3）；

——工作岗位的合规义务与合规方针的关系；

——支持合规文化的重要性。

A.7.3 意识

意识涉及确保所有人员都能访问、利用并理解合规方针。

提高合规意识的方法包括但不限于：

——培训（面对面或在线）；

——与最高管理者沟通；

——易于参照执行和容易获得的参考资料；

——定期更新合规问题。

沟通对合规的承诺将：

——建立意识并鼓励人员接受合规管理体系；

——鼓励员工提出有助于持续改进合规绩效的建议。

【理解与实施要点】

本条款对组织人员的合规意识提出了要求。组织对人员的合规意识要求包含多个方面。以下从组织的人员需要了解和掌握的内容、提高合规意识的方法等方面来展开介绍。

1. 组织的人员需要了解和掌握的内容

组织需要人员具有的合规意识包括：①所有人员都能访问、利用并理解合规方针，都知道所在工作岗位的合规义务与合规方针的关系。作为指导组织合规管理体系工作的纲领性文件，合规方针是否被经常提到、是否易于获得是决定合规目标能否落地、实现的重要前提。因此，组织需要让员工了解合规方针是什么，在入职、培训等各种场合向人员明确展示组织的合规方针，并且在组织的官网、微信公众号、内部 OA 系统等相对容易访问的界面展示合规方针的电子版，方便人员随时随地获取并了解。②所有人员都知道自己对合规管理体系有效性的贡献，都知道不符合合规管理体系要求的后果。首先，这就要求组织向人员充分阐释合规能够给组织带来什么，给人员带来什么，使他们发自内心地认可合规的价值，树立起合规意识。其次，组织需要让不同岗位的人员知晓自己的行为将如何通过所在岗位影响到组织的合规，继而帮助人员理解什么样的行为可以对合规产生积极正面的作用，又有什么样的行为会造成负面的结果。③所有人员都知道提出合规疑虑的方法和程序。一个良好有效的合规管理体系离不开举报系统，因此，组织需要确保所有人员都知道组织对举报的态度和原则、举报系统的运行机制等，以便人员有意识地主动将发现的问题上报组织。④所有人员都知道支持合规文化的重要性。

2. 提高合规意识的方法

从提高合规意识的方法上，组织可以采取的方法包括：①开展针对合规意识内容的培训，可以根据需要选择面对面或在线培训等不同的培训形式；②与最高管理者进行沟通，这种沟通将有助于人员接受组织的合规管理体系、提出持续改进合规绩效的建议；③向所有人员提供易于参照执行和易于获得的参考资料；④定期更新合规问题等。

【应用案例】

案例 6-6 是组织的员工因缺乏合规意识而带来合规风险的教训，案例 6-7 是员工因信任而愿意上报发现的合规疑虑的做法。

【案例 6-6】

在实践中，并非所有的合规风险都是员工故意为之的欺诈风险、舞弊风险，更有不经意间的操作风险。例如，在某多边银行对某国企的制裁案件中，我们发现，该企业的员工并非故意使用造假的业绩对多边银行进行欺诈以获取业绩，而是基于对联合投标方的信任而没有审查由对方编写的标书终稿，导致没有发现其将己方的业绩篡改的事实，引发多边银行对企业的调查和制裁。

正是因为这家国企的员工没有体系化地树立合规意识，不知道自己的行为代表着企业、自己审慎合规就意味着企业也尽到合规义务，自己的疏忽——将业绩材料交给他人全权处理而不进行审查，相当于将企业的合规交到了他人的手中。

【案例 6-7】

实践中，有企业在 OA 系统中设置了匿名举报系统，并且在定期开展的员工合规培训中强调其匿名性，以及可以 / 必须上报的事项有哪些，包括发现其他员工的不合规行为、自己收到的超额礼品需要上交等。也有企业在官网页面专门设置举报热线专栏，贴出二维码，以匿名问卷的形式收集举报信息。

这些都是可以参考的举报程序的形式，组织通过设置足够合理的流程，打消了员工举报时的顾虑，使员工从根本上树立起“原来组织重视员工的意见”的意识，也就会愿意通过这些程序报告问题，帮助组织持续改进合规管理体系。

第四节 沟 通

沟通是人与人之间、人与群体之间信息、思想与情感的传递和反馈过程。通过沟通，对内，确保组织内部信息通畅并能及时反馈；对外，形成统一的合规信息输入及输出口径。本节对沟通的对象与类型、内容与反馈、时机、方式等进行介绍。

【标准条款】

7.4　沟通

组织应确定与合规管理体系有关的内部和外部沟通，包括：

a）沟通什么；

b）何时沟通；

c）与谁沟通；

d）如何沟通。

组织应：

——结合沟通需求，综合考虑沟通的多样性和潜在障碍；

——确立沟通的过程，确保结合了相关方的意见；

——在确立沟通过程时：

- 应将其合规文化、合规目标和义务纳入沟通内容；
- 应确保所沟通的合规信息与来源于合规管理体系的信息一致且可信；

——对与合规管理体系相关的沟通内容进行回应；

——视情况，保留文件化信息作为其沟通的证据；

——在组织的各层级和职能内部沟通与合规管理体系有关的信息，视情况包括合规管理体系的变更；

——确保人员能在沟通过程中为合规管理体系的持续改进做出贡献；

——确保人员能在沟通过程中提出合规疑虑（见 8.3）；

——通过组织确立的沟通过程，对外沟通包括其合规文化、合规目标和义务在内的与合规管理体系相关的信息。

A 7.4　沟通

宜根据本组织的方针，采取面向所有相关方的务实的对外沟通方式。

相关方包括监管机构、顾客、承包商、供应商、投资者、应急服务机构、非政府组织和周遭人士。

组织宜分配适当的资源和具有相关知识的人以协调和促进与监管的互动。

沟通方式可包括网站和电子邮件、新闻稿、广告和定期通讯、年度（或其他定期）报告、非正式讨论、开放日、焦点小组、社区对话、参与社区活动和热线电话。这些方法能促进理解和接受组织对合规的承诺。

沟通宜坚持透明、适当、可信、响应、可接触和清晰的原则。

【理解与实施要点】

本条款对组织开展合规管理体系有关的内部和外部沟通提出了要求。组织开展与合规管理体系有关的沟通，需要遵循透明、适当、可信、响应、可接触和清晰的原则，并以此为指导确立沟通的过程，以便组织的人员在沟通过程中能够提出合规疑虑、合规管理体系持续改进的建议等，组织相关方的意见能够予以考虑。以下从沟通的对象与类型、内容与反馈、时机、方式等方面展开介绍。

1. 沟通的对象与类型

根据沟通的对象，沟通分为内部沟通和外部沟通两种。其中，内部沟通是面向组织的各层级和职能开展的；外部沟通是面向组织的所有相关方开展的，包括监管机构、客户、承包商、供应商、经销商、分销商、投资者、应急服务机构、非政府组织和周遭人士等。在与监管机构沟通方面，组织需要考虑分配适当的资源和具有相关知识的人，以协调和促进与监管的互动，积极配合监管机构的执法工作。

2. 沟通的内容与反馈

沟通的内容主要包括组织的合规文化、合规目标和义务、与合规管理体系有关的信息（包括合规管理体系的变更）。针对不同的沟通对象与类型，沟通的具体内容也各有侧重。

对于内部沟通，主要侧重于与组织人员相关联的内容，比如，组织向全体人员清晰地传递组织需要什么、不需要什么；人员在业务场景中产生合规疑虑时，可以向谁反馈；人员发现不合规情况的时候，可以通过何种方式向谁报告；等等。

对于外部沟通，依据沟通需求一般可以分为业务沟通和监管沟通两类。业务沟通的内容往往是向组织的承包商、供应商等业务合作伙伴沟通组织的合规文化、合规目标和义务，以及具体的合规要求（例如，第三方合作伙伴的合规要求）。与监管机构沟通的内容主要侧重于包括合规文化、合规目标和义务在内的与合规管理体系相关的信息。

无论在哪种沟通方式下，一方面，沟通的合规信息都要与来源于合规管理体系的信息一致且可信；另一方面，对于组织的人员或相关方针对沟通内容的反馈，都要进行回应。

3. 沟通的时机

在沟通的时机的选择上，组织需要着重关注一些重要的时间节点。对于内部沟通，组织可以选择在合规管理体系发生变更时、新聘用人员入职时、年度考核时、不合规事件处置之后等。对于外部沟通，组织可以选择在招标文件中、合同签订之前等。

4. 沟通的方式

组织可以采取的内外部沟通的方式有多种，包括网站和电子邮件、新闻稿、广告和定期通信、年度（或其他定期）报告、非正式讨论、开放日、焦点小组、社区对话、参与社区活动和热线电话等。根据沟通的需求，组织需要在综合分析潜在障碍等因素的基础上，选取多样化的沟通方式。

5. 保留作为沟通证据的文件化信息

根据具体情况，组织需要保留所开展的内部沟通、外部沟通的文件化信息，以备证明组织开展了相关的内外部沟通。在内部沟通方面，组织需要保留各个版本的内部管理制度文件，例如，与组织人员签订的廉洁协议、承诺书，组织的年度（或其他定期）报告，以及做出相关决策的会议纪要等。在外部沟通方面，组织需要保留与相关方往来的电子邮件，会议或电话沟通时相关的视频、录音记录，组织发布的新闻稿、对方签署的廉洁诚信承诺函等。

【应用案例】

案例 6-8 至案例 6-12 展现了组织开展针对合规管理体系的内部沟通和外部沟通的实践做法。其中，案例 6-8 至案例 6-9 展现了在组织内部沟通并获得良好效果的实践，案例 6-10 展现了特定业务场景下与外部机构沟通的时机的重要性，案例 6-11、案例 6-12 展现了与监管机构沟通的反面做法、正面做法。

【案例 6-8】

A 公司为了保证公司与员工之间持续流畅的沟通，会定期更新合规信息到公司的内部网络上并推送给每一个员工。与此同时，每一个 A 公司的内部合规沟通负责人会持续不断地向他所负责的层级，传达高层管理者的合规态度。除此以外，A 公司在 IT 部门与合规部门的通力协作之下，还建立了“建议和支持系统”。管理层和员工可以通过该系统直接向所属合规官提出问题，询问在业务决策中如何处理合规风险，或者了解合规条例需要如何解释与运用。在这套系统内，任何员工都可以独立地向其主管、人事经理或公司指定的负责人提交投诉或提供线索。这些线索与举报可以依照提供者的意愿进行匿名化处理。在接到投诉后，首席合规官将组织公司审计人员启动一项专项调查，并向 A 公司审计委员会进行汇报。所有文件都会得到保密存档，对投诉者不得采取任何形式的报复陷害。

从这个案例中我们可以看出，合规信息顺畅的沟通，仰赖于组织通过多种渠道，一次次持续不断地传达；也依靠强大的信息基础设施的保障。这也从另一个角度说明了，组织信息的沟通渠道不是自上而下单向的，而是组织与员工之间双向的沟通与反馈，既要“上情下达”，也要“下情上达”。

【案例 6-9】

某公司的合规官组织 90 后新员工进行午餐会，和新人一起吃饭、交流，听新人们对公司合规的声音，他表示：“我对这次午餐会印象深刻。新人就像一张白纸，我们希望通过这种亲切的交流让合规意识更好地扎根在员工的心中。现在的年轻人越来越有创意，听到这些新人对合规的声音，反馈到我们的合规体系中去，才能使我们的整个合规体系深入到每一位员工、每一个岗位上。”通过午餐会收集的反馈，合规官了解到年轻的销售人员更多地使用手机端 App 关注销量指标。这位合规官随即带领团队将合规的信息和文章以碎片化、易获取、趣味性高的方式整合到了这个 App 上，让公司的合规文化更好地走入了员工的日常视野和工作。

【案例 6-10】

在沟通的时机方面，笔者曾经处理过一个多边银行制裁企业涉嫌业绩造假的案件。在该案件中，A 企业和 B 企业联合投标，投标时提供两个企业的真实业绩是需要满足的合规义务。B 企业在联合投标的标书当中虚构了业绩。当标书当中的业绩造假被多边银行发现后，不仅对 B 企业发起制裁，而且认为 A 企业未尽到“理性人”应尽的“审慎义务”，也意图发起对 A 企业的制裁，但最终因为 A 企业事先向 B 企业沟通并告知其合规义务，发送了不能造假的“标前承诺书”，而免于制裁。在该案件中，认定 A 企业是否尽到“理性人”应尽的“审慎义务”的重要因素之一，就是 A 企业向 B 企业沟通并告知其合规义务，发送了不能造假的“标前承诺书”。

【案例 6-11】

在外部沟通中，面对监管机构的调查，很多组织本能的反应就是隐瞒对自己不利的事实，矢口否认，甚至做出伪证，也有的组织可能是出于疏忽忘记了自己先前向监管机构做出的承诺，而被监管机构认定为做出虚假陈述。这些不真实的沟通的方法并没有任何帮助。随着信息技术的进步，以及越来越多的监管机构通过减轻或豁免处罚的方式来鼓励组织或员工举报违法行为，发现违法线索的途径和方法越来越多。这些组织向监管机构陈述不实信息的做法不仅不能帮助组织减免处罚，严重的还会给组织带来其他的合规风险。

从2007年到2016年间，美国某公司参与了一项贿赂其他国家官员的计划，以获得直销执照。在此期间，该公司共计在28个地区获得了许可证。除此以外，该公司还通过行贿妨碍其他国家有关执法机关对其子公司守法情况的调查，并影响有关媒体删除其负面媒体报道。2020年8月28日，美国证券交易委员会（SEC）与美国司法部（DOJ）同时发布消息，该公司同意支付超过1.23亿美元的和解金，以解决美国执法部门对其违反美国《反海外腐败法》（FCPA）的指控。其中，超过6700万美元将支付给SEC，作为对其违反了《反海外腐败法》下会计条款等的处罚；另外的5500万美元将作为刑事罚金支付给美国司法部和美国纽约南区联邦检察院。在此案件中，美国司法部通过相关手段检测到了一名高管在公司的计算机上安装了“擦除应用程序”。该高管通过“擦除应用程序”从其笔记本电脑中擦除了200个文件，并使其删除的文件无法恢复；通过同案其他人员的举报，美国司法部获得了其2007年指示手下贿赂其他国家政府官员的证据，坐实了该高管对监管机构做出伪证的事实。最终DOJ结合其他证据，追加对该高管发起了作伪证和销毁记录的刑事指控。

我们从该案例中可以发现，相关组织做出虚假的陈述往往会导致组织面对监管机构的调查时处于不利位置。

【案例6-12】

组织在与监管机构的沟通中展现出“配合调查”的态度，从而获得减轻甚至免除处罚的案子比比皆是。

2016年5月，中国国家发展改革委责令5家国内公司停止其实施的垄断协议，并根据这5家公司是否“能够积极配合调查”处以了不同级别的罚款：“一、对在达成并实施垄断协议过程中处于主导地位的重庆青阳及其关联销售组织重庆大同，处上年度销售额8%的罚款，计180.52万元。二、对能够积极配合调查、如实提供证据材料的江苏世贸天阶，处上年度销售额5%的罚款，计118.40万元。三、对能够积极配合调查、如实陈述相关事实的上海信谊联合、商丘华杰，分别处上年度销售额5%的罚款，计49.56万元、51.06万元。”①

不难看出，在上述案例中“积极配合调查”成为监管机构认定罚款额度时的重要考量要素。

① 新浪网，发改委查处别嘌醇片垄断协议案5家公司被罚400万，http://finance.sina.com.cn/china/gncj/2016-01-28/doc-ifxnvhvu7143956.shtml。

第五节 文件化信息

文件化信息是组织需要控制和维护的信息及其载体。组织建立、开发、实施、评价、维护和改进合规管理体系的过程中，形成了大量的文件化信息。这些文件化信息可以用于知识分享、内部沟通和外部沟通、作为合规管理体系已策划并实施的证据等。鉴于文件化信息的重要作用，组织需要对文件化信息实行严格的控制与管理。本节从文件化信息的范围、创建和更新、控制等方面，对文件化信息的管理和控制进行介绍。

一、文件化信息的范围

【标准条款】

7.5.1 通则

组织的合规管理体系应包括：

a）本文件要求的文件化信息；

b）组织确定的，对于合规管理体系有效性所必需的文件化信息。

注：不同组织的合规管理体系文件化信息的程度可能不同，取决于：

——组织的规模及其活动、过程、产品和服务的类型；

——过程及其相互作用的复杂度；

——人员的能力。

A.7.5.1 通则

文件化信息包括：

——组织的合规方针和程序；

——合规管理体系的目标、指标、结构和内容；

——合规岗位和职责的分配；

——相关合规义务的登记册；

——合规风险登记册，并根据合规风险评估过程确定相关措施的优先级；

——不合规、近乎不合规和调查的记录；

——年度合规计划；

——人员记录，包括但不限于培训记录；

——审核过程、审核时间表及相关审核记录。

文件化信息能包括与监管报告要求有关的事项。文件化信息可包括各类媒介（数字的和非数字的）。

【理解与实施要点】

本条款对合规管理体系文件化信息的范围提出了明确的要求。以下从文件化信息的构成、文件化信息的复杂程度等方面来展开介绍。

1. 文件化信息的构成

从构成上，合规管理体系的文件化信息包括两个部分：① GB/T 35770—2022 要求的文件化信息；②组织确定的，对于合规管理体系有效性所必需的文件化信息。其中，GB/T 35770—2022 要求的文件化信息包括组织的合规管理体系的范围；组织的合规方针和程序；合规管理体系的目标、指标、结构和内容；合规岗位和职责的分配；相关合规义务的登记册；合规风险登记册，并根据合规风险评估过程确定相关措施的优先级；不合规、近乎不合规和调查的记录；年度合规计划；人员记录，包括人员能力相关的证书、培训记录等；审核过程、审核时间表及相关审核记录；沟通记录等。对于组织确定的、合规管理体系有效性所必需的文件化信息，则根据组织的具体情况确定，例如，有的组织会将组织的结构图、设计文件、试验规程等作为文件化信息予以维护和控制，有的组织将策划和运行合规管理体系必要的、来自外部的文件化信息予以维护和控制。

2. 文件化信息的复杂程度

由于不同组织及其活动、过程、产品和服务的类型不同，组织内的各个过程及过程之间的相互作用的复杂程度不同，组织的人员能力不同等，因此不同组织的合规管理体系文件化信息的程度可能不同。例如，在某些涉及工程设计业务的组织内，产品档案、说明书、图纸、工艺流程图就是需要维护和控制的文件化信息，而对于其他组织则不适用。

二、文件化信息的创建和更新

【标准条款】

7.5.2 文件化信息的创建和更新

在创建和更新文件化信息时，组织应确保适当的：

——标记和说明（例如，标题、日期、作者或文件编号）；
——形式（例如，语言文字、软件版本、图形）和载体（例如，纸质的、电子的）；
——针对适宜性和充分性的评审和批准。

A.7.5.2 文件化信息的创建和更新

宜更新文件化信息以反映内部和外部的变化，进而确保它们是现行和最新的。

【理解与实施要点】

本条款对文件化信息的创建和更新提出了要求。以下从文件化信息的创建和更新过程、识别和标识、形式等方面来展开介绍。

1. 文件化信息的创建和更新过程

从创建和更新过程上，需要对文件化信息的适宜性和充分性进行评审，经批准之后才能形成文件化信息。其中，适宜性是指拟创建或更新的文件化信息适合于组织的目标、运行、文化和商业体系，充分性是指拟创建或更新的文件化信息满足组织合规管理体系的需要。当组织面临的内部和外部环境发生变化时，组织需要对相关文件化信息进行更新，以反映这种变化。

2. 文件化信息的识别和标识

从文件化信息的识别和标识上，组织在创建和更新文件化信息时，为了便于内部查找使用，需要对文件化信息进行标识和说明。标识的前提是做好文件分类、命名。好的文件分类与命名有三大特征：一是降低理解成本，让文件使用者从文件命名中了解主题；二是实现快速索引，方便快速检索到所需要的文件；三是方便快速回溯，区分版本并随时回溯以前的版本，了解版本变更记录。文件名一般包含以下六个要素：类别编号（例如，A01）、修订时间（例如，20210517）、所属类别（例如，法律研究、案例、素材）、主关键字（例如，某作者、市场部）、核心内容（例如，时间表、报价表、案例分析）、版本编号（例如，Ver1，Ver2）。

3. 文件化信息的形式

从形式上，文件化信息可以使用语言文字、软件版本、图形等不同形式。从载体上，可以是纸质的，也可以是电子的。

三、文件化信息的控制

【标准条款】

7.5.3　文件化信息的控制

应控制合规管理体系和本文件要求的文件化信息，以确保其：

a）在需要的场所和时间均可获得并适于使用；

b）得到充分保护（例如，防止泄密、不当使用或完整性受损）。

为了控制文件化信息，组织应开展以下适用的活动：

——分发、访问、检索和使用；

——存储和防护，包括保持易读性；

——对变更的控制（例如，版本控制）；

——保留和处置。

对于组织确定的，策划和运行合规管理体系必要的、来自外部的文件化信息，应视情况进行识别，并予以控制。

注：访问可能意味着只允许查看文件化信息的权限，或者允许并授权查看和变更文件化信息的权限。

A.7.5.3　文件化信息的控制

文件化信息能以获取法律建议为目的编制，因此能成为法定豁免权的行使对象。

【理解与实施要点】

本条款对文件化信息的控制提出了要求。为了使文件化信息得到适当的使用、免于损坏等，组织需要对文件化信息实行全过程控制。以下从控制的目的、过程和内容，以及组织在经营管理过程中为获取法律建议而编制的文件化信息享有法定豁免权保护相关情况的说明等方面展开介绍。

1. 控制的目的

从控制的目的上，组织对文件化信息进行控制的目的有三方面：一是使文件化信息在需要时均可获得；二是使文件化信息易于和适于使用；三是使文件化信息得到充分保护，免于丢失、损毁灭失、泄密、不当使用等。为了实现上述目的，组织需要对文件化信息的取用、存储载体、文件化信息的内容等做出规定。

2. 控制的过程和内容

从控制的过程和内容上，组织需要制定关于文件化信息控制的文件，明确文件化信息的分发、访问、检索、使用、存储、防护、变更的控制、保留和处置等各环节涉及的主体及其权限、工作内容及要求。例如，对查看文件化信息的时间与地点加以控制，对文件化信息的标记进行管控，对访问权限、更改文件化信息的权限加以规定等。比如，某组织规定，对已经签字、盖章、归档的会议记录，如果参与会议的人对于其中的内容有异议，异议人需要首先向负责牵头召开会议并整理会议记录的部门进行申请，然后经过该部门向两个及两个以上的当时参与会议的人员核实该异议后，将核实情况记录在报告书内，让部门负责人重新签字、盖章。这一整套流程完成后，异议人对于会议内容的更改才能够生效。这里所说的更改并不是直接在原文件上进行修改，而是把更改内容的缘由及核实情况如实记录在原会议文件之后，让文件能够清晰地反映内容的变化。此外，对于组织确定的、策划和运行合规管理体系必要的、来自外部的文件化信息，例如，外部的法律法规、强制性标准等，根据具体情况，确定是否实施控制，以及如何控制。

3. 文件化信息享有法定豁免权保护相关情况的说明

组织在经营管理过程中为获取法律建议而编制的文件化信息，其内容信息及载体均受到法定豁免权的保护，可以免于在法庭出示。法定豁免权又称“法律特权”“律师——客户特权”，起源于罗马法下的一个古老原则：“律师不得被强迫出具对其客户不利的证据”。世界上绝大多数的司法管辖区承认客户与其律师进行沟通并寻求获得法律意见所提供的信息或为诉讼目的在客户与其律师进行的保密通信构成法律特权所保护的信息。根据该制度，任何法院或其他权力机构不得强迫律师将客户的保密信息予以披露。如果律师拒绝披露这类证据，也不会因此对当事人带来不利后果。

需要注意的是，法律特权制度的适用范围是有限制的。例如，法律特权所保护的信息必须是客户在寻求获取法律建议所提供的信息；特权保护制度存在例外情形，如果客户获得法律建议时提供的信息涉嫌实施犯罪或者欺诈，则该信息不受法律特权保护。

虽然法律特权的适用范围在各个司法管辖区之间仍存在较大差异，但保护法律特权已经成为一项国际法原则。我国 1997 年加入了《关于从国外调取民事或商事证据的公约》[①]，该公约第 11 条规定：根据请求国或执行国法律，“在请求书的执行过程中……有拒绝作证的特权或义务的有关人员，可以拒绝提供证据”。这说明中国已经

---

① 《关于从国外调取民事或商事证据的公约》（Convention on the Taking of Evidence Abroad in Civil or Commercial Matters），简称《国外取证公约》，1970 年 3 月 18 日在海牙国际私法会议上签订，1972 年 10 月 7 日生效。

在国际法层面的国外取证情形中接受了法律特权制度。

但需要注意，在我国国内法律程序中，我国法院或权力机构可能并不承认法律特权，也不允许律师援引此项法律特权拒绝提供相关证据。《中华人民共和国律师法》第三十八条[①]规定了律师的保密义务，而《中华人民共和国民事诉讼法》第七十条规定，"人民法院有权向有关单位和个人调查取证，有关单位和个人不得拒绝"，以及第七十五条规定，"凡是知道案件情况的单位和个人，都有义务出庭作证"，两项义务之间存在冲突。《中华人民共和国刑事诉讼法》第四十六条规定"辩护律师对在执业活动中知悉的委托人的有关情况和信息，有权予以保密。但是，辩护律师在执业活动中知悉委托人或者其他人，准备或者正在实施危害国家安全、公共安全以及严重危害他人人身安全的犯罪的，应当及时告知司法机关"，表明我国已开始引入法律特权制度，"律师保密"在我国开始了由"义务"向"权利"的转变，但由于对如何行使该权利仍缺乏程序规定，使得该权利形同虚设，还需在将来对权利行使程序予以明确。

总而言之，对组织而言，一方面需要保存好文件化信息，不能随意销毁，便于合规案件发生后举证以减轻或免除责任；另一方面，虽然国内法律特权制度尚未建立，但在国外已经得到普遍承认，我国组织在国外遇到上述情况时应当注意援引。

四、应用案例

案例 6-13 至案例 6-15 展现了文件化信息的标记、使用、存储和防护要求在实践中的应用。其中，案例 6-13、案例 6-14 展现了如何根据需要对文件化信息进行标记，案例 6-15 展现了利用信息化系统对文件化信息进行控制的做法。

【案例 6-13】

某燃料公司的文件命名如下：

20180522 市场部—煤炭采购管理办法 Ver4

这个文件名称用到了修订时间、主关键字、核心内容和版本编号四个要素。

【案例 6-14】

类别编号在实践中也有着广泛的应用，特别是在监管机构的调查等特定情形中。

① 《中华人民共和国律师法》第三十八条　律师应当保守在执业活动中知悉的国家秘密、商业秘密，不得泄露当事人的隐私。

律师对在执业活动中知悉的委托人和其他人不愿泄露的有关情况和信息，应当予以保密。但是，委托人或者其他人准备或者正在实施危害国家安全、公共安全以及严重危害他人人身安全的犯罪事实和信息除外。

笔者曾为某企业应对多边银行的制裁，提交证据目录，在证据目录中就设定了“Exhibit A”“Exhibit B”“Exhibit C”分别代表了“多边银行提供的规范性法律文件”“证明企业在和多边银行所认定造假的企业做生意的过程中，尽到了审慎义务的证据”和“证明企业合规管理体系建设与合规整改的证据”。经过这样的重新梳理，原本种类繁复的法律、合同、访谈记录、内控制度、报告、会议纪要、惩处决定等证据一下子通过“逻辑”编织在了一起，变得条理清晰，具有很强的逻辑性。

【案例 6–15】

随着信息时代的来临，A 公司控制的文件数量正在以几何倍数激增，文件化信息的呈现形式也越来越多，这给 A 公司的文档管理提出了新的挑战。为了应对这种局面，A 公司建立了信息数字化管理平台，利用大数据架构（实时流 / 离线数仓）高效管理文件化信息。同时，对这些文档标注秘密等级，设定了访问权限、安全等措施。

第七章

运　　行

GB/T 35770—2022从运行策划和控制、建立控制和程序、提出疑虑、调查过程四个方面，对合规管理体系运行做出了规定。运行是将实现组织合规目标、履行合规义务、策划的结果、措施、机制落实到组织业务活动中的实施过程。本章针对如何使“策划”阶段的结果在运行层面得以实施，如何对过程确立控制程序，如何提出疑虑和对不合规情形进行调查做出解释和说明，并给出应用案例，为相关方更好地理解和应用标准提供参考。

第一节　运行的策划和控制

组织的合规管理可能涉及若干过程和实施的主体，并需要与组织的业务过程相互作用。缺少与业务过程有关的控制可能导致组织偏离合规方针或违反合规义务，这种情况下，需要对合规管理体系的运行进行控制。组织所有业务、活动或过程，以及承包商、供应商或销售商都在控制的范围内。本节就如何对合规管理体系的运行进行策划和控制展开介绍。

【标准条款】

> **8.1　运行的策划和控制**
>
> 为满足要求和实施第6章确定的措施，组织应通过以下方式策划、实施和控制所需的过程：
>
> ——对过程确立准则；
>
> ——按照准则对过程实施控制。
>
> 文件化信息应根据必要程度可获取，以便确认过程已按照策划得到实施。

组织应控制已策划的变更，并评审非预期变更的后果，必要时采取措施减轻不利影响。

组织应确保与合规管理体系相关的，由外部提供的产品、过程或服务受控。

注： 对组织运行的外包不会免除组织的法律责任或合规义务。

组织应确保第三方过程得到控制和监视。

A.8.1　运行的策划和控制

一个精心设计的合规管理体系包括各项措施（例如：方针、过程、程序），使得合规文化既有内容又有效果。这些措施应对并旨在减少合规风险评估过程所识别的部分风险。

运行控制的一个基本要件是行为准则，其中规定了本组织对相关合规义务的全面承诺。行为准则宜适用于所有人员并使其能够获得和使用。宜将基于并源自行为准则的合规措施纳入本组织的日常运行，以培育合规文化。

在缺少与业务过程有关的运营控制可能导致偏离合规方针或违反合规义务的情况下，需要对运行进行控制。这些情况可能与所有业务情况、活动或过程（例如：生产、安装、服务、维护）或承包商、供应商或销售商有关。

控制的程度取决于几个因素，如所履行的职能的重要性或复杂性、不合规的潜在后果、相关的或可用的技术支持。

当运行控制失效时，则有必要采取措施来应对一切不期望的结果或影响。

如果组织活动中使用了第三方或外包过程，组织宜对其进行有效的尽职调查，以确保组织对合规的标准和承诺不会降低。第三方的一个例子是产品和服务的提供以及产品的分销。组织宜确保签订适当的服务水平协议（SLAs），以规定服务提供者的合规义务。

一个设计良好的外包过程宜考虑以下几点：

——启动和持续的尽职调查；

——实施适当的控制；

——进行持续的监视；

——对法律 / 合同协议的适当评审；

——考虑服务水平协议；

——使用基于本文件认证的第三方。

在与第三方订立合同时，组织宜实施控制，以确保其活动的采购、运行、业务和其他非财务方面得到适当管理。根据组织和交易的规模，组织实施的采购、运行、业务和其他非财务控制能降低合规风险。

【理解与实施要点】

本条款对组织在各业务过程上建立和执行有关的合规管控过程提出了要求，以确保控制措施有效。以下从标准条款的整体理解，对运行的策划理解，对外部提供的流程、产品或服务的合规控制策划理解三个方面进行解释和说明。

1. 整体理解

运行的策划和控制，是在组织战略层面统筹考虑和设计好合规管理体系后，从运行推进、运行控制层面，进行的全方位落实，不是让合规停留在方案里，这是理解本条款的关键。

企业合规风险的发生可能与组织内部所有业务情况、活动或过程（如生产、安装、维修、维护）有关，也可能与组织合作的外部分包商、供应商或销售商有关。这些均有相应的业务管理流程，如果缺少控制，可能会导致组织偏离合规政策，或违反合规义务，因此，需要对过程进行必要的运行控制。建立运行控制首先要确立准则，运行控制准则包括合规行为准则和业务合规管理制度。

组织采取的控制程度不同取决于几个因素，如所执行职能的重要性或复杂性、合规风险等级、不合规的潜在后果或所涉及或可用的技术支持。比如低合规风险点的业务活动，组织进行一般的、投入比较少的控制，甚至不进行实质性的控制措施，只是采取教育、提示等措施，对于超高、极高合规风险点的业务活动，组织需要采取实质性的、投入比较多的控制措施，需要投入人力、物力和财力，也是有必要的。

总体而言，运行策划的重点是要把企业适用的合规义务转化为企业生产经营活动过程中的合规行为准则和内部合规管理标准，内部合规管理标准要和合规风险的应对措施一起嵌入企业内部的业务管理流程制度，实现满足合规义务和控制合规风险。

2. 对运行的策划理解

组织的流程或岗位，作为组织活动、行为的最小单元，是合规体系运行策划的关键。比如，在企业里有销售、生产、采购、资金管理等各业务流程岗位，组织需要满足的要求，需要执行的合规风险防控措施都必须落实到具体的流程和岗位。比如下面是某一个公司预付款管理流程制度（见表 7-1）。公司管理部门需要把预付款管理业务活动需要遵循的合规义务、合规风险防控措施进行转化、制度化，并写入下表右侧的“工作记录、工作标准和工作方法”等对应的格子里，实现合规管理与业务管理的有机整合，形成具有合规管理能力的新的业务管理制度。

表 7-1　××× 公司预付款管理流程制度

流程名称	预付款管理流程	主控部门	财务资金部	流程层级	总部				流程用途描述	描述预付款管理、控制全过程
主管领导	总会	支持部门	业务部门　财务资金部　风控部　分管领导						版本：1.0	
适用范围	××× 公司所属各二级单位						依据法规规定		国家会计准则和股份公司有关制度规定	
工作目标	为了加强预付款管理，减少资金占用，加速资金周转，降低和避免预付款带来的风险或损失									
工作步骤	业务部门业务人员	二级单位财务资金部财务人员	财务资金部经理	风控部经理	分管领导	董事长	工作任务	工作记录	工作标准	工作方法
	A	B	C	D	E	F	1	2	3	4
1	申请		审核		审核	审批	提出书面预付申请	《书面预付申请》	时间：采用预付款结算方式必须在合同签约前按规定报有关领导，在合同或协议签订之前必须办理预付款项审批手续； 内容：书面申请，阐明预付理由，结算金额、预付金额、预付时间、收款单位等信息，同时，陈述启用预付款的基本理由； 审核审批：按照授权批准流程进行预付款的审核，具体程序为财务资金部经理审核，经过法务、纪检监察、合规审核，分管领导审核，董事长批准	依据：预付款必要性尽调报告； 组织形式：与财务、法务一起，完成预付必要性尽调； 最佳实践：公司应充分利用自身的资信优势，原则上尽量避免采用预付款结算方式。特殊情况确需采取预付款方式结算的，必须有企业负责人与供应商、劳务提供方或工程承包商签订的经济合同或协议等有效的法律文书方能办理。预付金额一经批准不得任意扩大。审查是否符合预付款启动最低条件，必须提供等额担保措施
2	签订合同						与供应商、劳务提供方或者工程承包商签订合同或协议	采购合同或协议	时间：预付申请批准后； 内容：在合同结算条款中注明，在交货时及时扣回。合同或协议的条款中必须对预付款项支付金额或比例、支付时间、收取的方式有明确的规定； 审核审批：经公司财务部经理、总会审核，按照授权审批	依据：预付申请、招标文件和公司合同范本； 组织形式：经过财务、法务一起形成合同或协议； 最佳实践：业务人员不得随意承诺延长合同或协议规定的期限
3	预付款计划						编制预付款计划	预付款计划	时间：合同签订次月上旬； 内容：预付款计划明确合同名称、编号、预付比例、预付金额、预付条件、收款人等； 审核审批：经公司财务部经理、总会审核，按照授权审批	依据：带预付款的合同； 组织形式：协同财务、法务一起完成； 最佳实践：查询合同是否存在预付担保约定，预付条件达到的预付款合同才纳入预付款计划

当有的业务活动合规风险高、外部监管严厉，也可以单独制定专门的合规管理指引，比如，如果公司进出口业务占比比较大，又属于出口管制合规敏感的高风险产业领域，企业可以考虑制定专门的进出口合规管理指引，不一定要与企业原有的进出口业务管理制度整合。

随着时间、空间的变化，公司外部的合规义务、内部的合规风险点的变化，之前已经做过合规管理完善的业务管理制度可能又会出现新的漏洞，或者局部失灵，则需要及时更新、补充。

3. 对外部提供的流程、产品或服务的合规控制策划理解

由于组织业务外包且不解除组织的法律责任或合规义务，因此，组织要确保第三方的流程得到控制和监视。以企业为例，产品委托销售代理、广告代理、招标代理，这些第三方将代表企业向外部相关方提供服务，代表企业向外部开展某项工作，他们产生的不合规行为，其后果将连带累及委托方企业；向企业供应原材料、服务的供应商，他们的不合规原材料、服务将引起采购方企业连带不合规行为出现，比如供应商供应不合格的原材料，会引起企业的产品不合格，这些均属于外部输入型合规风险。

如果在组织的活动中有使用第三方或外包过程，组织宜进行有效的尽职调查，以判断第三方或外包过程是否符合组织的合规标准和合规承诺，以确保其标准和合规承诺不会降低。GB/T 35770—2022 中提到一个提供产品和服务，以及产品分销的第三方例子，即分销商，组织要确保签订适当服务水平的协议，规定服务提供商的合规义务。

发生外包合作的时候，组织策划控制措施时需要考虑：

①第一次合作前的尽职调查，确保准入的合作方的合规管理符合本组织的合规标准；

②合作期间持续的尽职调查，确保已经合作的合作方的合规管理持续符合本组织的合规标准；

③对合作方合作期间进行适当的中间控制，比如进驻合作方进行产品抽检；

④对合作方合作期间进行持续监测，比如其供应的产品验收合格率、用户满意情况等；

⑤与合作方的法律 / 合同协议进行签订前的合规审查与合规条款要求约定；

⑥对服务水平协议的仔细斟酌，防止出现合规风险漏洞；

⑦使用经过 GB/T 35770 认证的第三方。

总之，在与第三方订立合同时，组织宜实行全面的输入型合规风险控制，以确保其采购、生产、商务和其他非财务方面的活动得到正确的合规管理，降低输入型合规风险发生概率。

【应用案例】

案例 7-1 展现了合规管理运行的策划与控制在合规管理中的应用。

【案例 7-1】

企业合规管理运行的策划与控制是在企业具体业务活动层面的合规运行策划与控制，主要任务是要把合规义务中明确的合规要求与合规风险应对措施嵌入业务流程管理制度。这个“嵌入过程”是“写入制度的过程”。写入业务流程管理制度的方式有两种，一是将适用的合规义务明确的合规要求和需要采取的合规风险应对措施一起写入图表式流程管理制度；二是写入文本式业务流程管理制度。

一是写入图表式业务流程管理制度。

图表式流程管理制度是在一些流程化管理水平比较高的企业使用的一种业务管理制度形式，它是由流程图和业务管理制度组成，业务人员对业务经办的工作流程和对应的管理要一目了然，便于业务管理制度的执行。图表式业务流程管理制度具体见表 7-2。这是一个公司的总部合格供应商资源管理流程制度，它将国家采购法、招标投标法及其实施条例中关于“投标人”的合规要求内容写入下面供应商管理流程对应的业务步骤右边的“过程工作要求”栏，并根据需要采取的合规风险应对措施写入下面供应商管理流程对应的业务步骤右边的“工作方法”栏里，就完成了供应商资源管理适用的国家采购法、招标投标法及其实施条例等合规义务里的合规要求和需要采取的合规风险应对措施嵌入供应商管理流程中，然后企业正式发布新的供应商资源业务流程管理制度。

二是写入文本式业务流程管理制度。

有的企业的业务流程管理制度主要是文本模式的，即文本式业务流程管理制度，具体见下面的文本式业务流程管理制度模板。企业将合规义务里的合规要求和需要采取的合规风险应对措施写入下面的制度模板“3. 管理内容 / 工作流程”中，再正式发布新的业务流程管理制度文件，执行制度文件。

表 7-2　图表式业务流程管理制度示范

流程主控部门	供应管理部	流程层次	总部	流程名称	公司集中采购合格供应商资源管理流程			流程用途描述	描述公司集中采购合格供应商管理过程	
主管领导	副总经理			支持部门	公司总部品保部 / 技术保证与研发部 / 物资部 / 法务部和各分公司物资部					
适用范围	适用于公司总部集中采购物资供应商资源管理									
工作方法综述	从公司未来三年生产经营规模发展趋势对公司集中采购合格供应商的剩余供应能力进行动态管理，流程每年循环一次									
管理目标	确保合格供应商的供应能力超过公司未来一年度的物资需求总量的 50%									
要素	分公司物资部	物资部	品质保证部 / 技术研发部 / 法务部	监察部	主管领导	公司经理	工作任务（内容）	受控记录	过程工作要求	工作方法
步骤	1	2	3	4	5	6	A	B	C	D
1	供应能力评估						针对分公司年度经营目标，对公司现有在《合格供方名册》范围的各类供应商供应能力是否能够满足分公司全年生产需求进行评估	《合格供应商供应能力评估报告》	每年年底和次年 1 月进行，1 月 10 日前形成报告，1 月 10 日至 20 日在相关部门评估和审核报公司物资部	从合格供应商剩余供应能力与分公司全年需求数据对比分析
2		供应能力评估					针对公司年度经营目标，对公司现有在《合格供方名册》范围的各类供应商供应能力是否能够满足公司全年生产需求进行评估	《合格供应商供应能力评估报告》	每年年底和次年 1 月进行，1 月 20 日前形成报告，1 月 20 日至 30 日在相关部门评估和审核	从合格供应商剩余供应能力与全年需求数据对比分析。分公司物资部配合进行
3			评估	评估	审核	审批	品质保证部、技术研发部和监察部从本部门专业角度对《合格供应商供应能力评估报告》进行评估，物资部修改后，主管领导和公司经理进行审核和审批	评估与审核、审批记录	各用 1 个工作日，2 月底形成正式报告，掌握公司年度供应商供应能力缺口	书面评估审核或者会议形式进行
4		供应商资源开发计划	通过				根据《合格供应商供应能力评估报告》，制订年度公司供应商资源发展计划	《公司年度供应商资源发展计划书》	形成公司年度供应商供应能力缺口应对方案	通过提高现有供应商供应量和增加新的供应商资源
5		供应商信息资源登记					根据年度公司供应商资源发展计划，不定期对公司需求材料市场进行供应商资源考察，掌握供应商资源信息情况，登记供应商资源信息，为引进合格供应商做信息准备，并要求区域公司物资进行供应商信息推荐	《供应商信息资源登记表》	每类型混凝土原材料在《合格供方名册》应有 5 家以上	1. 网络信息收集 2. 市场考查 3. 各区域公司推荐 4. 部门推荐
6		供应商供应能力考察					对供应商的材料质量、生产能力、质量保证能力、材料来源、进货渠道、商业信誉、原材料样品检验结果、材料价格、供货保证能力、售后服务等进行考察，对剩余供应能力进行考察	《供应商供应能力考察表》	经过供应能力考察，分析辨别出符合公司要求的供应商	到供应商所在地进行现场考察

×××公司文本式业务流程管理制度模板

（适用于规定、办法、细则、指引、规程类制度编写）

1. 总则

1.1 目的与依据（必选）

（注：制定此制度的目的及此制度依据的相关制度、法律法规等。）

1.2 适用范围（必选）

（注：此制度适用的范围）

1.3 管理原则（非必选）

（注：主要描述的是在这一管理制度主题下，遵循的管理思路。例如，制度管理应遵循统筹管理、标准化管理、分类管理、分层级管理等原则。）

1.4 主要应对风险（非必选）

（注：此制度所针对防范的可能存在或潜在风险点有哪些。）

1.5 制度使用术语与定义（非必选）

（注：此制度中所约束的工作事项中涉及的专业术语的定义。）

1.6 业务管理考核目标（必选）

（注：考核此制度中所约束的工作事项绩效，尽量可量化、测量。）

2. 职责分工（必选）

（注：与此制度相关的部门及这些相关部门在此制度中约定承担的职责描述。）

2.1

2.2

2.3

3. 管理内容/工作流程（必选）

（描述完成工作内容的标准、流程和行为规范等。语言组织方法为：按照1+6流程图上的流程步骤逐条列出“步骤名称”。管理内容：责任岗位+工作任务+工作记录+工作标准+工作方法。）

3.1

3.2

3.3

4. 监督与检查

4.1　监督检查内容（列出流程中的工作任务清单）

4.2　监督检查方法（对应 1+6 流程图中的“监督检查”步骤的“工作任务 + 工作记录 + 工作标准 + 工作方法”或引见公司专门的监督检查流程）

4.3　激励与约束措施（引见《企业组织绩效考核管理流程》《员工绩效考核管理流程》和党员按照党纪处分相关规定进行处理。）

5. 附则

5.1　本制度对应流程（列出该制度对应流程名称，若无，则省略）

5.2　与本办法衔接的制度（列举与该制度衔接的其他流程、制度名称，若无衔接流程、制度名称，则省略）

5.3　本办法授权 ×× 部负责解释。

（注：针对制度执行中产生的异议给予解释的部门，一般为制度中约束事项的主管部门。）

5.4　本办法自　　年　月　日起实施，对应 ×× 制度停止执行。

（注：制度的生效期，及制度生效后同时停止执行的制度；制度如果涉及保密，根据保密规定执行。）

6. 附件

6.1　业务运行工作记录模板

6.1.1

6.2　业务执行结果信息统计报告模板

6.2.1

第二节　确立控制和程序

建立了完善的业务合规管理制度，需要推进执行，并需要确保有效执行，为此，合规管理部门需要定期制定和实施合规控制程序，并且评价控制效果，确保组织对遵守合规义务的管控和合规风险的控制，实现组织的合规管理制度执行和达到控制效果。本节对如何建立控制和程序展开介绍。

【标准条款】

8.2 确立控制和程序

组织应实施控制以管理其合规义务和相关合规风险。应对这些控制进行维护、定期评审和测试，以确保其持续有效。

注：测试控制是指实施经过设计的活动以检验控制是否按照既定目的运行，或者不能被规避，或者切实有效地降低风险的后果或可能性。

A.8.2 确立控制和程序

组织需要有效的控制，以确保组织的合规义务得以履行，不合规得以防止、发现和纠正。控制的设计宜足够严格，以促进在特定的组织活动和运行环境中实现合规义务。在可能的情况下，这种控制宜嵌入到组织的正常过程之中。

控制包括：

——清晰、实用且易于遵守的文件化运行方针、过程、程序和工作指示；

——系统和例外报告；

——批准；

——分离不相容的岗位和职责；

——自动化过程；

——年度合规计划；

——人员绩效计划；

——合规评估和审核；

——证实的管理层承诺和模范行为，以及其他促进合规行为的措施；

——就员工的预期行为（标准、价值观、行为准则）进行积极、公开和频繁的沟通。

在开发支持合规管理的程序时，宜考虑：

——将合规义务纳入程序，包括计算机系统、表格、报告系统、合同和其他法律文件；

——与组织中其他评审和控制职能的一致性；

——持续监视和测量；

——评估和报告（包括管理监督），以确保雇员遵守程序；

——识别、报告和上报针对不合规的情况与不合规的风险的具体安排。

【理解与实施要点】

本条款对组织建立合规控制程序，并维护、评审、测试以确保这些合规控制程序持续有效提出了要求。以下主要从控制的表现形式、与组织现有管理体系融合、对测试控制措施的理解三个方面进行解释和说明。

1. 控制的表现形式

根据合规风险点的风险等级，组织可以实施不同的控制措施。常见的控制措施包括：

——清晰、实用且易于遵守的文件化运行方针、过程、程序和工作指示；

——系统和例外报告；

——批准；

——分离不相容的岗位和职责；

——自动化过程；

——年度合规计划；

——人员绩效计划；

——合规评估和审核；

——证实的管理层承诺和模范行为，以及其他促进合规行为的措施；

——就员工的预期行为（标准、价值观、行为准则）进行积极、公开和频繁的沟通；

——将合规义务纳入程序，包括计算机系统、表格、报告系统、合同和其他法律文件；

——与组织中其他评审和控制职能的一致性；

——持续监视和测量；

——评估和报告（包括管理监督），以确保雇员遵守程序；

——识别、报告和上报针对不合规的情况与不合规的风险的具体安排。

2. 与组织现有管理体系融合

GB/T 35770—2022 明确要求有效的控制措施在确保组织履行合规义务，并能够防止、发现和纠正不合规的前提下，在可行情况下，宜嵌入组织正常的流程中，与组织现有的管理体系融合。这表明：标准并不主张另起炉灶，单独建立合规管理体系，而是针对合规风险防控和满足合规义务需要，堵漏补缺，在组织现有的管理体系基础上进行规范优化，这是处理合规控制措施与组织现有管理体系之间的关系的关键。

3. 对测试控制措施的理解

测试控制是指实施经过设计的活动以检验控制是否按照既定目的运行，或者不能被规避，或者切实有效地降低风险的后果或可能性。企业可以理解为“压力测试”，为了检验合规运行的各控制措施效果怎么样，可以设计压力测试方法，以最坏的合规风险发生场景假设，来测试合规运行控制措施是否具有预期的风险控制效果。

【应用案例】

案例 7-2 是组织针对合规管理体系建立控制手段与程序的实践做法。

【案例 7-2】

在企业合规管理实践中，有些企业的合规人员逐渐探索出了各种方式的合规控制手段与程序。

1. 合规咨询

合规咨询一般发生在业务事项办理之前、过程中，员工存在合规疑惑、合规担忧、合规知识缺乏、进入新环境、新岗位等情形时，必须向合规部进行详细的合规咨询。以下是需要进行合规咨询的具体情形。

①员工新入职；

②员工调新岗位；

③员工岗位增加新的业务职责事项；

④分管领导临时指派新的工作任务；

⑤业务活动开展进入新市场区域；

⑥同行业企业发生合规事件时；

⑦策划某项业务活动方案时；

⑧执行某项业务活动前或过程中，存在合规疑惑时；

⑨其他存在合规疑问、担忧的情形。

2. 合规审查

（1）在合规义务检索、合规风险评估发现存在以下情形的，必须经过合规部的合规审查

①存在刑事合规风险的业务活动事项；

②存在民商事合规风险的业务活动事项；

③存在行政合规风险并且风险级别较高的业务活动事项；

④存在商业道德伦理合规风险并且风险级别较高的业务活动事项。

（2）以下具体环节，实施前有必要经过合规专员的合规审查

①公司内部制度制定环节；

②各种方案策划环节；

③产品研发与设计环节；

④生产经营决策环节；

⑤合同签订环节；

⑥紧急事发时的应急对策环节；

⑦对外公开沟通交流环节；

⑧对外出具函件、文书环节。

3. 合规风险预警情形

以下情形出现时，合规部应及时向责任岗位发送合规风险预警，可以用微信、手机短信、电子邮件、Word 文档、正式文件等记录证据方式进行。

①公司适用的某个合规义务发生调整变化；

②公司某个业务活动、产品、服务方面新发布了的合规义务；

③公司增加了新业务领域；

④某岗位增加的新业务活动事项可能涉及刑事、民事、行政合规风险。

4. 合规风险警报事项

在合规义务检索、合规风险评估发现存在以下情形的，都需要设置合规风险预警阈值，并单独列出需要进行合规风险预警的事项清单。

①存在刑事合规风险的业务活动事项；

②存在民商事合规风险的业务活动事项；

③存在行政合规风险并且风险级别较高的业务活动事项。

符合以上情形的业务活动事项在执行过程中，出现违反公司内部制度 1 次时，即触发“合规风险警报”，将停止业务的进行，必须由合规专员进行“是否存在合规问题发生”调查核实，核实合规后才可以继续进行。

5. 合规公示

以下情形的业务活动事项涉及合规的执行情况应每季度在公司指定的位置进行合

规公示。

①合规风险高的业务活动；

②可能涉及刑事、民事、行政合规风险的业务活动。

6. 合规检查

合规部对业务部门的合规管理情况进行检查，根据业务活动合规风险级别不同，检查次数和覆盖面不同。

①合规风险级别为超高的业务活动，合规管理情况检查要100%覆盖，每年检查4次，一个季度一次；

②合规风险级别为高的业务活动，合规管理情况检查的覆盖率要不低于50%，每年根据业务台账抽样检查两次，半年一次；

③中、低合规风险级别的业务活动，合规管理情况检查的覆盖率要不低于20%，每年根据业务台账抽样检查1次，时间不定期。

根据需要，检查可以是监督检查方式，也可以是审计检查方式。监督检查方式包括不定期飞行监督检查、定期专项监督；审计检查方式包括离岗责任审计、不定期突击审计、定期专项审计、(全程）跟踪审计。

7. 定期强制轮岗

人力部门应要求以下业务活动事项的岗位，每两年轮岗1次。

①合规风险高的业务活动；

②可能涉及刑事合规风险的业务活动。

8. 利益冲突管理

公司实施利益冲突回避管理。凡是本人办理业务活动过程中，遇到有关的利益相关方，如遇到本人的家人、亲戚、朋友、同学、老师、战友等亲密人员，或他们控制的法人，或代表的法人，本人应该主动向公司合规专员书面报告，申请利益冲突回避。

9. 岗位合规自查与自报告

根据本人所签署的合规承诺、岗位职责说明中需要遵守的合规义务，在岗人员定期（比如每半年一次）进行合规义务自我执行情况、合规目标实现情况的自查并向公司合规专员报告。

第三节　提出疑虑

组织建立合规疑虑报告过程，维护一个覆盖全组织范围的合规疑虑报告体系，有利于组织持续合规和及时发现合规偏离，及时纠正、阻止、减损。本节从对合规疑虑报告过程的目的、合规疑虑报告过程的要求等方面来展开介绍。

【标准条款】

> **8.3　提出疑虑**
>
> 组织应确立、实施并维护一个报告过程，以鼓励和促进（在有合理理由相信信息真实的情况下）报告试图、涉嫌或实际存在的违反合规方针或合规义务的行为。
>
> 该过程应：
>
> ——在整个组织内可见并可访问；
>
> ——对报告保密；
>
> ——接受匿名报告；
>
> ——保护报告者免于遭受打击报复；
>
> ——便于人员获得建议。
>
> 组织应确保所有人员了解报告程序、了解其自身的权利和保障机制，并能运用相关程序。

> **A.8.3　提出疑虑**
>
> 适宜时，宜上报至最高管理者和治理机构，包括相关委员会。
>
> 即使当地法规未作要求，组织也宜考虑开发匿名或保密的举报人机制，以便组织的员工和代理方能报告不合规或寻求关于不合规的指导，而不必担心遭到报复。
>
> 有关举报管理体系的更多指导，见 ISO 37002。

【理解与实施要点】

本条款对组织内部建立合规疑虑报告过程提出了要求。合规疑虑报告作用的发挥关键在于有合理的报告管理流程和形成合规疑虑报告的环境。以下从建立合规疑虑报告过程的目的、合规疑虑报告的范围、合规疑虑报告的管理过程、合规疑虑报告的环境四个方面展开介绍。

1. 建立合规疑虑报告过程的目的

为了推进组织合规管理体系的运行，发挥合规管理的有效作用，在组织内部建立一个广泛的，覆盖组织全员、利益相关方的合规偏离发现与纠正机制是非常有必要的。通过建立规范的合规疑虑、问题报告（举报）流程和渠道，建立组织人员愿意报告、报告合规问题、提出合规疑虑的鼓励环境，有助于达到及时发现合规偏离、及时纠正的目的。

2. 合规疑虑报告的范围

以下情形属于鼓励提出合规疑虑报告的范围：

一是当发现有人企图以不合规的方案、行为预案、计划去行事时，发现的人员可以报告；

二是怀疑工作方案、行为预案、计划，或工作行为是不合规的，发现的人员可以举报；

三是实际已经发生违反合规方针或合规义务的行为，发现的人员可以举报。

3. 合规疑虑报告的管理过程

合规疑虑报告的管理过程从制度建设的角度，要确保合规疑虑报告的全覆盖和有效运行。为此，需要满足以下条件。

一是组织全员可见可用其建立的合规疑虑报告渠道；

二是对合规疑虑报告的处理必须是保密进行的；

三是报告者可以不署名，采取匿名报告；

四是当事人员、责任人员能够及时收到建议，以方便其及时纠正；

五是合规疑虑报告管理过程、报告人的权利、保护措施等，要在组织全员中公布和了解熟悉；

六是在适当情况下，可以向最高管理层和治理机构（包括相关委员会）直接上报，不会被中间环节的程序截留举报内容。

4. 合规疑虑报告的环境

组织内部需要建立良好的合规疑虑报告环境，这样的环境使组织人员愿意报告。通常，需要营造以下环境：

一是合规举报的报告处理必须是保密进行的；

二是必须保护举报人员免受任何报复，不会因为举报而影响其任何利益，不必去担心是否会受到打击报复；

三是举报者可以匿名，以保护自己。

【应用案例】

案例 7-3 展现了举报机制在实践中的应用。

【案例 7-3】

微软举报机制的设置

微软公司非常重视公司内部举报制度，认为公司对建立和维护信任、道德和诚信文化的承诺，取决于员工是否知道或关注公司商业行为标准、政策或法律的遵守情况，并能在公司内部举报。微软公司禁止因任何举报行为导致的打击报复。微软提供电邮、传真、热线、邮政快递、专门的门户网站，以及向自己所在部门的经理、任何部门的经理、人力资源部门、财务部门、法律合规部门等方式报告个人疑虑。微软公司要求接收到一个关切的问题时，通过以下步骤以确保该报告将得到认真、公平和及时的处理。

①消除干扰，认真倾听。感谢对方的发言——记住他们刚刚做了一件困难的事情，对公司非常重要。

②尊重地回应，认真对待每一个问题，即使你不同意。表明你致力于解决这个问题。

③采取措施保护当事人的机密——避免与你团队中的其他人讨论你们的谈话内容。

微软公司对上述举报机制设置有专门的流程，所有收到的举报信息都必须及时上报全球统一的合规部门记录处理，根据疑虑或举报问题的性质进行分类，以便公司依据一定标准开展后续调查或采取其他跟进措施。

第四节　调查过程

组织建立合规疑虑报告调查管理过程，是对违规者予以追责，推进敬畏规则，遵循规则的工作手段，是合规管理措施起控制效果的关键。本节主要围绕合规疑虑报告的调查过程及要求展开介绍。

【标准条款】

8.4　调查过程

组织应开发、确立、实施并维护过程，以评估、评价、调查有关涉嫌或实际的不合规情形的报告，并做出结论。这些过程应确保能公平、公正地做出决定。

调查过程应由具备相应能力的人员独立进行，且避免利益冲突。

组织应视情况利用调查结果改进合规管理体系（见第 10 章）。

组织应定期向治理机构或最高管理者报告调查的次数和结果。

组织应保留有关调查的文件化信息。

A.8.4 调查过程

有效的合规管理体系的一个特点是具有功能良好的机制，以便及时、彻底地调查对本组织、其人员或有关第三方不当行为的任何指控或怀疑。这包括组织的响应文件、采取的一切处分或补救措施，以及结合经验教训对合规管理体系的修订。

有效的调查机制能确认不当行为的根源、合规管理体系的漏洞和责任缺失的原因，包括管理者、最高管理者和治理机构之间的责任缺失。缜密的根源分析涉及不合规的程度和普遍性，牵涉的人员的数量和水平，以及严重性、持续时间和频率。

组织宜确保调查是公正和独立的。适当时，组织宜考虑创建独立的委员会来监督调查，并保证调查的完整性和独立性。

组织宜确立关于调查的报告机制，包括报告调查结果的级别。

注：法律有时要求组织报告不合规。在这种情况下，监管机构根据适用的法规或其他商定的方式被告知。

即使法律不要求组织报告不合规，组织也能考虑主动向监管机构披露不合规，以减轻不合规的后果。

【理解与实施要点】

本条款对组织内部建立调查过程和执行调查过程的人员能力等提出了要求。以下从调查过程的目的、调查过程的要求、调查报告、调查结果及其应用四个方面进行解释和说明。

1. 调查过程的目的

为了及时对合规疑虑报告进行公正公平的调查，对违规者予以追责，使合规管理措施“令行禁止”，实现控制效果，组织需要建立调查过程。通过实施公正公平的调查流程，客观、公正地调查合规举报内容，实现违者必究。

2. 调查过程的要求

有效的合规管理体系的特点是要有一个良好的调查追责机制，及时、彻底地调查组织、其人员或相关第三方的不合规行为。为此，组织的调查过程需要满足以下条件。

一是调查过程能够确保公正、公平做出启动调查的决策。在决定对合规调查的处理意见时，应该保持客观中立。

二是一视同仁的调查。调查对象覆盖组织管理人员、最高管理者和治理机构，一旦收到合规疑虑，均要对其进行调查。

三是调查过程要独立进行，这个独立是指不受任何其他相关方的干扰。

四是合规疑虑报告的调查内容与调查经办人员没有任何利益冲突，要有主动的利益冲突报告和回避制度。

五是各组织要主动为确保调查的公正和独立提供保障。在适当时，可以考虑设立独立的合规调查委员会来监督调查，确保其合规调查工作的完整性和独立性。

3. 调查报告

合规调查结果对组织治理机构和最高管理者进行决策、推进合规管理体系改进非常重要。为此，建议组织：一是宜建立调查报告制度，明确调查内容的上报级别、上报路径和报告人、报告内容等；二是建立主动报告不合规情况的机制。即使法律不要求组织报告不合规情况，组织也可以考虑自愿向监管机构自我披露不合规情况，以减轻不合规行为的后果，以争取“合规不起诉”机会；三是组织要定期向治理机构或最高管理者报告调查的数量和结果。

4. 调查结果及其应用

对合规疑虑的调查不是一般层面的调查，需要从有利于组织合规管理体系改进的角度去开展和形成调查结论。

一是调查发生不合规的原因原理。一个有效的调查机制能够查明不当行为的根本原因，以及合规管理体系的缺陷。

二是从组织整体层面，统计分析不合规发生的特点。统计分析的内容包括但不限于不合规的范围、牵涉责任人员的数量和管理层级，以及不合规的后果严重性、不合规持续时间和发生频率等。

三是组织要利用好合规调查结果，根据需要来改进合规管理体系。

【应用案例】

案例 7-4 展现了调查机制在实践中应用的成果。

【案例 7-4】

关于调查管理的制度设计，见《×× 公司合规调查管理办法》(删减版)。

××公司合规调查管理办法

合规举报问题线索处置

第一条 合规调查主责部门应当加强对合规举报问题线索的集中管理、分类处置、定期清理。

第二条 合规调查主责部门应当结合合规举报问题线索所涉及地区、部门、单位总体情况，综合分析，按照谈话函询、初步核实、暂存待查、予以了结四类方式进行处置。

线索处置不得拖延和积压，处置意见应当在收到问题线索之日起1个月内提出，并制订处置方案，履行审批手续。

第三条 合规调查主责部门对反映同级党委委员、单位主要负责人的合规举报问题线索和线索处置情况，应当及时向上级举报管理主责部门报告。

第四条 合规调查主责部门对合规举报问题线索实行集中管理、动态更新、定期汇总核对，提出分办意见，报举报管理主责部门主要负责人批准，按程序移送承办部门。承办部门应当指定专人负责管理问题线索，逐件编号登记、建立管理台账。线索管理处置各环节应当由经手人员签名，全程登记备查。

调查方式——谈话函询管理

第一条 合规调查主责部门应当经常拿起批评和自我批评的武器，及时开展谈话提醒、约谈函询，促使党员、干部、公司员工，以及监督对象增强党的观念、纪律意识和规则遵循意识。

第二条 合规调查主责部门采取谈话函询方式处置问题线索，应当起草谈话函询报批请示，拟订谈话方案和相关工作预案，按程序报批。需要谈话函询下一级党委（党组）主要负责人的，应当报举报管理主责部门主要负责人批准，必要时向同级党委主要负责人报告。

第三条 谈话应当由合规调查主责部门相关负责人或者承办部门负责人进行，可以由被谈话人所在党委（党组）、合规调查有关负责人陪同；经批准也可以委托被谈话人所在党委（党组）主要负责人进行。

调查方式——初步核实

第一条 合规调查主责部门应当对具有可查性的涉嫌违纪或者职务违法、职务犯罪问题线索，扎实开展初步核实工作，收集客观性证据，确保真实性和准确性。

第二条 合规调查主责部门采取初步核实的方式处置问题线索，应当制订工作方案，成立核查组，履行审批程序。被核查人为下一级党委（党组）主要负责人的，合规调查主责部门应当报同级党委、公司主要负责人批准。

合规调查方式——审查调查

第一条　公司治理机构（党委会、董事会）应当按照管理权限，加强对党员、干部，以及监督对象、公司员工涉嫌严重违纪或者职务违法、职务犯罪问题的审查调查处置工作，定期听取重大案件情况报告，加强反腐败协调机构的机制建设，坚定不移、精准有序惩治腐败。

第二条　合规调查主责部门经过初步核实，对党员、干部，以及监督对象涉嫌违纪或者职务违法、职务犯罪，需要追究纪律或者法律责任的，应当立案审查调查。

凡报请批准立案的，应当已经掌握部分违纪或者职务违法、职务犯罪事实和证据，具备进行审查调查的条件。

第三条　对符合立案条件的，承办部门应当起草立案审查调查呈批报告，经合规调查主责部门主要负责人审批，报同级党委主要负责人批准，予以立案审查调查。

立案审查调查决定应当向被审查调查人宣布，并向被审查调查人所在党委（党组）主要负责人通报。

合规调查方式——审理

第一条　举报管理主责部门应当对涉嫌违纪或者违法、犯罪案件严格依规依纪依法审核把关，提出纪律处理或者处分的意见，做到事实清楚、证据确凿、定性准确、处理恰当、手续完备、程序合规。

纪律处理或者处分必须坚持民主集中制原则，集体讨论决定，不允许任何个人或者少数人决定和批准。

第二条　坚持审查调查与审理相分离的原则，审查调查人员不得参与审理。针对涉嫌违纪或者职务违法、职务犯罪问题，举报管理主责部门、案件审理部门依照规定对应当给予纪律处理或者处分的案件和复议复查案件进行审核处理。

坚持复议复查与审查审理分离，原案审查、审理人员不得参与复议复查。

复议复查工作应当在3个月内办结。

第八章

绩效评价

GB/T 35770—2022 从监视、测量、分析和评价，内部审核和管理评审三个方面，对合规管理体系绩效进行评价做出了规定。绩效评价对于组织发现合规管理体系的实际运行情况、运行效果与策划之间的差距、改进合规管理体系等具有重要意义。本章对如何开展合规管理体系监视、测量、分析和评价，内部审核，管理评审做出解释和说明，并给出应用案例，为相关方更好地理解和应用标准提供参考。

第一节　监视、测量、分析和评价

监视、测量、分析和评价是组织日常收集信息以判断合规管理体系整体、某个过程或者某项活动的实际运行情况，对运行情况进行定性或者定量的测量，识别运行情况和运行效果与合规目标之间是否存在差距，并分析产生差距的原因的过程。根据监视、测量和分析的结果，组织可以评价合规管理体系是否达到了预期的效果。本节对组织如何开展合规管理体系的监视、测量、分析和评价进行介绍，为读者理解开展绩效评价的必要性，规划绩效评价的工作步骤，掌握在绩效评价中进行信息收集、测量和分析的具体方法提供参考。

一、通用要求

【标准条款】

9.1.1　通则

组织应对合规管理体系进行监视，以确保实现合规目标。

组织应确定：
——需要监视和测量什么；
——适用的监视、测量、分析和评价的方法，以确保有效的结果；
——何时实施监视和测量；
——何时对监视和测量的结果进行分析和评价。
文件化信息应作为结果证据可获取。
组织应评价合规绩效和合规管理体系的有效性。

A.9.1.1　通则

监视是为了评估合规管理体系的有效性和组织的合规绩效而收集信息的过程。
合规管理体系的监视通常包括：
——培训的有效性；
——控制的有效性（例如通过抽样测试的结果）；
——有效分配履行合规义务的职责；
——合规义务的时效性；
——解决先前识别的合规缺陷的有效性；
——未按计划进行内部合规检查的情况；
——针对合规风险对业务战略进行评审，以便适当更新。
合规绩效监视通常包括：
——不合规和“近乎不合规”（即未造成负面影响的事件）；
——未履行合规义务的情况；
——未实现目标的情况；
——合规文化现状；
——确立领先的和滞后的指标。

【理解与实施要点】

本条款对组织开展合规管理体系的日常监视、测量、分析和评价规定了通用要求。以下从监视的目的、监视的对象与机制、监视的内容、测量的方法、文件化信息的保留等方面进行解释和说明。

1. 监视的目的

监视的目的是确保实现组织的合规目标。监视是为了评估合规管理体系的有效性和组织的合规绩效而收集信息的过程。通过监视，组织可以发现合规管理体系的实际运行情况和运行效果与目标之间是否存在差距。需要注意的是，存在差距并不意味着组织合规管理失败，但是如果组织未能及时发现差距并采取纠正措施，那么可能导致差距逐渐扩大，直至合规管理严重偏离目标。

2. 监视的对象与机制

在开展监视、测量、分析和评价之前，组织需要确定监视和测量的对象，适用的监视、测量、分析和评价的方法，什么时候实施监视和测量，什么时候对监视和测量的结果进行分析和评价。通常，监视和测量的对象是组织的合规绩效和合规管理体系的有效性。

3. 监视的内容

监视对象不同，监视的内容也不同。

（1）对合规管理体系有效性进行的监视

①是否拟定了培训计划，培训内容是否符合合规方针，培训内容与培训对象的需求是否匹配，培训方式与培训内容是否相适应，培训方式是否容易被培训对象接受，培训是否达成预期效果；

②控制措施是否得到执行，控制证据是否保留，控制中发现的问题是否及时纠正；

③组织各机构和人员是否了解自己的合规职责，是否采取实际的行动保证合规义务得到履行；

④是否跟踪了合规义务的变化情况，当合规义务发生变化时是否及时做出响应；

⑤已经识别的合规管理缺陷是否得到及时弥补；

⑥是否按照计划开展合规检查，在检查中发现的不合格项是否及时纠正；

⑦是否评估合规风险对业务战略的影响，是否及时调整受到影响的业务战略。

（2）对合规绩效进行的监视

①是否发生合规风险事件或者发生未造成负面影响的违规事件，这些事件是被系统性发现的还是偶然发现的，这些事件如何处理的；

②是否存在合规义务未履行的情况，原因是什么，可能造成什么后果；

③哪些合规目标未能达成，原因是什么，可能造成什么后果；

④组织如何评价合规文化状况，组织成员是否认同合规文化，组织采取哪些措施提升合规文化；

⑤风险指标的使用情况，包括是否根据风险指标对合规管理的实际效果和发展趋势做出判断。

4. 测量的方法

测量的方法包括直接测量和间接测量。直接测量适用于能够直接观测到的指标，例如，合规培训的覆盖率、发生不合规事件的数量、专职合规团队的人数等。间接测量适用于难以定性或者定量测量的指标。例如，记录管理层就合规管理进行沟通宣传活动的次数和时长固然有一定的参考价值，但单纯依据这些记录判断管理层是否为合规管理奠定了高层基调可能助长形式主义，因此需要采用更有效的方法测量受众对沟通宣传内容的接受程度。

5. 文件化信息的保留

组织需要保留监视、测量、分析和评价的文件化信息，一方面，可以作为证明符合性的证据，另一方面，可以作为监管机构或第三方在评价组织是否进行了有效的合规管理时的参考。这些文件化信息包括但不限于在合规绩效和合规管理体系有效性评价中收集到的各类信息和处理这些信息的记录。

二、合规绩效的反馈来源

【标准条款】

9.1.2　合规绩效的反馈来源

组织应确立、实施、评价和维护能够使其从多种渠道寻求并获取合规绩效反馈的过程。组织应对信息进行分析和严格评估，以确认不合规的根本原因，确保采取适当的措施，并在 4.6 要求的定期风险评估中反映上述信息。

A.9.1.2　合规绩效的反馈来源

来源包括：

——人员（例如：通过举报工具、求助热线、反馈、意见箱）；

——顾客（例如：通过投诉处理系统）；

——第三方；

——供应商；

——承包商；

——监管机构；

——过程控制日志和活动记录（包括电子版和纸质版）。

合规绩效反馈包括：

——合规问题；

——不合规和合规疑虑；

——新出现的合规问题；

——持续的监管和组织的变更；

——对合规有效性和绩效的评论。

收集信息的方法多种多样。下面列出的每种方法都与其情况相关，宜注意选择适合组织规模、范围、性质和复杂性的工具。

信息收集包括：

——出现或识别出不合规的特别报告；

——通过热线、投诉和其他反馈渠道（包括举报）获得的信息；

——非正式讨论、研讨会和分组座谈会；

——抽样和诚信试验，如神秘购物；

——感知调查的结果；

——直接观察、正式访谈、设施巡察和检查；

——审核和评审；

——相关方质询、培训需要和培训期间的反馈（特别是员工的反馈）。

宜开发信息的分类、存储和检索系统。

信息管理系统宜同时收集问题和投诉，并允许对与合规有关的问题和投诉进行分类和分析。分析宜结合系统性和重复性的问题，以便纠正或改进，因为这些可能会给组织带来更难识别且重大的合规风险。

信息分类类目包括：

——来源；

——部门；

——不合规描述；

——义务类别；

——指标；

——严重性；

——实际或潜在影响。

【理解与实施要点】

本条款对组织在合规绩效评价中收集反馈信息、对信息进行分析和严格评估做出了规定。以下从合规绩效反馈信息获取过程、信息反馈来源、信息收集方法、信息的汇总整理、信息的分类和标识、信息分析的结果等方面进行介绍。

1. 合规绩效反馈信息获取过程

从合规绩效反馈信息获取过程上，为了进行合规绩效评价，组织需要确立收集合规绩效反馈信息的过程，并按照该过程收集反馈信息、对收集到的信息进行汇总整理和保存，根据情况对该过程进行评价和维护。

2. 信息反馈来源

从信息反馈来源上，组织确立的收集合规绩效反馈信息的过程，要避免过度依赖单一的信息反馈来源。常见的信息来源主要有以下四个。

①个人。组织可以通过举报渠道、求助热线、意见箱收集信息，或者直接向内部和外部人员收集信息。

②顾客。组织可以通过投诉处理系统收集信息。投诉处理系统收集到的部分信息可能与合规管理有关，因此需要提取这些信息。某些表面与合规管理关联性不高的投诉案件，在深度调查中也可能发现涉及合规的问题。

③供应商、承包商等商业伙伴。商业伙伴可能注意到组织在合规管理中取得的成绩和存在的问题，组织可以向他们征集意见。

④在企业经营管理中生成的过程记录。

3. 信息收集方法

从信息收集方法上，组织可以采用多种方法收集信息，每种方法有其适用的场景。方法的适用性取决于组织的规模、范围、性质和复杂程度。常见的信息收集方法包括：

①当发生不合规事件时，得到报告；

②通过求助热线、投诉、举报等反馈渠道主动收集信息；

③通过非正式讨论、研讨会和座谈会等方式征集参与方的意见；

④通过抽样检查和主动测试，在真实的业务场景中查找问题；

⑤通过问卷调查，了解相关人员的看法；

⑥通过直接观察、正式访谈、现场参观和检查，查找和发现问题；

⑦通过审核和评审，系统性地收集信息；

⑧通过各种方法，收集相关方提出的问题、培训需求和培训期间的反馈，尤其是

来自员工的问题、请求和反馈。

4. 信息的汇总整理

从信息的汇总整理上，组织可以建立对信息进行分类、存储和检索的信息管理系统，以便于全面收集信息并进行分析。对于收集来的信息，组织需要首先对其真实性、准确性和完整性进行分析。针对确认属实的信息，进一步判断所涉及问题的性质，与本组织的关联程度，对组织的现实影响和潜在影响，涉及的组织内部和外部相关方，是否为反复发生的问题等。在分析时，系统性和反复发生的问题是分析工作的重点，这些问题可能给组织造成显著的合规风险，而且通常更难以被识别。

5. 信息的分类和标识

从信息的分类和标识上，信息分类的类目包括来源、相关的内部部门、不合规的类别、相关的合规义务类别、适用的风险监测指标、严重程度、实际发生的或者可能造成的影响。

6. 信息分析的结果

从信息分析的结果上，通过对信息的分析，可以发现以下问题：

①组织合规管理中存在的问题；

②不合规事件和合规疑虑；

③合规管理中新出现的问题；

④监管环境和组织内部发生的变化；

⑤他人就本组织合规绩效和合规管理体系有效性的看法。

三、指标的开发

【标准条款】

9.1.3 指标的开发

组织应开发、实施和维护一套适当的指标，以帮助组织评价其合规目标的实现情况并评估合规绩效。

A.9.1.3 指标的制定

这一过程宜体现合规风险的评估结果，以确保各指标与组织合规风险特征具有相关性。合规绩效是什么和如何测量的问题在某些方面可能具有挑战性，但仍是证实合规管理体系有效性的重要部分。此外，所需的指标将随着组织的成熟程度，实施新的和修订的方案的时间和程度而变化。

> 指标包括：
>
> ——经过有效培训的员工比例；
>
> ——监管机构介入的频率；
>
> ——反馈机制的使用（包括用户对那些机制价值的评论）。
>
> 反应性指标包括：
>
> ——按类型、区域和频率报告的已识别的问题和不合规；
>
> ——不合规的后果，包括对经济补偿、罚款和其他处罚、补救成本、声誉或员工时间成本影响的估价；
>
> ——报告和采取纠正措施所花费的时间。
>
> 预测性指标包括：
>
> ——以随着时间推移目标的潜在损失 / 收益（收入、健康和安全、声誉等）测量的不合规的风险；
>
> ——不合规趋势（基于过去趋势的预期合规率）。

【理解与实施要点】

本条款对开发、实施和维护那些用于评价组织合规目标的实现情况、合规绩效的指标做出了规定。通常可以从以下方面来理解。

第一，组织需要开发、维护和实施一套评价合规目标实现情况、合规绩效的指标，并且明确指标的内容、测量维度和测量方法。

第二，评价指标需要与组织的合规管理体系相匹配，评价结果需要能够真实反映组织管理合规风险的效果。在编制过程中，组织可以借鉴通用的或者其他组织采用的评价指标，但是更重要的是考虑本组织合规风险评估的结果，以保证评价指标对企业是适用的。在合规管理体系建设的初期，这些指标可能不够完善，需要按照实际适用的情况及时调整。随着合规管理工作的深化，以及新的管理活动的实施和调整，评价指标也需要进行相应调整。

（1）常用的评价指标

①培训覆盖率指标，例如，全体员工完成行为准则培训的情况，或者特定岗位员工接受专项合规培训的情况；

②监管机构干预指标，例如，组织被监管机构调查、警告或受到监管处罚的数量，以及所涉及问题的类型和严重程度；

③反馈机制的使用指标，例如，求助热线的使用情况。

（2）常用的反应性指标即事后指标

①实际发现的合规管理中的问题，或者实际发生的不合规事件；

②不合规事件已经造成和可能造成的后果，包括经济性后果和非经济性后果；

③为了报告不合规事件和采取纠正措施所耗费的时间。

（3）常用的预测性指标

①如果发生不合规事件可能给组织带来的损失或收益；

②根据过往发展趋势判断未来发生不合规事件的可能性。

四、合规报告

【标准条款】

9.1.4 合规报告

组织应确立、实施和维护合规报告的过程，以确保：

a）界定适当的报告准则；

b）确立定期报告的时间表；

c）实施非常规报告机制以便于临时报告；

d）实施保证信息准确性和完整性的机制和过程；

e）向组织中合适的职能或板块提供准确和完整的信息，以便及时采取预防、纠正和补救措施。

合规团队向治理机构或最高管理者提交的任何报告内容均应受到充分保护，以防止被修改。

A.9.1.4 合规报告

尽管报告系统性和反复出现的问题非常重要，但是如果一次性不合规是重大或故意为之的，也能够予以同等重视。即使一个小缺陷，也能表明当前过程和合规管理体系存在严重不足。如果不及时报告，则可能造成人们认为缺陷不重要并可能导致此类缺陷成为系统性问题。

合规报告宜包括：

——组织按要求向任何监管机构通报的任何事项；

——合规义务变更及其对组织的影响，以及为了履行新义务，拟采取的措施方案；

——对合规绩效的测量，包括不合规和持续改进；

——可能的不合规的数量和详细内容，以及随后对它们的分析；

——采取的纠正措施；

——合规管理体系的有效性、业绩和趋势的信息；

——与监管机构的接触和关系进展；

——审核和监视活动的结果；

——监视行动计划的完整执行，特别是那些源自审核报告或监管要求的行动计划，或两者兼而有之。

合规方针宜推进即时报告超出常规报告时间表范围的重大事件。

【理解与实施要点】

本条款对组织建立、实施和维护合规报告的过程，以及保护报告内容做出了规定。以下从建立合规报告过程的必要性、建立合规报告过程的目的、合规报告形式、合规报告的内容、合规报告的重点等方面展开介绍。

1. 建立合规报告过程的必要性

从建立合规报告过程的必要性上，由于合规报告是在组织内部进行信息沟通的重要方式，通过合规报告，内部相关方可以知悉企业的合规绩效并做出判断。因此，组织需要建立、实施和维护合规报告的过程。

2. 建立合规报告过程的目的

从建立合规报告过程的目的上，合规报告过程能够确定合规报告的准则（也就是什么应该做合规报告、什么不属于合规报告的范畴）；能够确立定期报告的时间表，同时还对非常规报告留有灵活性；能够确保报告的信息的准确性和完整性；能够向组织中合适的职能或板块提供准确和完整的信息，以便及时采取预防、纠正和补救措施。

3. 合规报告的形式

从形式上，合规报告包括多种形式，例如：

①业务部门向合规部门和管理层提交的报告；

②合规部门向管理层和董事会提交的报告；

③管理层向董事会提交的报告等。

4. 合规报告的内容

从内容上，合规报告的内容主要包括：

①按照要求，组织应当通知监管机构的事项；

②合规义务发生变化、变化对组织的影响，以及在履行新的合规义务时建议组织采取的行动；

③对合规绩效测量的结果，包括不合规事件和持续改进；

④可能存在的不合规事件的数量、详细情况，以及相关分析；

⑤已经采取的纠正措施；

⑥有关合规管理体系的有效性、取得的效果和发展趋势的信息；

⑦与监管机构保持联系和维护关系的情况；

⑧开展审核和监视活动的结果；

⑨行动计划的执行情况，尤其是审核报告或者监管机构要求中列明的行动计划。

5. 合规报告的重点

从报告的重点上，系统性和反复发生的问题是合规报告的关注重点。一次性发生的重大或者故意不合规的事件同样重要。一个小的问题可能意味着现行的合规管理过程或者合规管理体系存在严重的缺陷。如果小的问题没有得到及时报告，人们可能认为这个小问题无关紧要，直至小问题变成系统性的问题。

6. 合规报告的类型

从合规报告的类型上，可以分为定期报告和临时报告。定期报告的时间表是确定的，例如，由合规部门每季度向董事会和管理层提交一次合规报告。临时报告是在发生了对合规管理可能产生重大影响的事项情况下，由相关人员和内部机构做出的及时报告。

7. 合规报告的体例

从合规报告的体例上，建议使用模板，一方面，可以减轻报告的工作量，保持报告内容的完整性，使不同时间的报告之间保持一致性；另一方面，在一定程度上，使用报告模板可以避免有人故意瞒报或者篡改报告内容。

8. 合规报告的审核

在合规报告的审核上，合规部门需要保证向董事会或管理层提交的合规报告内容完整。如果需要征求其他部门或者人员对合规报告的意见，该意见仅供合规部门参考。出于独立性要求，合规部门在提交合规报告前，不需要经过任何其他部门或者人员批准，否则合规部门为了及时提交报告将不得不妥协，修改报告中不利于某些部门和人员的内容。

五、记录保存

【标准条款】

9.1.5 记录保存 组织应保留合规活动准确且实时的记录，以协助监视和评审合规过程，并证实其符合合规管理体系要求。

A.9.1.5 记录保存 记录保存宜包括对合规问题和声称的不合规以及为解决它们而采取的步骤的记录和分类。 记录宜以确保清晰、容易辨认和检索的方式保存。 记录宜受到保护，以免于被增加、删除、修改、未经授权使用或隐藏。 组织的合规管理体系记录包括： ——合规绩效信息，包括合规报告； ——不合规及纠正措施的详细内容； ——对合规管理体系和采取的措施的评审和审核的结果。

【理解与实施要点】

本条款对保存合规活动的记录做出了规定。合规活动的记录对于监视和评审合规过程，证实这些活动符合合规管理体系要求具有重要意义。以下将从记录保存的目的、记录的内容、记录的标识、记录的管理等方面展开介绍。

1. 记录保存的目的

从目的上，保留合规活动记录是为开展合规绩效评价、证明组织采取的合规管理行动符合合规管理体系要求提供依据。

2. 记录的内容

从内容上，组织关于合规管理体系的记录通常包括：

①有关合规绩效的信息，包括合规报告；

②不合规事件和纠正措施的详细情况，包括识别合规问题、处理不合规事件的记录；

③对合规管理体系进行评审和审核的结果及后续措施。

3. 记录的标识

从记录的标识上，组织可以建立合规管理文档目录，以保证记录清晰、易于识别和检索。文档目录的内容包括记录名称、更新周期、生成部门、保存部门、保存方式、保存期限和存储位置等。

4. 记录的管理

从记录的管理上，组织需要逐项明确记录管理的规则。例如，对于纸质记录，明确专人管理，及时转成电子文档存储，并定期将纸质记录归入档案管理。对于电子文档，按照信息安全的管理要求，存储在受到必要保护的信息系统中。

六、应用案例

案例 8-1 至案例 8-6 展现了组织在实践中通过开展监视、测量、分析、评价活动，发现、分析和处置不合规事件，进而通过对已有监视机制 / 措施的整改或新确立监视机制 / 措施提高合规绩效、合规管理体系的有效性。其中，案例 8-1 展现了监视机制 / 措施的应用；案例 8-2 展现了监视机制、举报机制的应用；案例 8-3 展现了监视、测量、分析机制的应用；案例 8-4 展现了开发和维护用于评估合规绩效的指标的做法；案例 8-5 体现了合规报告机制及其应用；案例 8-6 体现了通过活动记录协助开展监视的实践做法。

【案例 8-1】

在医药新零售政策的支持下，电商业务蓬勃发展，近年来医药电商渠道占有率不断提高。与传统医药零售商相比，电商渠道有效地节省了药品流通中的人力和物力。各医药企业都认识到，在未来的市场环境下，医药电商势必成为产品流通的必争之地。

但是，作为新的营销模式，医药电商渠道中不合规手段具有多样性和隐蔽性。有一些经营者将电商渠道作为掩护手段，为获取不正当利润，利用政策本身的弹性打“擦边球”，使各大医药企业电商渠道管理面临越来越高的风险。其中，网售处方药是一个重要的风险领域，常见风险场景包括销售禁售药品、虚构患者信息、模糊医药师资质、随意开具处方、处方药不限购甚至鼓励促销等。

A 药品生产企业对从事医药电商的 B 经销商进行流向审计时，发现 B 经销商的互联网医院销量较高。在流向核查中，抽取 4 个月的数据，发现异常订单 13709 份，占订单总量的 10.5%，异常金额 260 余万元，占订单总金额的 15.06%。A 企业合规部门发现，B经销商数据中，存在相同患者同一天内开具处方超300次并完成交易的异常情况。B经销商解释，这是因为部分医院的患者不会使用App，由医院护士或其他工作人员代为操作，或医院统一在平台上订购，患者再从医院购买。A企业合规团队通过进一步暗访了解到，B经销商存在“刷单”行为，多次以补贴价格开具处方并形成交易，但货品并未发出，货品实际销向和售价不明。在审计报告中，A企业要求B经销商对电商平台营销管理进行整顿与整改，重新梳理数据上报规则，加强数据管理，规范相应管理流程。经过彻查与整改，B经销商对电商平台实行了专人专项监视措施，对各省份各平台的销售数据进行实时监控，出现异常及时上报处理。同时，B经销商修改了数据上报规则，设置了数据上报模板，以避免人工操作导致错误，并在流程中要求按明细上报流向数据，避免了人为修改数据等数据造假问题。

【案例8-2】

C公司是一家化妆品生产企业。与同行业其他企业一样，C公司每年在市场推广活动上支出大量经费。活动费用包括订购机票和酒店、场地搭建、鲜花摆放、纪念品发放、餐饮供应、客户体验、媒体邀请、明星捧场、商业演出，甚至还有滑雪、潜水、攀岩等。大部分活动的单场费用在30万元至300万元人民币之间，少数大型活动可能一次花费上千万元人民币。每年在全国不同城市开展的活动总数有上百场。活动一般由展会中介公司提供支持，C公司与展会中介公司一起确定每场活动的方案，然后由展会中介公司联系场地提供方和其他供应商一起实施方案。活动完成后，C公司会按约定付款给展会中介公司，由展会中介公司自行付款给其他供应商。C公司给展会中介公司的付款包括三部分：①展会中介公司的服务费；②展会中介公司为活动支出的费用；③其他供应商的费用（展会中介公司不得加价但是可以向C公司收取20%的经手费）。

C公司意识到大额预算和复杂业务可能存在的风险，尤其是舞弊的风险，于是建立了针对这些市场活动的监督机制。最初，C公司关注的是单次花费一千万元人民币以上的项目，聘请了专业的咨询公司对活动进行全程监督，并在活动完成后严格审核所有的费用。经过一年的监督，没有发现任何重要的问题，于是管理层部分成员认为这种监督是多此一举的，建议把支付给咨询公司的服务费用节省下来。

这时，C公司合规部门收到一封举报信。举报人提醒C公司的管理层，大型活动由于参与的人多，招标和决策过程严格，负责这些活动的员工珍惜自我表现的机会，往往管理得很细致，因此发生舞弊的风险不大。相反，那些单场费用在30万～100

万元的市场活动，由于不太引人关注，是真正可能发生舞弊风险的地方。举报信还列举了活动中出现的几个问题，尤其是展会中介公司与场地提供方串通抬高报价，而C公司负责项目的员工也参与其中。

经过调查，C公司确认举报信中所述内容属实。C公司把监督的重点转向中小型活动。在场地选择中采取多方询价、直接签订合同的方式。C公司在与展会中介公司签订的合同中约定，展会中介公司需要提供费用明细，包括与其他供应商之间的合同、发票和付款凭证。经过这些调整，C公司的市场活动费用下降了30%。

【案例8-3】

作为医药生产企业，D企业把销售数据真实性作为合规管理中的一个重要目标。D企业合规部门对销售数据进行日常监视和分析。在一次日常数据分析中，D企业合规部门发现E经销商购入的某类产品在季度末有大批量的医院交易，但是在次季度初存在等量的退货交易，表现出一定的规律性，D企业合规部门将这些交易认定为异常交易。

D企业合规部门会同第三方咨询机构对E经销商的销售情况进行核实，调取了销售业务链中生成订单、出库、运输、验收、仓储、退货申请、退货运输、重新入库、收付款等业务凭证。E经销商未能提供医院提交的需求订单和经销商生成订单的存根，未能提供配送后的医院收货证明，未能提供处理医院退货的验收入库单等业务凭证，无法证明相关交易中对药品的控制权发生了转移。E经销商也未能提供相关交易的财务凭证，例如，退货的医院交易回款证明、业务发生后的应收款记录等。

在分析了异常交易数据后，D企业合规部门访谈了D企业商务管理人员和面向相关医院的D企业销售人员，并访谈了E经销商的销售人员、财务人员、仓管人员和业务负责人。在对访谈纪要进行交叉验证和二次求证后，确认相关业务存在虚增销售的情况。E经销商负责人承认，受D企业销售人员的指使，E经销商协助进行销售压货。由于没有与医院达成共识，因此E经销商无法将相关药品配送至医院，只能在记录上虚增销售，未实际形成交易配送。D企业销售人员承认，为了虚增业务，多次通过个人微信转账10万元至15万元不等的金额，作为相关交易的“保证金”，且在每次转账时，按照发票税率补偿经销商开票的税额。调查结束后，D企业决定解除与相关销售人员的劳动合同，收回E经销商所有在库库存，并取消E经销商的经销资格。

【案例8-4】

F企业为履行社会责任，与G公益基金会签署合作备忘录进行项目合作。企业提供经费资助，由基金会具体组织论坛、网络直播、学术会议等形式开展教育培训和学术研究。

F企业在合规风险评估中认识到存在善款被滥用的风险，因此制定了一系列监控指标。这些指标包括：

①本企业捐赠经费占G基金会整体捐赠收入的比例；

②G基金会实际提取的管理费占项目费用支出的比例；

③捐赠经费支付进度与G基金会举办活动的进度配比；

④项目经费中各类支出的比例。

项目进展两年后，F企业合规部门对这些指标进行了集中评审，发现G基金会在经费支出中存在重复计算管理费、同一笔支出反复计算费用、住宿费用超标等问题。在进一步调查中发现，G基金会在选择活动供应商时，由某些个人直接指定供应商，缺少内部控制程序。评审结束后，F企业对G基金会提出了整改要求。

【案例8-5】

H企业建立了合规报告机制。按照该企业《合规管理办法》的规定，业务部门每个季度需要向合规部门提交例行合规报告。合规部门为此制作了例行合规报告的表单供各业务部门使用，并在每个季度的最后一周开始时提醒各业务部门完成表单，由本部门负责人发送给合规部门。合规部门将收到的表单内容汇总后，形成全公司的合规报告，发送给公司总经理和合规委员会的其他成员。公司合规负责人每季度在管理层会议上出席并报告公司的合规状况，听取管理层成员的反馈。合规报告被作为公司董事会的必备议题，当H公司召开董事会时，合规负责人会提前提交合规报告，并在会议上就公司的合规状况进行报告，董事会会议记录中会包括合规议题的讨论情况。

【案例8-6】

医药行业的业务拓展除了需要健康的营销渠道外，还需要开展学术会议、咨询、培训等业务推广活动。2020年，受新冠疫情的影响，大部分线下活动受到严重冲击。医药企业为了将影响降到最低，将线下活动转为可灵活操作的线上活动，使线上活动呈指数型增长。然而，如何确保线上活动的真实性，成为医药企业在合规管控方面的新挑战。

J医药企业在合规风险评估中认识到，线上活动合规性方面的主要风险场景包括：会议真实性（虚假会议套现问题）、培训者真实性（不合规讲课费问题）、消费真实性（虚假消费问题）、高风险商户（存在潜在系统性风险）等。为了加强线上会议的管理，确保会议的真实性与合规性，J企业要求销售人员提交培训者授课的照片截图作为培训活动发生的证据。

J企业合规部门在比对某销售人员提交的线上会议信息时发现，培训者真实性存疑。同一位培训者在两次不同的会议中显示的头像照片面貌差异较大，通过在公开网络中搜索后发现，其中一张照片为培训者本人的真实照片，另外一张照片为其他人的照片。J企业合规部门进一步审核了该销售人员组织的其他线上活动，发现多次以假照片充数的情况，以及提交虚假授课信息、会议信息等问题。J企业解除了与该销售人员的劳动合同。

第二节　内部审核

内部审核是评价合规管理体系符合性和有效性的一个重要手段。本节对组织如何开展内部审核进行介绍，为组织通过内部审核对管理体系运行状况进行全面评价提供参考。

一、通用要求

【标准条款】

> **9.2.1　通则**
>
> 组织应在策划的时间间隔内实施内部审核，以便为合规管理体系提供以下信息：
>
> a）是否符合：
>
> 1）组织自身对合规管理体系的要求；
>
> 2）本文件的要求。
>
> b）是否得到了有效地实施和维护。

【理解与实施要点】

本条款规定了合规管理体系内部审核的通用要求。通常，可以从以下两个方面来理解。

第一，从内容上，内部审核包括两部分。一是符合性审核，即组织的合规管理体系是否符合组织自身对合规管理体系的要求、是否符合 GB/T 35770—2022 的要求；二是合规管理体系是否有效实施和维护的审核。

第二，从实施频次上，组织需要在策划的时间间隔内实施内部审核。策划的时间间隔根据组织自身情况确定。

二、内部审核方案

【标准条款】

> **9.2.2 内部审核方案**
>
> 组织应策划、确立、实施和维护审核方案，包括频次、方法、职责、策划要求和报告。
>
> 组织应根据相关过程的重要性和以往审核的结果，确立内部审核方案。
>
> 组织应：
>
> a）界定每次审核的目标、准则和范围；
>
> b）选择审核员并实施审核，以确保审核过程的客观性和公正性；
>
> c）确保向相关管理者和管理层报告审核结果。
>
> **注 1**：相关管理者可能包括合规团队、最高管理者和治理机构。
>
> 文件化信息应作为实施审核方案和审核结果的证据可获取。
>
> **注 2**：管理体系审核指南见 ISO 19011。

> **A.9.2 内部审核**
>
> 审核职能，无论其为内部还是外部的，都宜免于利益冲突并保持独立性，以履行其岗位职责。
>
> 关于如何对管理体系进行审核的信息见 ISO 19011。

【理解与实施要点】

本条款对组织制定内部审核方案做出了规定。以下将从审核方案、审核职能、内部审核的组织等方面来展开介绍。

1. 审核方案

组织需要策划、确立、实施和维护审核方案，明确如何开展内部审核，包括审核的频次、审核方法、审核的组织与职责、如何拟定审核工作计划和报告要求。在确立审核方案时，组织还需要关注本组织合规管理的重点领域，以及在过往审核中发现严重问题的领域。

2. 审核职能

从审核职能上，内部审核可能由组织内部人员实施，也可能由代表组织的外部机构实施。无论在哪种情况下，审核人员需要避免发生职责冲突，即组织内部审核人员不能审核自己履行职责的情况，外部机构审核人员不能审核本机构为组织完成的工作。

3. 内部审核的组织

从内部审核的组织上，可以由合规部门或内部审计部门组织。在合规部门组织开展内部审核时，合规部门可以从各相关部门抽调审核人员，以确保审核团队具备开展审核工作必备的业务知识和合规管理知识。

4. 审核工作计划

在开展内部审核前，需要拟定审核工作计划。在审核工作计划中，需要明确：

①审核准则，即在审核中参照的制度、流程和要求；

②审核范围，包括空间范围、组织边界、相关经营管理活动和职责领域等；

③审核团队；

④审核样本要求，即审核的文件、记录、人员等；

⑤审核记录要求，即在审核中形成的底稿、记录和报告等。

5. 内部审核结果的报告

在内部审核结果的报告上，内部审核结果需要通报给管理层、合规负责人和合规团队成员。对内部审核中发现的问题，需要明确负责采取改进行动的主体和完成改进行动的时间，并在改进行动完成后进行复查。

6. 文件化信息的留存

在文件化信息的留存上，组织需要保留内部审核方案和审核结果的文件化信息，以作为证明符合 GB/T 35770—2022 的证据。

三、应用案例

案例 8-7（表 8-1）展现了制定内部审核方案的实践。

【案例 8-7】

表 8-1　K 公司内部审核框架（节选）

要素五	合规专业团队
目标一	管理层应确保合规专业团队具备必要的知识、经验和能力以承担相应的合规管理职责
行动 1	确保合规专业团队有明确的岗位职责和任职要求

续表

要素五	合规专业团队
文件 1.1	岗位责任书
文件 1.2	招聘启事
行动 2	确保合规专业团队符合任职要求
文件 2.1	简历
文件 2.2	面试人反馈表
文件 2.3	背景调查表
行动 3	确保合规专业团队完成了绩效目标
文件 3.1	绩效目标确认书
文件 3.2	绩效目标考评表
行动 4	确保合规专业团队接受持续的专业培训
文件 4.1	个人培训发展计划
文件 4.2	培训记录
目标二	管理层应确保合规专业团队与业务团队保持密切联系
⋮	
目标三	管理层应确保合规专业团队对业务团队具有组织上的影响力
⋮	
目标四	管理层应确保合规团队获得履行职责所需的企业资源
⋮	

第三节　管理评审

管理评审是由组织的治理机构和最高管理者开展的评审活动，也是合规绩效评价的重要方面。本节将对如何开展管理评审进行介绍，为组织的治理机构和最高管理者实施管理评审提供参考。

一、通用要求

【标准条款】

> **9.3.1　通则**
>
> 治理机构和最高管理者应在策划的时间间隔内对组织的合规管理体系进行评审，以确保合规管理体系持续的适宜性、充分性和有效性。

【理解与实施要点】

定期对合规管理体系的运行情况进行全面地审视和检查是治理机构和最高管理者履行合规管理制度的重要方式之一。本条款对开展管理评审活动规定了通用要求。以下从管理评审的目的、实施主体和实施频次等方面展开介绍。

1. 管理评审的目的

管理评审的目的是由治理机构和最高管理者对合规管理体系的适宜性、充分性和有效性做出分析和评价，从而决定是否需要对合规管理体系的设计做出调整，以及是否需要调整在合规管理体系运行中的资源投入。其中，适宜性指合规管理体系适合于组织的目标、运行、文化和商业体系的程度，充分性指合规管理体系满足适用性要求的程度，有效性指完成策划的活动和实现策划的结果的程度。

2. 管理评审的实施主体

管理评审的实施主体为治理机构和最高管理者。由于在组织的管理层级中处于较高的位置，治理机构和最高管理者有机会接触到关于组织内外部的更全面的信息，并在平衡各种因素的基础上，对组织的合规绩效和合规管理体系的运行情况做出判断。治理机构和最高管理者对组织合规绩效和合规管理体系运行情况做出的判断，是其指导组织持续改进合规管理并为之提供资源支持的基础。

3. 管理评审的实施频次

管理评审的实施频次是指在策划的时间间隔内实施的管理评审次数。具体的频次由组织根据实际情况确定，但通常每年至少开展一次管理评审。

二、管理评审输入

【标准条款】

9.3.2　管理评审输入

管理评审应包括：

a）以往管理评审所采取措施的状况；

b）与合规管理体系有关的外部和内部事项的变化；

c）与合规管理体系有关的相关方需要和期望的变化；

d）关于合规绩效的信息，包括以下方面的趋势：

1）不符合、不合规与纠正措施；

2）监视和测量的结果；

> 3）审核结果。
>
> e）持续改进的机会。
>
> 管理评审应体现：
>
> ——合规方针的充分性；
>
> ——合规团队的独立性；
>
> ——合规目标的达成度；
>
> ——资源的充分性；
>
> ——合规风险评估的充分性；
>
> ——现有控制和绩效指标的有效性；
>
> ——与提出疑虑的人员、相关方沟通，包括反馈（见 9.1.2）和投诉；
>
> ——调查（见 8.4）；
>
> ——报告机制的有效性。

【理解与实施要点】

本条款对管理评审活动的输入做出了规定。以下从管理评审的内容和侧重点两方面展开介绍。

1. 管理评审的内容

从管理评审的内容上，通常包括：

①上一次及更早的评审结论中要求采取措施的执行情况；

②组织外部政治、经济、科技、社会、生态环境保护和立法等方面的变化情况；

③组织内部管理架构、经营地域、产品和服务、面向的客户和用户、生产制造方式、营销模式等变化情况；

④与组织相关的相关方及其对组织的需要和期望的变化情况；

⑤本次评审周期内合规绩效情况；

⑥组织改进合规管理工作的可能性等。

2. 管理评审的侧重点

从管理评审的侧重点上，需要重点关注：

①合规方针是否仍然满足组织合规管理的需要；

②合规团队是否保持了独立性；

③组织在多大程度上达成了合规目标；

④合规风险评估是否满足组织合规管理需要；

⑤现有控制措施的有效性；

⑥组织所采用的绩效指标的有效性；

⑦提出合规疑虑的人员和相关方向组织传递的信息；

⑧举报体系的有效性。

三、管理评审结果

【标准条款】

9.3.3　管理评审结果

管理评审的结果应包括持续改进的机会，以及变更合规管理体系的任何需要的决定。

文件化信息应作为管理评审结果证据可获取。

A.9.3　管理评审

管理评审还宜包括以下方面的建议：

——合规方针以及与它相关的目标、体系、结构和人员所需的变化；

——合规过程的变更，以确保与运行实践和体系有效整合；

——需监视的未来潜在不合规的领域；

——与不合规相关的纠正措施；

——当前合规体系和长期持续改进的目标之间的差距或不足；

——对组织内的示范性合规行为的认可。

宜向治理机构提供管理评审中形成文件的结果和全部建议的副本。

【理解与实施要点】

本条款对管理评审的结果做出了规定。通常可以从以下两个方面来理解。

第一，从管理评审的结果上，管理评审需要形成明确的结论，无论是认为当前的合规管理体系已经有效运行，还是提出具体的改进意见。当形成改进建议时，可能包括：

①调整合规方针的必要性，以及调整相关目标、系统、结构和人员的必要性；

②调整合规管理程序，使之融入业务流程和业务系统；

③对某些领域加强监测以防止发生不合规事件；

④对不合规事件的纠正措施；

⑤合规管理体系在当前存在的不足和长期持续改进行动；

⑥对组织中值得表彰的行为的认可。

第二，从管理评审结果的报告上，管理评审的结果和提出的建议需要以书面形式提交给治理机构。

四、应用案例

案例 8-8 是在管理评审的内容、过程和结果上报等方面的实践。

【案例 8-8】

R 企业采用了“合规仪表盘”和年度合规管理有效性评价相结合的评价方法。

“合规仪表盘”是一种实时管理工具，通过后台的信息采集系统，可以显示各项管理措施的落实情况和发生不合规事件的情况，例如，制度数据库的访问量、业务部门发起高风险交易合规审查的数量和进度、强制性合规培训的完成进度、合规疑虑报告的数量、经调查确认的严重不当行为的数量等。

年度合规管理有效性评价在每个财年的最后一个月开展，并在当月完成。评价中，合规部门按照本企业合规管理体系的组成要素，设计了制式表单，由业务部门负责人首先完成对本部门的评价，之后由公司负责人结合自己掌握的信息对每个组成要素的有效性做出评价，并对公司合规管理的有效性做出整体评价。评价结果作为年度合规报告的组成部分提交给管理层和董事会。管理层和董事会在正式会议上审议年度合规报告，听取合规部门和相关业务部门的解释，并形成审议结论和决议。

第九章

改　进

GB/T 35770—2022 对合规管理体系改进需要考虑的因素和措施做出了规定。改进对组织来说是合规管理的重要组成部分。改进可以将某些负面的事件或信息转化成对风险识别、流程优化、风险管控有益的信息和机会，为合规管理体系的预防和监视贡献价值，为合规培训提供生动的案例，并帮助提升组织的合规文化。本章对如何持续改进合规管理体系的适宜性、充分性和有效性，以及如何对已经发生的不符合、不合规采取控制或纠正措施做出解释和说明，并给出应用案例，为组织改进合规管理体系提供参考。

第一节　持续改进

当组织的内部、外部环境，相关方的需求及期望，组织发展战略，以及所提供的产品、过程或服务等发生变化时，组织的合规管理体系需要进行变更、持续改进。本节主要针对组织如何确立措施对合规管理体系的适宜性、充分性和有效性进行评估，以及如何对组织合规管理体系进行持续改进展开介绍。

【标准条款】

10.1　持续改进

组织应持续改进合规管理体系的适宜性、充分性和有效性。

A.10.1　持续改进

合规管理体系的有效性的特点是它具有持续改进和发展的能力。组织的内部、外部环境以及业务随着时间的推移而变化，其顾客的性质和适用的合规义务也随之变化。

> 宜通过多种方法对合规管理体系的充分性和有效性进行持续和定期评估，例如评审或内部审核。
>
> 组织宜确立措施以评审其合规管理体系，并确保其保持最新状态且适合于其目标。在确定支持持续改进的行动的程度和时间尺度时，组织宜结合其环境、经济因素和其他相关情况。
>
> 一些组织对员工进行调查，以衡量合规文化，并评价控制的强度。持续改进的进一步信息来源可以是顾客调查的结果、提出疑虑、定期的监视、定期的审核或管理评审。
>
> 组织宜结合此类评估的结果和输出，以确定是否需要或有机会变更合规管理体系。
>
> 为了有助于确保保持合规管理体系的完整性及有效性，管理体系各个要件的变更宜体现此类变更对整个管理体系有效性的依赖和影响。当对合规管理体系作出变更时，组织宜考虑这些变更对合规管理体系、运行、资源可用性、合规风险评估、组织的合规义务及其持续改进过程的影响。

【理解与实施要点】

本条款对持续改进合规管理体系提出了要求。以下从合规管理体系改进的起因、对象、实施三个角度，解读组织如何对合规管理体系的适宜性、充分性和有效性进行定期评估，并对定期监视、内部审核或管理评审的结果和输出，以及顾客调查的结果、提出的疑虑进行分析和评估，以确定是否需要或有机会变更合规管理体系。

1. 合规管理体系改进的起因

合规管理体系的改进，起因可以是在组织的内部审核、内部或外部审计、管理评审、员工反馈、调查问卷、举报或调查中发现的问题，可以是发生与业务模式的变动、新业务的开拓、新产品或产品进入新市场相关的风险，也可与行业的动态、法律法规的要求、执法部门的监管重点、新技术的使用、国际国内形势、社会观念的变化等相关。

为了确保合规管理体系的有效性，组织除了被动应对合规风险（如在审计中发现的问题），也可以主动对合规管理体系进行定期的检视，增强合规管理体系在组织中应对合规风险、实现合规目标的适宜性、充分性和有效性。

2. 合规管理体系改进的对象

合规管理体系持续改进的对象涉及合规管理体系中任何有缺陷的地方。改进可能从合规管理体系的PDCA循环中的策划、执行、检查、改进的某个阶段入手；可能改进合规管理体系建立、开发、实施、评价、维护和改进的某个过程；也可能是对合规管理体系的组织结构、风险评估、规章制度、运营实施、宣贯教育、举报调查、持续监控、合规文化等薄弱环节进行改进。

3. 合规管理体系改进的实施

确定对合规管理体系进行改进时，组织需要按计划进行改进。这意味着组织要确立改进的过程，规定参与成员，明确改进要有管理层或其授权的人员的批准；也意味着改进要有计划地推进，可能涉及资源的配备，比如对员工进行新流程的培训，对信息系统进行更新及对过渡期的安排等。

对现有合规管理体系的改进都会带来一定的后果，包括正面的和负面的，确定的和潜在的。比如在降低合规风险的同时，可能减少了业务机会；在加强管控的同时，可能会增加流程环节，提高运营成本和延长交易完成时间。因此组织在决定是否改进合规管理体系时要慎重，并考虑到各种因素，比如是否属于个案、改进涉及的范围、改进前后的利弊、成本消耗、资源配备、权责划分，以及与业务活动的匹配度、对公司目标的支持度、对合规管理体系有效性的整体影响等。

【应用案例】

案例9-1和案例9-2展现了A公司被动改进和吉利公司主动改进的合规管理的实践。其中案例9-1展现了A公司因商业贿赂事件发现公司的合规管理问题，通过细化合规制度、建立合规审查工具、改进公司合规组织结构等方式进行合规管理体系的改进。案例9-2展现了吉利公司在收购沃尔沃之前主动审核公司的合规管理体系，发现公司在合规管理组织结构、合规文化、合规信息化建设、管控流程方面存在不足，并采取措施对其进行改进。

【案例9-1】

A公司被动改进案例

2006年年底，A公司被指控参与了一系列商业贿赂事件，美国证券交易委员会（United States Securities and Exchange Commission，简称SEC）指出，在2001年3月到2007年9月间，A公司至少在4283个项目中发生了行贿，其高级管理委员和各公司员工向分布在10个国家的政府官员进行了行贿，其数额之大范围之广，震惊世界。

该案的发生，暴露了A公司对整体业务的合规管理问题。2007年年初，A公司立即行动改进其合规框架。建立了以防范、监察与应对为框架的合规体系，并在此后的工作中不断改进。A 公司全面开展合规培训，细化合规制度，建立合规审查工具，将原有容易出现合规管理漏洞的流程融入人事、业务等各个环节，积极进行各项合规审计和调查，尽早发现潜在问题，及时查漏补缺，并针对核实的违规问题进行及时的处理和汇报，同时着重将这些问题作为下一步防范的重点。A 公司还在有关付款处理、业务咨询行为正当性等方面设立更加严格的内部规章制度，加强风险控制。A 公司同时加强了对合规文化的培育，一再重申，A 公司只做廉洁的业务。实践证明，A 公司的合规文化和合规管理体系增强了公司的竞争力，成为其在关键项目中标的关键因素之一。

【案例 9-2】

吉利主动改进案例

吉利公司基于战略、管理的需求，以及与世界接轨的需要，在收购沃尔沃之前主动改进其合规管理体系。

2014 年，吉利公司在年度管理评审中发现自己的合规管理组织结构、合规文化、合规信息化建设、管控流程方面存在不足。于是决定建立并逐步完善内部合规管理制度。在组织结构方面，存在权责界定不明、汇报线混杂的问题。基于此，吉利公司优化改进合规管理组织架构，设立了合规委员会，下设首席合规官，形成“合规委员会—首席合规官—合规办公室—合规管理岗—合规联络员”五级定岗定编的清晰的合规管理组织体系。同时，吉利公司通过组织合规宣传月、合规知识竞赛、合规模拟法庭等形式，不断提升员工的合规意识，培育合规文化。此外，“吉利合规”公众号上线“合规举报”功能，各利益相关方可通过手机随时随地将发现的违规行为举报给合规办公室。

为提高公司各项合规制度的执行效率和力度，吉利公司开发了招标管理、合同管理、知识产权管理、诉讼管理、利益冲突管理和外来礼品管理等信息化系统及“国家法规数据库”。相关业务执行均按照标准流程操作，既提高了工作效率，又防范了法律和合规制度风险。吉利公司还认识到重点风险领域要加强管控。吉利公司围绕重点领域、重点环节和重点人员，建立风险管理系统，内审、内控、纪检监察部和法务等部门结合各自的职责，深入研发、采购、制造、销售、招聘、新业务等各个业务模块开展风险评估工作，同时将环境、社会和管治因素纳入吉利风险识别体系，编制风险地图，形成多道风险管理防线，加强了其风险防控体系。

第二节　不符合与纠正措施

当组织发生不符合或不合规时，组织需要做出反应，包括采取措施对不符合或不合规进行控制和纠正，并对后果进行处理。本节对组织如何就不符合或不合规做出反应，并采取措施处置不符合与不合规。

【标准条款】

10.2　不符合与纠正措施

发生不符合或不合规时，组织应：

a）对不符合或不合规做出反应，并且如适用：

1）采取控制和纠正措施；

2）处置后果。

b）通过以下活动评价采取措施的需要，以消除产生不符合和/或不合规的原因，避免其再次发生或在其他地方发生：

1）评审不符合和/或不合规；

2）确定产生不符合和/或不合规的原因；

3）确定是否存在或可能发生类似的不符合和/或不合规。

c）实施任何所需的措施；

d）评审所采取的任何纠正措施的有效性；

e）如必要，变更合规管理体系。

纠正措施应与不符合和/或不合规产生的影响相适应。

文件化信息应作为以下事项的证据可获取：

——不符合和/或不合规的性质和所采取的任何后续措施；

——任何纠正措施的结果。

A.10.2　不符合与纠正措施

未能预防或检测到一次性不合规，并不一定意味着合规管理体系在预防和检测不合规时缺乏有效性。

分析不符合或不合规的信息能用于：

——评估产品和服务性能；

——改进或重新设计产品和服务；

——变更组织惯例和程序；

——再培训员工；

——重新评估告知相关方的需要；

——对潜在不合规做出早期预警；

——重新设计或评审控制；

——加强通知和上报步骤（内部和外部）；

——沟通有关不合规的事实和组织对不合规的立场。

组织宜确认导致不遵守方针或程序或两者皆不遵守之行为发生的根本原因，并根据所吸取的经验教训更新方针和程序。

【理解与实施要点】

纠正和改进为组织的合规管理体系的持续完善和有效性增加价值，与合规管理体系的其他要素和机制互相作用，为组织管控合规风险，实现合规目标保驾护航。本条款对组织如何响应不符合 / 不合规提出了要求。任何组织都会遇到不符合 / 不合规的情况。以下从组织对不合规的处置、合规管理体系的改进及保留文件化信息等方面进行解释与说明，为组织采取措施处置不符合 / 不合规提供参考。

1. 组织对不合规的处置

（1）对不合规行为人采取纪律处分

不合规行为一经查实，组织要立即对不合规行为人采取纪律处分。这些处分包括训诫、口头或书面警告、降级、降职、调职、最终警告、解雇。组织还可向执法部门报告违法情况及向不合规行为人提起民事诉讼。纠正措施应与不符合或不合规事件所产生的影响相适应。

纪律处分要与违规者的福利和奖励相关联。例如，根据不合规行为的程度和性质，扣减不合规行为人的奖金，不合规行为人将不享受调薪和 / 或晋升的机会。当员工收到奖励或晋升的提名时，组织要有适当的流程去检查员工在过去 12 个月或其他设定的时期内有无涉及不合规行为。如果有的话，则不再考虑对该员工的奖励或晋升。

（2）对不合规行为要一视同仁

组织必须以一致的方式执行纪律处分结果。也就是说，如果一名级别低的员工因为员工报销中的不当行为受到警告处分，那么高级经理因为同样或类似的不当行为也应受到警告处分。当员工发现在纪律处分时出现区别或歧视对待，这对于维持有效合规损害极大。

对于纪律处分执行一致还要求经理不得对自己喜欢的员工给予宽大处理，对自己不喜欢的员工给予加重的处罚。例如，经理利用纪律处分的机会开除其不喜欢的员工。

如果组织在不同国家和地区有员工，对于纪律处分执行一致还表现在当地法律允许的情况下，员工在一个国家或地区违反组织规定应当与另一个国家或地区的员工违反同样的组织规定受到类似的纪律处分。

（3）建立纪律处分委员会对纪律处分进行监督

一个值得考虑的做法是建立纪律处分委员会对纪律处分进行监督或做出最终决定。纪律处分委员会的成员可包括法务部门、人事部门、合规部门及业务部门的领导。委员会需要对不合规行为人的主管经理或上级经理提出的纪律处分提议进行审批，或者自行做出决定。通常最好由违规者的主管经理做出纪律处分的提议，因为其更了解不合规行为人的过去和当前情况，包括不合规行为人是否初犯或是惯犯。主管经理就纪律处分提出建议时可以咨询相关人事经理、负责人事方面的律师或其他必要的人员。在一些跨国企业内，在执行纪律处分之前，需要最终由总部集中管理的合规部门或其代表批准同意，确保其在各个国家对于相似类型不合规行为的纪律处分执行一致。

当不合规行为人的劳动关系解除之后，组织可以把特定类型的不合规行为人标注为“不适合再次聘用”。还应建立相应的检查系统确保任何将来聘用的新员工并非出自这个“不适合再次聘用”名单。只有严重违反组织政策规定或法律规定的不合规行为人才能被记录到这个名单。

组织有时会遇到这样的情况：不合规行为人因为严重违反完善的内部政策要求（例如，收受回扣，利用职权把业务机会转给其家族公司）而被解雇，但是之后劳动仲裁要求组织恢复与不合规行为人的劳动关系。这可能是多种原因导致的，可能与组织内部政策建立的程序有关，与不合规认定证据有关，也可能不合规行为达不到劳动法中解除劳动关系较高的标准，以及对于规定和证据有不同的解读。为了降低此类风险，如果不合规行为人拒绝辞职，一些组织为了规章制度的执行，就不得不与不合规行为人谈判，以达到“和平分手”的目的。尽管这样是解除劳动关系的一个办法，但这会向其他员工发出一个错误的信号：他们的雇主抓住了严重不合规的员工，还得支付费用请不合规的员工离开。严重违反内部政策的成本太轻微，达不到有效威慑其他员工效仿不合规行为人的作用。

（4）提高不合规成本以威慑员工行为

提高违纪的成本会使人们在做出违纪行为之前三思。笔者参与建立的一个流程使得因严重违反内部政策而被解雇的员工在其离职后仍要对其行为承担责任。前雇主（A 公司）可以在回复潜在的新雇主对不合规行为人进行背景调查时陈述一个事实：A 公司不会再次雇用该员工，因为 A 公司和该员工存在着合规方面的争议。当然 A 公司必须查验该潜在新雇主已获得必要的授权进行相关背景调查。这会给潜在的新雇主一个清晰的信号，提醒其仔细核查与被候选人相关的合规风险。减少组织合规风险的一个方法就是尽量远离“坏苹果”，也就是尽量不雇用有或者可能有严重合规问题的人。A 公司这样做会帮助潜在雇主在聘用可能有合规问题的候选人时三思，同时也使 A 公司的员工在做出违纪行为之前三思。

（5）要求员工主动举报或制止潜在的不合规行为

组织要求员工对实际或潜在的欺诈或其他不合规行为有所反应，包括制止和举报。对那些未能对欺诈或其他不合规行为有所反应的员工要采取惩罚措施。如果某员工知道某行为可能违反组织的政策规范，但故意视而不见，任由不合规行为发生，那么该员工就未能做到防范欺诈或其他不合规行为的发生。譬如，经理为团队成员施压要求员工在季度末增加订单，但是假装不知道或不想知道其团队成员是通过何种手段增加订单的。

组织也要求员工在做出业务决策时将合规因素考虑在内。比如，在上述示例中，经理还要向其团队表明组织只接受合规的业务。

团队成员的不当行为应与其经理的业绩表现挂钩。团队中的不当行为，例如 1 名或多名团队成员在一定时间内实施两次或以上不合规行为则表明团队经理未能有效建立合规文化。当然，并不是所有团队成员的不合规行为都要与团队经理的业绩表现挂钩，比如，报销上的轻微不合规。用来与团队经理业绩表现挂钩的不合规行为类别的界定必须是清晰的，这样在操作中才便于执行，也显示了对团队经理的公平。

2. 合规管理体系的改进

（1）不合规的发现与响应

内部审核、管理评审、员工反馈、问卷、举报或调查都能发现合规管理体系的薄弱环节。当确定不符合或不合规发生时，组织需要查明导致不符合或不合规的根本原因。例如，是制度设计的缺陷，还是执行的不到位？是对员工没有提供足够的培训和交流，还是不合规者故意为之？或者是任何上述情况的合力导致的。

查明不符合或不合规发生的根本原因后，组织需要采取适当的措施来解决问题。

组织需要审视、改进，甚至重新设计其合规管理体系，以防范和及时发现类似的情况再次发生，并检验新措施的有效性。组织对不符合或不合规的反应，表明组织对待合规管理的重视程度。

（2）改进方案的考量

组织因规模、成熟度，以及组织活动和目标的背景、性质和复杂性存在差异，对合规管理体系的构建与实施会有所不同。对合规管理体系的改进及不符合和不合规的应对，可以从以下三个方面来考虑：组织规模、业务性质和类似不当行为是否会再次发生。

①组织规模。

组织需要采取行动来管控风险并解决发现的问题。小型组织可能受资源限制不能进行全面合规风险管理，中、大型组织则有能力在合规管理体系投入更多，其合规管理体系相对成熟，也应该采取有效、快速的行动去审查、改进、设计或重新设计其合规管理体系，以及利用在内部审核、管理评审、员工反馈、问卷、举报和调查中发现的相关信息为持续监督管理服务。

②业务性质。

组织的不符合或不合规问题，往往与业务性质有关。因为业务相关性，某些类型的业务可能会发生某些严重的问题，组织需要采取足够的行动来发现并预防这些问题。例如，一个云服务提供商在其服务器上存储了属于他人或其他公司的数据。数据安全就是与这个业务性质相关的问题，云服务提供商应采取特别的措施保护数据避免被泄露。组织也要预见到其数据库可能经常被外部攻击，以非法收集或窃取信息。因此，组织不仅要建立强大的防火墙来防范这些攻击，也需要建立明确的流程规定谁有权访问数据库，如何获得访问的权限，对相关员工进行培训，书面记录所有授权审批，记录所有对数据库的访问，持续的监控，定期审查和不断优化管控设计，以及对任何可疑不合规行为的彻查。

③类似不当行为是否会再次发生。

如果某些类似的不当行为会多次发生，这通常说明某个领域的管控没有起到效果。当采取行动改进时，组织需要去考虑“类似不当行为是否会再次发生”这个问题。组织要采取足够的行动来预防和发现相关不合规行为，并确保尽量减少类似不合规行为再次发生的频率。如果相关不合规行为重复发生的次数在减少或没有再发生，说明组织所做的努力是到位的，有效的；否则预防和控制做得则不足够。

3. 保留文件化信息

组织需要记录不符合或不合规事件的性质、类别，以及采取的应对措施；也要记录纠正措施产生的结果，最好把持续监控的措施一并记录下来，作为组织应对不当行为的证据。文件化信息提供了组织已经完成和正在进行的合规工作的可追踪记录。

【应用案例】

案例 9-3 展现了公司因被司法部门或行政管理部门问责，要求对合规管理体系进行改进时，要注意及时整改、积极配合、主动披露。

【案例 9-3】

爱立信因合规管理体系的改进不及时不到位被处罚

跨国电信公司（爱立信）2000 年至 2016 年间在中国、越南等五个国家长期实施贿赂违反 FCPA 被 DOJ 调查。2019 年 12 月 6 日，DOJ 对外公告，爱立信已同意支付总额超过 10 亿美元的罚款，以解决政府对该公司在世界各地数千万美元不当付款造成违反 FCPA 的调查。这包括超过 5.2 亿美元的刑事处罚，以及在一个相关事件中向美国证券交易委员会（SEC）支付的约 5.4 亿美元。就其违反 FCPA 中关于反贿赂、账簿和记录，以及内部控制要求的指控，与 DOJ 签订延期起诉协议。作为延期起诉协议的一部分，爱立信已经同意在相关调查和起诉中继续合作，包括对个人的调查和起诉、加强其合规计划，并同时接受在其内部设置独立合规监察官，监察期限为 3 年。该合规监察官负责审查爱立信对和解协议的执行情况，并评估公司后续的合规计划改进情况，并提供改进建议。

爱立信在合规管理体系改进方面没有得到美国 DOJ 的充分肯定，因为它没有及时披露有关两个事项的腐败指控和相关证明材料；也没有及时对参与不当行为的某些员工采取适当的纪律措施。但基于公司一直在加强其合规计划和内部控制的改进，在依据《美国联邦量刑指南》确定罚金金额时，其刑事处罚的罚款总额本可减少 25%，但却只减少 15%。

第十章

合规管理体系的建立与实施

组织建立合规管理体系往往涉及与既有规章制度的融合，与合规管理基础工具和方法的结合，与其他管理体系的一体化协同。在此过程中，合规管理体系的建立遵循特定的原则、需要采取相应的策略与路径。本章对合规管理体系建立与实施的基本原则、策略及路径、要点及过程，以及如何基于GB/T 35770—2022开展认证进行介绍，为读者更好地应用GB/T 35770—2022开展合规管理体系的建立、实施、认证等活动提供参考。

第一节　合规管理体系建立与实施的基本原则

合规管理普遍存在于组织经营管理的方方面面，组织在实际经营管理过程中，也必然进行了持续合规管理工作，这是市场竞争与组织有序经营的现实要求，从这一角度讲，组织的合规管理体系是客观存在的。但组织现存的合规管理体系，即相关的规章制度及流程，对标合规管理体系标准相关要求，也势必会存在一定的不足，导致未能完全符合GB/T 35770—2022的要求，为此，合规管理体系建设的主要任务就是对标GB/T 35770—2022查缺补漏，修改、补充和完善现有的规章制度和流程，使其满足相关要求。在此过程中，合规管理体系的建立与实施主要遵循如下四项基本原则。

一、实用有效原则

GB/T 35770—2022对组织的合规管理体系提出了文件化要求，但并不意味着一定都要对应制定程序类文件，各种战略方案、管理办法、操作手册、作业规程、实施规范等也是合规管理体系文件的有机组成部分。具体来讲，实用有效是管理体系文件的根本，若想更具有可操作性，更利于得到有效的贯彻实施，则需制定形成符合组织传统管理习惯和经营实践的合规管理体系文件。具体文件的表现形式可以多种多样，组织既有的与合规管理相关的各项规章制度，只要涵盖且符合 GB/T 35770—2022 要求，都是合规管理体系文件的有机组成部分。

二、“制度对标”一体化原则

建立可操作、可落地的合规管理体系，需将现有制度同 GB/T 35770—2022 条款进行对标，以全面满足 GB/T 35770—2022 要求为目的。制度对标通常在对组织的产品实现 / 服务提供过程进行分解、业务流程梳理、组织架构及职责职能情况分析评估的基础上，对组织经营管理所遵循的标准化文件、规章制度、操作规程等进行系统全面梳理，运用标准化技术手段实施“查缺补漏”，实现“一套标准化文件 / 规章制度 / 操作规程满足所有管理体系要求”的目标。

进行制度对标时，首先需要遵循标准化基本原理，根据 GB/T 35770—2022，梳理形成总纲领性文件内容，构建“规章制度体系”，规范规章制度章节格式，统一术语及其定义；而后根据组织现行管理制度及文件内容，分职能、分层级逐级对标梳理、查缺补漏，以构建符合组织实际运行情况的管理类文件，明确各项管理制度的工作流程、要求和职责分工等；最后结合 GB/T 35770—2022 具体要求，以及管理类文件内容，适当细化整理出组织需要补充和完善的实施指导类文件内容，包括各类作业指导书、操作规程、工作指南等，以期进一步确保管理体系文件要求能够落实至执行层面。至此形成管理体系三层文件架构，实现由上至下、覆盖 GB/T 35770—2022 标准条款、涵盖组织各职能层级、贴合组织管理实际的制度文件体系。在制度对标过程中，还可进一步将组织现行风险管理、内控管理及法务管理等内容进行融合（见图 10–1），以期通过一体化实现对内融合各项管理职能、对外融合各专项管理体系标准。

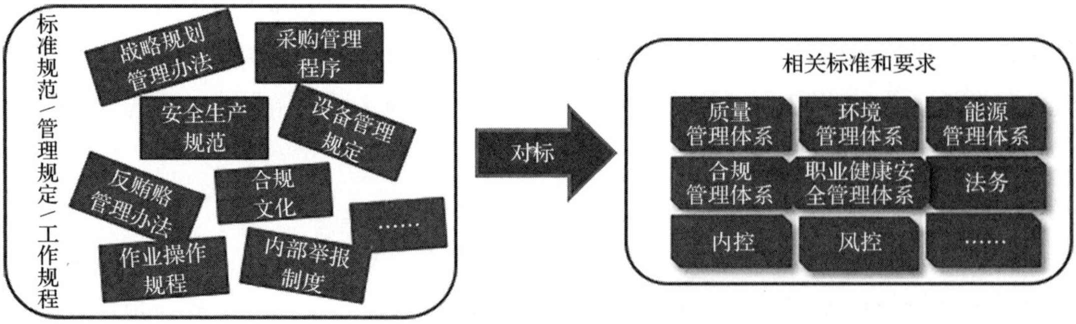

图 10–1　“制度对标”一体化

三、与组织管理现状相结合原则

组织现有的管理模式和制度文件，是合规管理体系建立和有效运行的基础。所有的管理制度，只有符合实际才能够行之有效，管理体系文件更是如此。对于其他组织行之有效的合规管理制度未必适合本组织管理运行，其主要原因就是管理模式和制度文件基础各不相同。管理制度是如此，合规方针和目标更是如此。组织在进行合规管理体系策划、建立各项管理制度时，需要有效分析自身的实际情况、所处行业特点、地方监管要求等，充分与现有的管理模式和技术基础相结合，建立具有针对性的、层次清晰的合规管理体系，只有这样才能确保组织的合规管理体系具有可操作性和指导意义。

四、与其他管理体系协调融合原则

组织现行管理体系在建立及实施过程中，易出现“表面化”现象，主要表现在管理体系与组织管理实际脱节；标准语言存在理解障碍，组织难以落地实施；合规与原有质量、环境、职业健康安全等管理体系并存并行，加剧组织运行成本；多体系、多机构认证，增加组织经营成本等方面。一体化管理体系围绕组织全过程管理，依托管理体系标准的核心架构和主要内容，针对流程、职责衔接，以及多管理体系协调等问题着重发力，切实解决组织管理体系建立及实施过程中的重点及难点。

GB/T 35770—2022 标准于 2022 年 10 月正式发布，尚未形成广泛应用基础，而质量管理体系、环境管理体系等其他管理体系标准则始于 20 世纪 80 年代，已具备较广泛且深入的实践基础。大多数组织已经依据各种管理体系标准，特别是质量管理体系标准，建立了相应的管理体系，这些管理体系的建立与实施，为今天建立并运行合规管理体系奠定了良好的基础。合规管理体系与质量和环境等管理体系等有着天然的内在关系，它们都以管理体系核心内容为基础，综合运用 PDCA 循环理论、PCF（Process Classification Framework）流程分类框架、FD（Function Deployment）职能展开理论，以及 5W1H [Why（原因），What（对象），When（时间），Where（地点），Who（人员），How（方法）] 分析法等理论和方法，依托标准化手段，通过管理体系要求整合、制度对标、体系构建、组织优化、制度融合等环节，实现多体系融合，是建立一体化管理体系的基本趋势，已经得到越来越多组织的认同和采用。

第二节　合规管理体系建立与实施的策略及路径

合规管理体系与相关体系的一体化融合，并非简单的体系、规则等要求叠加，需要将合规管理与相关管理体系的核心要求、方法与标准相结合，借助既有组织结构、职责、制度、过程与信息化等有效要件。本节对依托一体化管理体系、应用数字化技术手段等建立与实施合规管理体系的策略进行介绍，对具体路径进行阐释。

一、合规管理体系建立与实施策略

作为一项新的管理体系，在组织引入合规管理体系的过程中，需尽可能降低导入成本，提高实施效率。质量、环境、职业健康安全、能源等管理体系已发展多年，组织或多或少已经建立了一项或多项管理体系，依托一体化管理体系建立与实施合规管理体系，能够有效利用组织已有管理体系工作基础，降低合规管理体系的导入成本。同时，数字化和信息化为组织管理体系变革带来了新的机遇，为提升管理工作效率提供了新的手段，《中央企业合规管理办法》也强调了信息化建设对合规管理的保障作用。借助数字化手段、信息化技术建立与实施合规管理体系时，需要考虑数字技术、信息化技术的合理应用问题。由此可见，一体化管理体系建设和数字化、信息化技术应用是合规管理体系建设与实施的核心策略。

（一）依托一体化管理体系建立与实施合规管理体系

GB/T 35770—2022 基于管理体系核心内容制定，尽管其标准内容与质量、环境、职业健康安全、能源等体系内容存在一定的差异性，但其理论基础同样建立在过程方法学、PDCA 管理模式及系统管理理论上。从管理体系建立与实施角度而言，所有管理体系标准均强调与其他管理体系的兼容性，这也为组织构建一体化管理体系奠定了基础。

1. 一体化管理体系应用原则

国内外学术界与企业界对管理体系融合即一体化管理体系建设非常重视，GB/T 35770—2022 的附录 NA 中更是明确提出鼓励组织在依托管理体系核心内容的基础上，实施一体化管理体系建设。在一体化管理体系应用的过程中，需要遵循以下原则。

①一体化管理体系的建立目的在于提高组织合规经营的工作效率和管理效率，提高市场竞争力，组织需要在综合考虑管理成本和效果的基础上开展一体化管理体系应用工作。

②一体化管理体系的建立不是简单的叠加，而是有机融合，在应用一体化管理体系时要注意组织合规管理与法务管理、风险管理及内部控制的整体融合，以及与其他各管理体系、标准和制度之间的接口和融合。

③组织在应用一体化管理体系时需要充分认识到，合规管理体系及其他各项管理体系只是组织管理工作的一部分，并不是全部。组织在体系融合中要注意不能仅仅停留在对几个体系的整合，而是结合管理实际整合多个体系的相近管理要求。

2. 一体化管理体系应用思路

（1）运用综合标准化的思想

综合标准化是用系统分析方法针对具体的对象及其相关要素所形成的系统进行整体标准化的方法。组织可以将合规管理体系与其他各管理体系的整体最佳效益作为目标，对主业务流程、各项职能管理流程等进行综合考虑、整合策划。这样的体系融合方法需要较强的专业团队、一定的时间策划和实施，但总体管理效果会比较显著。

（2）采用自下而上的方式

合规管理体系与其他管理体系的融合可以是自下而上的方式，即从具体合规关键岗位的管理制度和文件出发逐层向上进行整合，如将合规管理体系与其他管理体系的要求融合到具体岗位操作指导文件中，这样比较便于指导岗位员工的业务操作。

（3）分别“策划”、整体“控制”

对于多数组织而言，管理是围绕主业务流程开展的工作，即运行控制集中到某些部门或某些岗位之上，这也是一体化管理体系应用需求的关键来源。合规管理体系标准与其他管理体系标准针对的对象和管理要求有所不同，组织在进行一体化管理体系建设时，可以针对不同管理对象进行分别策划，在策划结果明确的基础上进行整体的运行控制管理，这样有利于针对基层各运行岗位进行控制。

（4）融合“检查、改进”，结果分别输出

管理工作中可以对合规及其他管理体系运行的符合性、有效性及绩效评价进行整体实施，如内部审核、管理评审、日常监视与测量等工作可以合并实施，但对于合规及其他管理体系检查与改进的相关输出结果需要分别给出，以便对不同管理体系改进机会进行识别与提升。

（二）在合规管理体系建立与实施中应用数字技术

GB/T 35770—2022从组织及其环境、组织相关方的需要和期望角度，提出了“数字化”需求。组织在合规管理体系建立与实施过程中，一方面，需要注意理解数字化变革对组织及其环境带来的影响；另一方面，在合规管理体系建立、实施、运行和改进中注意合理应用信息化技术、数字技术，提升合规管理体系的有效性。

1. 理解组织及其环境中的数字化变革

随着数字技术的应用，传统的业务模式和场景正经历数字化转型，涉及交易的签约、交付和支付完全或在很大程度上通过数字化方式完成。消费互联网和产业互联网形成了大型的交易平台。随着交易方式的电子化和数字化，新的交易规范（包括法律、法规及商业惯例）随之形成，通过立法或其他形式被采纳并运用于经济活动中，例如，《中华人民共和国民法典》在合同篇里增加了有关电子合同的法律规定，以适应数字经济的发展。数字经济的业务模式和规范的产生，势必产生新的合规义务和合规风险，例如，美国和我国关于数据的法律法规及各种规范指引，包括平台经济的反垄断指引、数据出境安全评估指南等。为此，组织需要重视数字经济下的合规要求，考虑基于其数字化的业务模式识别合规义务，对合规风险进行评估并策划如何应对合规风险。

2. 在合规管理体系中应用数字技术

组织在建立、实施、评价、维护和改进合规管理体系时，可以有效应用数字技术，在合规风险评估、合规管理体系运行、合规培训、合规绩效评价，以及合规管理体系的持续改进等方面获得完整准确的数据，以提升合规管理的运行效率和效果。数字技术在合规管理体系中的应用包括但不限于以下八个方面。

①合规义务和相关案件数据库；

②合规风险数据库；

③合规培训系统；

④合规管理体系运行绩效检测系统；

⑤合规管理体系符合性诊断系统；

⑥合同管理和财务系统；

⑦信息和数据搜索与分析工具（例如，对组织外部合规相关领域立法和执法趋势的跟踪和分析，对组织内部过往违规事件进行行为模式及发生原因的分析）；

⑧数据分析和示险看板（例如，合同履约率的数据分析和示险看板产品）。

3. 以信息化平台承载相应的功能

组织构建合规管理体系信息化平台，需要在管理功能实现及运行有效性保障两个方面发力，以确保信息化平台的开发和使用符合组织实际运行需要并有利于合规管理目标的实现。

（1）管理功能实现

组织需要依托现行组织架构及部门职能，就领导层 / 管理层、合规管理职能部门，以及合规管理协作部门三个层级开展功能设计，确保实现以下基本要求：

①领导层 / 管理层：合规策略、目标的公开发布与宣贯，管理架构设计与职责分配，积极倡导组织合规文化，统筹安排资源分配，持续改进提升体系运行绩效等。

②合规管理职能部门：主导体系建立与有效落地实施，支持鼓励内部举报并参与违规事件调查，警告处罚内部违规现象，主导合规管理体系内部审核、协助开展管理评审等。

③合规管理协作部门：将合规管理嵌入相关的管理和业务流程，识别合规风险，对日常合规行为、合规事项及合规结果的监测及反馈，有效提升内部信息交流及时性及有效性等。

（2）运行有效性保障

组织需要从制度保障及流程保障两个方面入手，在文件管理、流程管理、绩效测量、数据安全等方面确保满足以下要求。

①文件管理：依托合规管理体系三层次文件架构（纲领性文件、管理类文件、实施类文件），根据标准要求进行文件分类归档，优化文件查找、发放、回收管理，统控文件版本及格式要求等。

②流程管理：实现体系管理与业务流程相衔接，实现体系运行流程与业务实操流程间的数据交互、查阅，提升审批事项流程效率，实现数据流、信息流、审批流的高效融合，并针对合规数据库进行统一管理等。

③绩效测量：支撑合规绩效评价及信息收集与反馈，支撑合规目标实现数据收集与分析汇总，支撑合规报告编制、审批、发布、反馈等流程实现，支撑内部审核、管理评审工作实施，实现对纠正及纠正措施效果的监测等。

④数据安全：实现对体系运行全过程数据、信息、记录的实时保存及保密处理，相关文件的定密、定级处理，文件编制、审阅权限划分等。

二、合规管理体系建立与实施路径

合规管理体系建立与实施通常遵循以下路径。

（一）基于全面合规，合理确定合规管理体系范围

合规管理体系的范围关系到需要投入的人、财、物及工时资源，因此在建立合规管理体系时，需要首先明确合规管理体系的范围。组织根据合规管理需要，可建立全集团层面的合规管理体系，亦可以建立某个下属公司层面的合规管理体系。其中，集团合规管理体系，可以在集团总部和集团各下属公司或特定下属公司内施行；单个下属公司的合规管理体系，则仅在该下属公司及其分支机构范围内施行。一旦划入体系范围内，就要做到全面合规，包括全员、全域和全过程。

（二）基于能力建设，全面加强合规管理体系组织保障

合规管理体系要融入业务，且有效落地，实现“全员合规”，最终离不开人的推动和执行。因此，必须有相应的合规管理组织架构，组建合规部门或明确合规职能，在相关的管理和业务部门设置专职或兼职合规管理员，并匹配相关职责等，包括设立首席合规官或总法律顾问等。

同时，针对组织合规团队及相关人员进行合规管理体系标准培训，便于其熟悉理解标准内容及要求，识别标准中的关键管理要求，提升相关人员合规意识和能力，为合规管理体系建设奠定扎实的组织基础。

（三）基于合规诊断，精准对标合规管理体系要求

组织开展合规管理体系建设前，需要对组织当前的合规管理现状、已有的合规管理相关制度及流程、与 GB/T 35770—2022 的符合性进行诊断，分析哪些制度和流程已经有了，哪些制度和流程需要予以补充、修改、整合等，明确改进的具体要求和方法建议，为制定合规管理体系建设工作方案提供参考。

重点关注以下十一个方面是否建立相关的文件或文件中表述内容是否符合 GB/T 35770—2022 要求：

①界定合规管理体系范围和边界的文件；

②识别合规义务的文件；

③合规风险评估和合规风险应对措施的文件；

④阐述合规方针的文件；

⑤制定合规目标的文件；

⑥培训相关文件；

⑦举报调查相关文件；

⑧合规报告相关文件；

⑨合规管理体系内部审核相关文件；

⑩ 合规管理体系管理评审相关文件；

⑪ 不符合和纠正措施相关文件等。

（四）基于风险评估，紧抓合规管理体系控制重点

识别和评估风险是合规管理的基础，也是关键。要识别合规风险，前提是识别合规义务。合规义务是合规管理中的“尺子”。有尺子，才能找到偏差。基于对组织内外部环境分析和合规管理体系范围的界定，系统地收集和识别组织面临的所有合规义务，识别其所关联的合规风险，评价合规风险等级，重点针对高风险业务、高风险岗位、重点人员，制定合规风险应对措施。

（五）基于内规优化，完善合规管理体系文件

一是围绕合规义务完善现有的管理制度。组织在内外部环境及相关方需求分析的基础上，系统梳理合规义务，包括结合组织所处的行业、经营特点和管理模式等内部需求分析，以及外部法律法规、政策文件和强制性标准等外部要求分析，针对合规管理制度方面存在的问题，进行有针对性的补充、修改和完善，形成系统健全的合规管理制度体系。

二是要考虑管理制度间的有效衔接。通常情况下，组织既有的管理制度由于相对零散而缺乏系统性，组织需要通过合规管理体系策划，有针对性地实施改进，解决现有合规管理制度间的有效衔接问题。

三是要重点关注合规管理体系文件的可操作性。对合规管理体系相关规章制度的最基本要求就是能够得到有效的实施，要实现这一目标的最有效的途径就是践行“制度对标”的管理体系建设路径，也就是基于组织现有的合规管理体系，即相关的合规管理规章制度，对标 GB/T 35770—2022 标准要求，进行补充、修改和完善。

（六）基于协同共享，有效落实合规管理体系要求

很多大中型组织已建立有审计、风控、内控、法务等职能部门，在开展合规管理体系建设时，可以通过组织体系、制度体系、运行机制等方面的资源共享、流程优化、业务协同等，在确保整体管理效能的前提下，以最低的成本和更佳的效果，落实合规管理体系要求。比如，将合规管理体系内部审核与审计部门的内部审计活动相结合；将合规义务识别、合规审查等与法务部门日常业务相衔接；在合规风险评估及控制过程中，请风控部门参与；将合规管理体系文件融入内控流程，借助内控管理体系予以严格落实等。如此，审计、法务、风控、内控、合规等职能部门各有定位、各有侧重，同时又能够协同工作、形成合力，确保合规管理体系所涉及的各项活动高效实施。

（七）基于长效机制，持续提升合规管理体系绩效

组织基于现有合规管理制度建立并实施合规管理体系，要逐步转变到按 GB/T 35770—2022 管理要求的实施路径，即按照 PDCA 运行模式，依据合规治理原则，系统地推进合规管理体系的运行，采用风险控制路径对组织经营全过程进行管理，注重合规长效机制建设，实现合规绩效的持续改进。

第三节　合规管理体系建立与实施的要点及过程

合规管理体系的建立与实施具有其自身特点。本节对合规管理体系建立与实施中所特有的实施要点进行介绍，并以组织开展合规管理体系建设的全流程为主线，对合规管理体系建立与实施过程进行阐释。

一、合规管理体系建立与实施要点

与其他管理体系相比，合规义务识别、合规风险管理、尽职调查、举报机制、合规绩效考核与评价、合规文化构建是合规管理体系建设的重点，以下将对这些方面的实施要点进行介绍。

（一）合规义务识别

合规义务的识别是组织构建合规管理体系的基础，只有明确识别出组织应遵守和自愿遵守的合规义务，才能确保合规管理到位、结果可信。

GB/T 35770—2022 将合规义务定义为组织必须遵守的要求，以及组织自愿选择遵

守的要求。根据该定义，合规义务分为两类，即强制性合规义务与自愿性合规义务。其中，强制性合规义务主要指来自外部的规范及要求，具备强制执行的效力，来源包括法律法规、监管机构发布的各类监管文件、行业组织发布的自律规范性文件、法院的判决或行政机关的决定、社会通行的道德规范与风俗、国际条约及组织有义务遵守的要求等，对此类合规义务的违反将有可能承担相应的刑事、民事、行政责任，或社会舆论批评；自愿性合规义务主要指组织根据自主意愿，通过对外公示等方法表示愿意遵守的义务或接受的约束，自愿性合规义务可以来自组织内部规定的要求，如合规制度、行为守则等，也可以是来自外部的要求，如推荐性标准或指南、合同或协议等。

识别合规义务，需要根据组织所处的内外部环境、组织所处地域的监管要求、所处行业的特殊规范，结合组织自身的战略方向、经营特点、业务流程等，收集组织应遵守的所有合规义务，并进行适当的分类，从而制定组织合规义务清单。

（二）合规风险管理

合规风险管理包括合规风险评估，合规风险应对，合规风险监测、预警等过程，通过有效实施合规风险管理，以实现组织合规目标。

1. 合规风险评估

合规风险评估主要依据风险管理的理念开展，包括风险识别、风险分析及风险评价等。

（1）合规风险识别

合规风险识别是在合规义务清单的基础上发现、收集、确认、描述、分类、整理合规风险，为下一步合规风险的分析和评价明确对象和范围。开展合规风险识别，主要包括构建合规风险识别框架、明确合规风险点，以及编制合规风险清单。

为确保合规风险识别的全面性、系统性与准确性，组织需要根据合规义务的分类情况构建符合自身经营管理需求的合规风险识别框架，以提供若干用于识别合规风险的维度。具体的维度可包括：组织主要的经营管理活动、组织机构设置、利益相关方需求或运营情况、相关法律法规、以往发生的案例等。

根据已构建的合规风险识别框架，查找可能存在或已发生的合规风险事件，明确合规风险点（即合规风险可能或已发生的地域或环节）；与此同时，组织还需关注和收集违规案例及相关司法判例，以及本组织或同类组织过去识别和发生的合规问题及违规情况，以此为戒，以便进一步分析合规风险点及其原因。

明确合规风险点后，就需要开始编制合规风险清单，以作为后续合规风险分析与评价的基础。组织可根据实际需求对合规风险清单进行设计，涉及的内容可包括合规风险问题、事件，适用的合规义务及其内容，发生的原因及其来源，现有的应对措施及其效果，相关参考案例，可能涉及的业务、职能部门，以及对应的流程、制度等信息。

（2）合规风险分析

在合规风险识别的基础上，针对合规风险的原因、来源及组织已具备的应对措施等进行分析，从而判断其发生的可能性及影响程度，进而为下一步合规风险评价提供信息支撑。

合规风险发生的可能性主要是指在组织现有的管理水平下，合规风险发生的概率及频次，可通过对评价维度及其影响程度赋值进行可能性评价；合规风险影响程度是指合规风险对组织的经营管理和业务发展产生的影响的大小，其中包含两个方面，一方面是影响的范围，如一个部门、一类业务、整个组织或区域，另一方面是危害的程度，如财产损失及其损失金额、声誉受损、利益相关者的投诉等。

（3）合规风险评价

合规风险评价主要指根据合规风险分析的结果确定合规风险等级，并与组织制定的合规策略、目标中规定的风险水平相比对，通过对比评价设定合规风险的优先等级，从而制定出相应的应对措施。

合规风险评价的过程主要包括确定风险等级、评价风险水平、明确优先级及重点关注内容。其中，风险等级的确定主要依据合规风险分析的结果，根据合规风险发生的可能性及影响程度，综合评价得出经识别的各项合规风险所处的等级。在进行合规风险水平评价时，需结合组织的战略方向及业务特点，根据违规零容忍及合规敏感度要求，明确组织现在所处的风险水平，并将确定的合规风险等级与所处风险水平进行比对评价；根据比对评价结果，进一步确定出各项合规风险的处置优先级别及需重点关注的风险环节，从而确定出资源配置的侧重点及应对措施的顺序关系，为下一步风险应对奠定基础。

2. 合规风险应对

合规风险应对是在完成合规风险评价之后，选择并执行一种或多种改变风险的措施，包括改变风险发生的可能性和影响程度，以及针对风险采取相应的措施，以消除风险或将风险降低在可控范围内。

合规风险应对包括确定合规风险应对原则，制定合规风险应对措施，制订并实施合规风险应对计划等。

（1）确定合规风险应对原则

合规风险应对原则大体上可分为规避风险、降低风险、转移风险及控制风险等，在具体实施上可单独使用，也可综合运用。

在进行合规风险应对原则的选择上，应主要考虑以下因素：第一，组织的战略目标、核心价值观及社会责任等；第二，组织对合规风险的管理方针、目标、资源匹配程度、风险偏好及承受度等；第三，合规风险应对措施的实施成本与预期效益；第四，利益相关方的诉求及价值观、对合规风险的认知和承受度以及对某些风险的应对原则的偏好等。

（2）制定合规风险应对措施

确定合规风险应对原则后，需要针对每一原则制定对应的合规风险应对措施，该措施包含对组织现有管理现状的分析和对可行措施的分类，并为后续制订实施计划起到指导作用。

在对组织现有管理现状进行分析时，可优先考虑以下方面：第一，资源配置，即组织内部的相关机构设置、人员、设备、经费等是否与风险等级及应对原则相匹配；第二，职责权限，即是否明确了与风险应对相关的职责和权限；第三，过程监控，即是否要求了对持续性业务管理活动进行定期或不定期的监督控制；第四，奖惩机制，即对组织相关人员在风险应对工作中的绩效表现如何评价；第五，能力要求，即组织对风险应对内部执行人员是否设定了资质、能力要求；第六，内部审查，即是否要求业务、职能部门对内部一般性合规问题进行审查；第七，专项审查，即是否要求合规团队或聘请外部专家对组织专项合规问题进行审查；第八，合规意识，即组织相关人员对合规风险的存在、可能后果，以及如何开展合规风险应对等方面是否了解熟知。基于上述分析，有针对性地制定具有可操作性的应对措施。

（3）制订并实施合规风险应对计划

在制订并实施合规风险应对计划时，需要关注治理机构及管理层的参与程度，提升员工对合规治理的重视，并通过应对计划的实施，加强组织合规文化的宣贯与培养。实施计划中至少应包括的信息有：实施应对计划的部门及人员、明确责任分工和奖惩机制、应对计划包含的具体工作内容及管理活动、报告和监督检查的要求、资源需求及配置方案、实施计划对应的合规风险优先级、实施时间表等。

3. 合规风险监测、预警

通过进行合规风险评估及执行应对措施，组织旨在规避、降低合规风险，故而在推进应对计划的过程中，需要同步对识别出的合规风险进行日常监测。合规风险监测主要是运用风险管控的方法，对合规风险进行监督和测试，必要时提供风险预警，并为合规风险应对措施及计划的改进提供信息依据。

实施合规风险监测可包括确定监测目标、制订监测计划、设计监测指标、组建监测小组并明确任务分工等。组织可根据自身的需求和资源配置情况选择建立重大合规风险预警机制，即通过对内外部合规风险环节变化的监控结果，及时发布预警信息，并制定相应的应急预案。应急预案可包括应对处理的组织机构、处理流程、沟通机制、措施保障等，以确保组织对突发事件的及时应对，有效控制突发事件对组织产生的不利影响。

（三）尽职调查

随着组织合规管理的发展，合规尽职调查日益得到重视。根据相关组织合规管理的国际组织指南、标准，以及我国国家法规指引、要求的规定，结合组织的管理实践，合规尽职调查可包括：员工聘用及变动尽职调查、第三方尽职调查等。

1. 员工聘用及变动尽职调查

员工聘用及变动尽职调查的对象包括新入职员工、晋升员工、调离员工等，其中针对参与合规风险点管控的员工及拥有决策权或能影响决策结果的人员需要进行重点调查。

该项尽职调查的内容主要是确定员工是否存在违反诚信合规及组织合规管理要求的不当行为（如腐败、欺诈、串谋等），或者存在其他与要求相抵触的行为。

该项尽职调查的方法包括：员工进行自我披露和陈述，员工面谈，员工背景调查，员工是否存在劳动争议及其解决情况，员工是否存在承担刑事、民事、行政责任的情况等。

2. 第三方尽职调查

第三方尽职调查的对象指除组织自身及其客户外的所有第三方合作者，可包括业务合作伙伴（如供应商、代理商、分销商等）、外包项目及其承接方，以及第三方独立机构等。

针对第三方开展的尽职调查，需要在组织与第三方开展相应合作业务之前进行，具体的调查内容包括：

①对第三方的资质、许可、经营范围等进行调查，确保其经营合规；

②第三方对其所属行业监管规则、监管机构要求等履行情况；

③第三方领导层对合规管理的承诺及重视程度；

④第三方员工的合规意识，内部合规培训执行情况；

⑤第三方的信誉情况调查，可包括第三方过往业务或项目执行情况，第三方与其他组织的合作情况，第三方与其他组织的业务纠纷情况，以及第三方被监管机构处罚的情况；

⑥第三方是否存在违规和不诚信的不正当行为；

⑦第三方愿意做出合规承诺或签订合规承诺协议的意愿等。

（四）举报机制

GB/T 35770—2022 和国内外多项合规管理指引及要求中均明确提出，组织要建立内部举报机制，包括提出问题、调查处置、禁止报复等环节。在组织内部建立并维护举报机制有利于引导员工自觉合规，促进员工间相互约束和监督，及时预警和识别合规风险，促进组织合规文化建设。

1. 举报渠道及保护措施

组织在建立举报机制时，需要配套建立与举报方式及流程相关的管理制度，并在制度中明确对举报行为的鼓励与支持，对可能存在的打击报复行为的惩处，以及设置相应方法对举报人及举报内容进行严格保护和保密。

举报方式需要明确支持匿名举报，鼓励实名举报，举报的渠道包括但不限于设立举报热线电话，提供接收举报的电子邮件地址，以及建立公开接受举报的部门、人员、电话等。

2. 举报调查

举报接收及调查部门一般由组织合规团队负责开展，调查的措施包括外围调查、内部调查、谈话等。外围调查主要指从公司外部（如供应商、客户、离职员工等）收集线索和证据，即通过电话、询问、收集电子邮件和其他文件等；内部调查主要指从公司内部收集线索和证据，即询问组织员工、检索被举报人电子邮件、查阅被举报人财务报销记录等；谈话即与被举报人面对面谈话，澄清、核实有关证据，允许被举报人声辩等。

举报调查涉及专业技术和知识，必要时，组织需连同法务、风控、内控、财务、人力、技术等部门共同参与举报调查或提供支持，甚至可聘请外部专业调查公司或团队开展内部调查服务。调查的过程应确保能够独立开展，不应受其他部门或管理层的干涉。

3. 调查报告

根据 GB/T 35770—2022，结合组织自身合规管理目标及所处地域的政府监管要求，举报调查报告的内容一般包括：

①举报信息、线索的来源及线索的分类处置情况；

②调查小组的组成与职责；

③调查内容、计划与方案；

④调查过程、方法，采取强制措施情况；

⑤配合调查的单位、人员及其提供的线索、证据；

⑥获得证据情况，以及证据所能证明的事实；

⑦调查结果，以及行为所违反的合规义务与要求；

⑧处理建议等。

4. 处置与问责

组织需要根据举报调查的结果，以及结果造成的影响或潜在影响制定出相应的处置与问责措施。针对我国组织性质的不同，处置与问责措施也略有区别。

国有组织需要依据《中国共产党纪律处分条例》对党员执行纪律处分要求，以及依据《中华人民共和国监察法》的规定要求，由监察机关对监察对象依法做出执行处罚、处分的决定。

非国有组织及境外组织需要根据组织内部制度要求及所处地域政府监管要求对举报结果进行处置与问责，措施可包括警告、降薪、降职、调岗、罚款、解除劳动合同，严重者可提出法律诉讼。

（五）合规绩效考核与评价

合规绩效考核与评价广义来说是对整个合规管理体系的有效性进行的评价考核，狭义来说是对组织各部门及其管理人员和员工的合规管理工作执行情况进行考核和评价，合规绩效考核评价是合规管理体系的重要构成要素。

1. 合规绩效考核与评价流程

（1）收集绩效反馈信息

组织收集与合规绩效考评对象有关的合规绩效反馈信息，收集过程中应明确信息来源、信息内容及收集信息的方法。

信息来源：员工（如通过举报工具、热线电话、反馈机制、意见箱等）、客户（通过投诉处理系统等）、供应商、监管部门、管理过程控制记录和活动记录等。

信息内容：合规问题、不合规和合规疑问，新出现的合规问题，持续的监管和组织的变更，对合规管理体系的有效性和合规绩效的评论，优秀合规实践案例等。

收集信息的方法：出现或确认不合规时的特别报告，通过热线电话、投诉和其他反馈所收集的信息，非正式讨论、研讨会和分组座谈会，抽样和诚信实验，问卷调查结果，直接观察，正式访谈，工厂巡查和检查，内审和管理评审，利益相关方质询，培训需求和培训过程中的反馈等。

（2）建立合规绩效评价指标

组织需要制定一系列可衡量、可呈现的合规绩效评价指标，帮助组织对合规目标的实现进行评价。评价指标可包括：

活动类指标：如经过有效培训的员工比例，监督部门来访的频率，反馈机制的使用频次，对于不合规采取何种纠正措施等。

反应类指标：根据类型、区域和频率报告已识别的问题和不合规，不合规的后果包括经济补偿金、罚款和其他处罚、补救成本、声誉或员工时间成本影响的估价，报告和采取纠正措施所花费的时间等。

预测类指标：一定时期的不合规风险、不合规趋势等。

（3）绩效评价及分析

收集信息并设计相应的评价指标后，则需要对其进行分类、分析和精准评估，以识别根本原因和需要采取的适当措施。分析时，应考虑系统性和反复出现的问题，并进行改正或改进。

（4）形成评价报告

分析和评价后，应及时编制评价报告。评价报告可包括的内容有：

①考核依据，包括相关的合规义务、合规管理制度和流程、评价指标等；

②考核主体；

③考核对象；

④考核期限；

⑤考核评价方法和流程；

⑥考核结果；

⑦揭示重大不合规和新出现的合规问题，并提出应对整改建议；

⑧报告优秀的合规管理实践案例，提出激励措施建议等。

（5）评价结果执行

根据绩效评价结果，结合组织合规目标和管理风格，可以从以下四个方面落实评价结果：

①将评价结果作为员工绩效、干部任用、评优评先的重要依据；

②倡导和奖励合规管理优秀部门和员工；

③违规问责，即追究违法违规事件责任人的责任；

④违规整改，持续改进等。

2. 合规绩效考核与评价内容

根据合规绩效评价的对象不同，可将考核与评价内容分为以下四种类别。

（1）对组织合规管理体系进行评价

针对合规管理体系而言，需要对其整体符合性、完整性、有效性，以及策划、运行、监督、改进全过程的合规性进行评价，在实践中应结合内部审核与管理评审进行。必要时，组织需对可能影响组织合规经营的第三方（除组织自身及客户外的所有外部机构）进行合规绩效评价，内容可包括尽职调查、合规审查、合规承诺执行情况评价等，以确保第三方不会对组织合规管理体系有效性带来不利影响。

（2）对高级管理人员进行评价

对高级管理人员进行合规绩效评价，评价对象包括对治理机构、最高管理者、各级管理层，以及合规管理负责人。评价的内容可包括执行组织董事会关于合规管理决定情况，组织合规管理体系的有效性，经营管理和执业行为的合规性，合规意识、带头依法开展经营管理活动及认真履行承担的合规管理职责情况，组织年度合规管理计划执行情况，将合规管理流程融入业务流程情况，重大合规风险的应对整改情况，违规问责情况等。

（3）对合规团队进行评价

对合规团队的考评内容可包括本公司合规管理体系的建设及运行情况，合规职责履行情况，部门人员的合规意识与合规管理知识及能力评价，年度合规目标完成情况，及时汇报重大合规风险，以及重大合规风险应对整改情况，对其他部门的合规管理指导、支持及管控情况等。

（4）对其他部门及其员工进行评价

对业务部门及其他职能部门的合规绩效评价内容可包括合规管理体系在本部门的运行情况，本部门合规管理职责履行情况，对合规管理的支持与配合情况，执行合规管理制度情况，不合规事件及其整改情况，员工的合规意识，参加合规培训情况，遵守和履行合规管理制度情况，配合违规调查情况等。

（六）合规文化构建

组织合规文化是组织合规管理体系的基本构成要素，也是组织文化的重要组成部分。组织文化是组织在经营管理中形成的组织经营理念、经营目的、经营方针、核心价值观、组织使命、社会责任与组织形象的总和。组织文化展示组织鲜明的个性和经营风格，是组织的灵魂，是组织核心竞争力和发展的原动力。充分发挥组织文化的生命力，确保组织员工知晓、认同组织文化能激发组织全体人员的使命感，能提高组织员工的凝聚力和向心力，形成极强的归属感，能加强员工的责任感，能赋予员工荣誉感。

组织合规文化作为组织文化的一部分，除继承延续组织文化的管理优势外，还具备自身的专业特点，包括合规理念、合规价值观、合规行为，以及合规荣誉感等。其中合规理念包括领导带头作用，全员主动合规，合规价值创造，全员安全、质量、诚信和廉洁等；合规价值观可包括诚信正直、依法合规等；合规行为可包括与外部监管部门的有效互动、内部培训、发放合规守则、签订承诺书等。

组织在进行合规文化建设和培育的过程中，需要注意通过多种方法营造合规氛围，强调合规的好处，严惩违规的行为；通过领导带头合规、加强内部培训、鼓励举报行为，以及惩处不合规行为，向员工释放践行合规行为的好处；通过积极向外宣传组织的合规形象，推广合规理念与合规文化，承担起组织应具备的社会责任。

二、合规管理体系建立与实施过程

组织建立与实施合规管理体系一般可分为 7 个阶段：领导决策阶段、体系策划阶段、文件编制阶段、发布宣贯阶段、运行实施阶段、监督反馈阶段和持续改进阶段（见图 10-2）。其主要工作流程和工作内容如下。

（一）领导决策阶段

1. 领导 / 管理层决策及承诺

治理机构和最高管理者是开展合规管理工作的重要组织者、推动者和引领者，要高度重视合规，充分发挥其推进合规管理体系建设的核心领导作用。合规管理同时也可以防止治理机构和最高管理者的决策失误。治理机构和最高管理者需要明确建立合规管理体系的初衷和决心，即在组织内部建立一个保障组织持续合规的长效机制，并由此实现预期的合规结果。

治理机构和最高管理者决定要建立合规管理体系后，需要通过制定发布“合规方针”的形式向组织内部及相关方传递组织合规治理的意图和方向。

2. 合规团队组建及职能实现

组织通过发布合规方针和合规目标表明建立合规管理体系的决心后，首先要从人力资源上给予保障，通过建立合规职能部门及管理层来负责合规管理体系建设过程中的合规义务识别、沟通协调、文件编制、实施运行、监督落实、持续改进等工作。

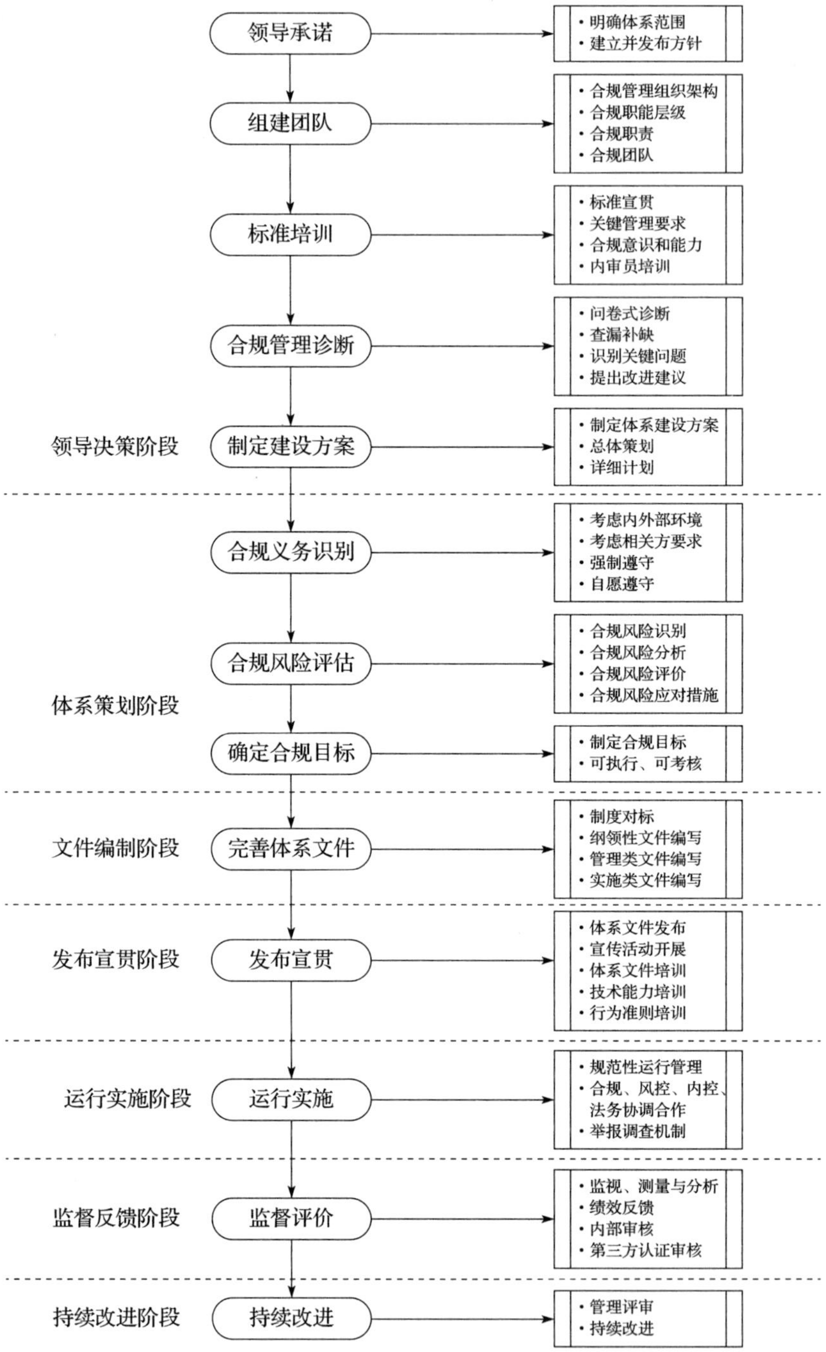

图 10-2 合规管理体系建立与实施过程

合规团队要具有独立性，可以是由专人（如首席合规官）全面负责组织合规风险管理，也可以设有跨职能合规委员会来协调整个组织的合规工作。合规职能部门应与管理层一起合作。

合规团队成员也可来自各相关职能部门（如合规、法务、风控、内控、内审、人力资源、纪检监察等)，成员优先选择熟悉本组织管理模式、掌握合规管理制度、了解合规义务、有较强文字功底的人员。合规部门应当具有直接向公司董事会或高级管理层报告的权利。

3. 合规管理体系标准培训

组织在合规管理体系建立之初，无论是否借助第三方咨询机构，均需要培养起一批对于合规管理体系标准理解较为深刻的人员，以承担体系建立和运行的各项工作，并在关键环节发挥主要作用，比如合规义务识别、合规风险控制、体系文件编制、内部审核等。

在此过程中，组织需要培养与组织规模及组织管理模式相匹配的一定数量的内审员。

4. 合规管理诊断

组织需要将现有的合规管理规章制度对标 GB/T 35770—2022 要求，进行全面系统的符合性诊断，在现状分析的基础上，系统识别组织合规管理体系的薄弱环节和存在的问题，对已有的合规管理规章制度进行补充、修改和完善，使其符合 GB/T 35770—2022 要求。合规管理体系符合性诊断可以采用问卷式方式进行，需要将标准解析为组织业务人员更容易理解的语言。必要时，组织可以借助第三方机构的力量开展。

5. 制订工作计划

合规管理团队组建完成后，需及时根据合规管理诊断结果，编制合规管理体系建设工作计划，明确合规管理方针、目标、总体规划、详细工作计划等内容。工作计划应按合规管理体系建设的阶段及步骤，具体规定每个过程的责任人、分工安排、完成期限及产出要求，以保证合规管理体系建设工作按规定的程序和步骤进行。

组织合规管理体系建设工作计划如表 10-1 所示。

表 10-1 组织合规管理体系建设工作计划

序号	实施阶段	步骤	时间进度	成果产出	责任人	参与部门
1	合规管理团队及职能明确	组织构建合规管理团队	第 1 周			
		明确合规职能	第 2 周			
2	合规管理体系标准培训	治理机构和最高管理者培训	第 3 周			
		管理层培训	第 3 周			
		岗位员工培训	第 4 周			

续表

序号	实施阶段	步骤	时间进度	成果产出	责任人	参与部门
3	合规管理诊断	诊断准备 现场指导 会诊	第 5—6 周			
4	合规管理体系建设工作计划	选择合规标准，设计合规实施方案	第 7 周			
5	合规义务识别	法律法规识别	第 8—9 周			
		政策文件识别	第 8—9 周			
		标准识别	第 8—9 周			
		其他要求	第 8—9 周			
6	合规风险评估	合规风险识别	第 10—11 周			
		合规风险分析	第 12 周			
		合规风险评价	第 12 周			
		合规风险应对措施	第 12 周			
7	……	……	……			

（二）体系策划阶段

1. 合规义务识别

合规义务的识别是组织构建合规管理体系的基础，只有识别明确、界定清晰组织应遵守和愿意遵守的合规义务内容，才能确保合规管理到位，结果可信。为此，组织需要定期收集、识别并评价合规义务。

组织在组建了合规管理团队并明确了其合规职能后，需要制定合规义务识别相关制度，确定如何履行这些合规义务，具体的方式、方法。合规管理团队根据合规风险管理的目标领域和范围，收集并甄别筛选适用于组织的全部合规义务，包括有关法律法规、国际条约、监管规定、行业准则、商业管理、道德规范和组织依法制定的章程、规章制度及自愿遵守的承诺等要求，归纳出组织可能面临的所有合规义务，并汇总形成合规义务清单文件。组织需要制定适当的流程，时刻关注并识别新的和变更的法律、法规和规则，以及其他的合规义务，以确保组织持续合规。

2. 合规风险评估

合规风险是不符合合规义务而发生不合规的可能性及后果。组织需要对所面临的合规风险进行识别、分析和评价。组织合规管理团队要及时发现、收集、确认、描述、分类、整理合规风险，对其产生的原因、影响范围及潜在后果进行分析归纳，按照组织经营活动或合规工作领域划分合规模块，梳理编制合规风险清单，其中还要包括对外包及第三方的合规风险进行的识别和评估。对识别出的合规风险进行定性和定量分析，通过分析评估结果，设定合规风险等级，以有助于进一步做出合规风险应对的决策。通过对合规风险的评估，可以把对组织的合规目标实现有影响的合规风险按照其严重程度及发生的可能性所做的评价有序地识别出来，并科学、经济地分配组织的资源，对风险进行管理。

3. 确定合规目标

目标管理是组织走向管理规范化的管理方法，组织需要根据发展方向、合规方针、合规义务识别及合规风险评估结果，结合组织架构及职责权限，进行方针的层层分解，实现目标指标的制定。合规目标可从时间维度和层级维度分解制定，合规目标的制定应达到可执行、可考核的要求。

（三）文件编制阶段

1. 文件起草筹划

根据组织架构及职能分工，从组织各部门抽调相关人员组建文件起草组，制订体系文件编制计划，明确文件编制架构及清单、具体分工及时间进度安排等内容。充分运用“制度对标”的思想，基于现有制度内容，对标合规管理体系要求，进行查缺补漏。

对于文件编写人员，特别是纲领性文件编写人员的基本素质要求较高，不但需要了解合规管理体系各要素的要求，而且还要熟悉本组织合规管理的实际情况，具备一定的法律知识和实践操作经验，并具有相当程度的文字表达能力。

2. 纲领性文件编写

纲领性文件是组织实施合规管理体系的主要依据，其内容应对组织的合规管理体系提出全面、总体性要求。它对合规范围、合规目标、合规义务、合规风险评估及控制等各个关键点给出充分的阐述，规定了合规管理体系的基本结构，明确了合规管理体系关键控制点对组织各部门和岗位的职责要求，是实现合规职能、实施和保持合规管理体系应长期遵循的文件。

纲领性文件包括《合规诚信手册》《行为准则》《合规管理办法》《合规管理体系手册》等，其内容应准确、全面而简明地阐述组织的合规价值观、理念，以及合规管理体系的覆盖范围、合规方针内容等，还应明确合规职能并给出与标准要求相对应的合规管理类文件的查询路径。

3. 管理类文件编写

管理类文件是完成某项合规管理活动的方法和途径，它为开展合规管理活动规定了具体方法，它是纲领性文件的展开和细化，对纲领性文件中规定的一些原则性和总领性要求进行展开和落实，对下则引出一系列相关的支持性文件，如作业指导书和各种记录表格等。

从内容上讲，管理类文件通常包括了组织中与合规治理有关的各种管理标准、工作标准和规章制度，应该说它是各个职能层级为落实合规纲领性文件要求而制定的实施细则，是合规管理体系运行的基础。

4. 实施类文件编写

实施类文件是指详细的作业指导书、合规管理实施方案、合规记录等，它是对合规管理体系管理类文件的进一步细化和展开，通常从管理类文件中引出。实施类文件包括作业指导书、方案、报告、表格、记录等，一般都是以规范、规程、技术标准、图纸和记录表等形式出现。

实施类文件较为详细地规定了某些合规管理活动的具体开展方法。如果说合规管理体系管理类文件是对合规管理体系全局过程的描述，那么这些实施类文件就是针对具体操作活动进行描述，对与合规治理有关的各项活动规定详细的要求和实施细节，是合规管理职能部门及组织全体人员的行为规范。

（四）发布宣贯阶段

1. 体系文件的发布

合规管理体系文件编制完成并定稿后，需要由治理机构和最高管理者签署发布令，组织相关职能部门要采取下发通知或召开发布会等形式，将体系文件发放到与之相关的各职能各层次，使全体员工明确执行体系文件的重要性。

组织在发布体系文件时应保证各部门各岗位能够获取与之相关的体系文件有效版本。体系文件的发布可采用电子文件的形式，也可采用书面文件的形式。

2. 宣传活动的开展

在体系文件发布过程中，组织相关部门要做好体系文件的宣传工作，可以根据自身情况通过发布会、宣传栏、广播、网络等方式，宣传组织的合规策略、合规目标等，使组织全体员工充分理解肩负的职责和执行体系文件的重要性。

3. 体系文件的培训

对于合规管理体系文件的理解是合规管理体系得以有效实施的前提和基础，为保证合规管理体系的有效运行，需要通过培训宣贯体系文件，让各部门各岗位人员全面深入地了解本部门、本岗位涉及的合规职责和要求，明确与之相关的文件，同时提高合规意识，规范合规行为。

组织根据各层次需掌握和执行的体系文件需要，确定培训内容。培训主要内容包括：合规管理手册、合规目标和本部门细化的合规目标、本部门及岗位的职责和权限、与部门相关的程序类文件及支持性文件、合规行为规范要求等。

4. 专项能力的培训

体系文件宣贯培训后，为确保治理机构、管理层和负有合规义务的人员具备相应的能力，高效履行其义务，需要对组织全体员工开展具有针对性的专项能力培训。一般员工着重加强对于作业指导书及相关行业领域专项知识技能的系统学习，确保具备相应的专业能力，防止不合规行为的产生。同时，管理层及合规职能部门人员要结合实际情况，学习专业技术和法律法规知识等，确保具备所需的合规管理意识、知识和技能，从而有效地执行体系文件，有效预防不合规活动及行为的产生。

培训方式可分为组织内部培训、聘请外部专家培训、参与外部专项培训等。聘请外部专家培训可以包括专题讲座、现场指导等。此外，外部专家可以深入组织各部门现场与培训员工进行交流指导，这样更具有针对性。

除此之外，组织也需要对相关方进行合规管理培训沟通。

（五）运行实施阶段

1. 规范化运行管理

组织为确保合规管理体系规范化运行，需要建立相应的运行计划及控制程序，即相应控制制度及流程，以确保按照运行计划实施并达到实施效果。可建立专项合规管理方案，根据各专项要求及组织内部情况，建立完整的过程、流程、制度等，从而体现其整体满足条款要求的程度。

组织制定合规管理制度，是为了确保这些政策制度被真正地贯彻下去并有效地执行开来，而不是只停留在纸面上。通过培训和交流的方式，确保其员工充分意识到组织合规义务及风险，了解合规要求，同时在常规考核员工业绩的基础上，增加对员工合规表现的考核，保障组织合规管理的有效性。建立健全举报调查机制，是对合规管理体系有效运行下去的强有力的辅助，充分确保合规方案能够有效执行。

2. 合规、风控、内控、法务部门合作及分工

合规管理体系的建设是作为一种新增的管理体系与组织原有管理体系相融合，包括管理职责、制度流程、日常管理、绩效考核、信息化管理及组织文化等。组织应明确界定合规、风控、内控、法务相关部门主要职责，四大部门相辅相成，组织可按“四位一体”的思维整合统一由法务部门管理，也可由不同部门归口管理，但需确保各部门有效沟通合作，合理分工，确保组织持续合规，促进组织管理成效的整体提升。

（六）监督反馈阶段

1. 监视、测量与分析

任何管理体系的建立与实施，均需相应的监测、检查等手段作为保障，以确保体系运行的有效性。对于组织运行管理过程中各岗位职责、作业指导书等文件是否得到了认真贯彻执行，合规义务履行情况，合规风险更新，合规目标的阶段性完成情况，合规文化现状及合规绩效等，均需要开展监视、测量与分析，以便及时发现并解决问题。

组织在日常监视测量中要保证所记录的信息等监视测量的内容精确无误，确保对象、采用的方法、数据收集方法等均可支撑进行客观分析及评价，能够准确反映出组织合规管理的真实水平，有助于组织全面、实时掌握合规管理现状。监视、测量与分析具有即时性、连续性和日常性的特点。

2. 绩效反馈过程

组织对合规管理体系运行情况及其有效性进行监控，首先需要确定信息的反馈管理，包括来源控制、内容管理及信息的分类储存，以便进行信息分析和证据提取。组织要根据自身的合规义务、策略、目标要求等，制定对目标实现情况及合规表现情况的反馈信息来源及评价方式方法。组织在收集分析反馈信息的同时，要持续对合规管理运行情况进行监督评价，根据策略、目标要求，设计合理、有效的评价指标体系，实时反应合规表现，从而在保持持续合规的同时，优化组织自身的合规管理模式，提升管理效率。

3. 合规报告

组织需要建立规范性、周期化的合规报告编制、发布流程，至少每年一次对组织合规风险评估及合规性情况进行一个总体报告，并且需要建立专项报告流程。当出现潜在问题或突发性状况时，对非常规现象进行专项报告，以便及时规避风险或采取补救、整改措施。

合规报告的内容应至少包括对上级监管机构应披露内容、合规义务变化情况、合规风险评估结果、合规目标、指标实现情况、合规绩效结果、举报事项总结及结果处置等。

4. 组织全面检查（即内部审核）

组织全面检查作为一种重要的管理手段和自我改进的机制，是组织对内部各职能进行的全面系统的衡量、检查和评价，衡量体系文件是否符合标准要求、体系文件是否得到严格执行及体系运行效果，及时发现问题，采取纠正措施及预防措施，使合规管理体系不断完善、不断改进。组织全面检查是保持合规管理体系有效性的重要手段，为体系管理评审和第三方审核提供依据。

组织每年至少进行一次组织全面检查（内部审核），并确保一年内覆盖所有部门、所有合规管理过程。对于检查中发现的不符合，组织应及时进行纠正，必要时采取纠正措施防止不符合的再次发生，并且还要采取预防措施防止类似不符合的发生。

（七）持续改进阶段

1. 阶段性或年度工作总结（即管理评审）

管理评审是合规管理体系 PDCA 循环的改进阶段。最高管理者或治理机构要亲自主持并参与组织的阶段性或年度工作总结等评审活动，参加评审的人员一般是组织的高层管理人员和各部门负责人。管理评审要按照规定的时间间隔进行，一般每年进行一次。

管理评审的输入信息可包括内部审核的相关信息、合规目标的完成情况和合理性、文件规定的适应性及内外部变化情况等；输出信息可包括对体系适宜性、充分性和有效性的评价，下一阶段的改进计划等。

2. 持续改进

合规管理体系的改进需要全员参与。首先，组织治理机构及最高管理者要充分认识到改进的必要性，为合规管理体系的改进提供人员、设施、资金等资源；其次，组织各部门负责人根据自己负责的工作，不断查找改进的突破点；最后，岗位人员是合规管理体系的直接操作者，通过技能和意识的提升，避免不合规行为产生。

改进合规管理体系是组织自身不断提升、不断完善的要求，改进合规管理体系不是阶段性的，而是经常性的、持续性的。随着组织不断发展，持续改进是保证合规管理体系的适宜性、充分性和有效性的前提，在其建立实施的任何阶段、任何活动和所有过程中，只要发现问题就要及时改进。

第四节　合规管理体系认证

本节对依据 GB/T 35770—2022 开展合规管理体系认证所需的基本条件、认证流程等进行介绍。

一、合规管理体系认证基本条件

合规管理体系认证的基本条件主要包括两个部分：一是申请认证的组织应符合的条件；二是申请认证的组织的合规管理体系需满足的实施要求。

（一）组织申请认证应符合的条件

①取得国家、地方市场监督管理部门或有关机构注册登记的法人资格（或其组成部分）；

②取得相关法律法规规定的行政许可文件（适用时）；

③未列入国家信用信息严重失信主体相关名录；

④近三年内无违法违规等处罚、通报事件发生，或能提供遭受处罚、通报后的事件处理措施和有效的控制措施，以及应对措施是否得到上级主管部门、监管部门等机构的认可证明；

⑤近三年内未因违反国家相关法规或虚报、瞒报获证所需信息，而被认证机构撤销认证证书，未被执法监管部门责令停业整顿；

⑥按照相关文件规定的认证依据，已建立和实施合规管理体系，且体系有效运行 3 个月以上。

（二）组织申请认证需满足的实施要求

1. 组建合规管理团队 / 部门

组织组建了合规管理团队 / 部门，界定了其职责与权力范围，建立了直达决策层的报告渠道，确保合规管理团队 / 部门能够在明确的职责范围内开展工作，并有效推进各项整改措施。

2. 执行合规宣贯及培训

组织定期开展了合规管理培训工作，使员工进一步明确合规目标、理解合规文化、自觉遵守合规相关的规章制度；使合规管理人员获得必需的技能和知识，从而具备履行合规职责的能力。

3. 合规管理诊断和合规管理体系构建

组织将现有的合规管理规章制度对标 GB/T 35770—2022 要求，进行了全面系统的符合性诊断，在现状分析的基础上，系统识别出了组织合规管理体系的薄弱环节和存在的问题，对现有的合规管理规章制度进行了补充、修改和完善，使其符合 GB/T 35770—2022 要求。

4. 执行内部审核（全面检查）

组织至少进行了一次合规管理体系内部审核，并确保一年内审核的条款已包含 GB/T 35770—2022 的全部内容，审核对象已覆盖所有涉及合规的部门及过程。

5. 执行管理评审（年度总结）

组织至少进行了一次管理评审，且按照规定的时间间隔执行。管理评审工作由组织最高管理者发起，组织内相关层级人员参与，管理评审规定了相应的输入及输出成果，且输出成果已提交至治理机构及最高管理者审阅。

二、合规管理体系认证流程

合规管理体系的认证流程一般包括提出认证委托、申请受理、审核策划、初次审核实施、不符合纠正、认证决定等八个阶段。

（一）提出认证委托

认证委托方满足合规管理体系认证基本条件、符合合规管理体系实施要求的，可以准备认证申请材料、提出认证委托。

（二）申请受理

1. 申请评审

认证机构根据认证依据、程序等要求，对认证委托方提交齐全的申请文件和资料进行评审并保存评审记录。

2. 评审结果处理

对于申请材料齐全、符合要求的，予以受理认证申请。

对于未通过申请评审的，应书面通知认证委托方在规定时间内补充完善，不同意受理认证申请应明示理由。

3. 签订认证合同

认证机构与认证委托方签订具有法律效力的书面认证合同或等效文件。认证合同或等效文件明确合规管理体系覆盖的范围，以及认证机构和认证委托人各自应当承担的责任、权利和义务。

（三）审核策划

①认证机构对整个认证周期制定审核方案，以清晰地识别用以证实认证委托人的合规管理体系符合认证依据或其他规范性文件的要求所需的审核活动。审核方案需要覆盖全部的合规管理体系要求。

②初次认证审核方案包括初次审核、认证决定之后的监督审核和认证到期前进行的再认证审核。第一个三年的认证周期从初次认证决定算起，以后的周期从再认证决定算起。审核方案的确定和任何后续调整需要考虑认证委托人的规模（管理体系、产品和过程的范围与复杂程度）、经过证实的合规管理体系有效性水平和以前审核的结果。

③确定审核时间。认证机构根据组织的行业特点、规模、合规风险、合规管理体系成熟度及其他因素合理策划审核时间，并根据现场实际情况进行适当调整。

④组建审核组。审核组由具备实施合规管理体系认证审核能力的人员组成。审核组指定一名有能力的审核员担任审核组长，并至少有一名相应认证业务范围的合规管理体系专业审核员，在必要时还需要配备相关行业的合规管理技术专家，以保证审核组的整体能力覆盖组织的合规管理体系范围所需的专业审核能力要求。

⑤文件评审。在进入现场审核前，认证机构将委任有能力的审核人员对受审核组织的合规管理体系文件进行评审。文件评审的对象主要是组织合规管理体系的纲要性文件和主要的管理文件，目的是评估文件对认证准则的总体符合性，认证申请方在申请认证的范围内，以及文件规定对组织实际状况而言的充分性、适宜性，为后续现场审核提供输入。

⑥编制审核计划。审核计划由认证机构编制，其中至少应包括以下内容：审核目的、审核准则、审核范围、审核日期、时间安排和场所、审核组成员及审核任务安排。

（四）初次审核实施

1. 审核程序

合规管理体系认证审核通常分两个阶段进行。

第一阶段审核：包括文件审核和现场审核。其中，现场审核的主要目的是了解组织的合规管理体系建立和运行情况，并确认是否做好了认证审核阶段的准备；确定审核策划的重点，识别组织对合规绩效的评价方式，识别应配备的专业审核资源，并与组织就第二阶段审核的详尽安排取得共识。

第二阶段审核：在组织的现场全面收集审核证据，以判断组织的合规管理体系建立与实施是否符合 GB/T 35770—2022 要求，组织的合规管理体系运行是否有效，组织的合规绩效是否持续改进。

2. 审核内容

①第一阶段审核至少覆盖以下内容：

一是确认申请组织实际情况与合规管理体系成文信息描述的一致性；

二是审核申请组织理解和实施 GB/T 35770—2022 要求的情况，评价合规管理体系运行过程中是否实施了内部审核与管理评审，确认合规管理体系是否已运行并且超过 3 个月；

三是确认申请组织建立的合规管理体系覆盖的活动内容和范围、体系覆盖范围内的有效人数、过程和场所，遵守适用的法律法规及强制性标准的情况；

四是结合合规管理体系覆盖产品和服务的特点，识别对合规目标的实现具有重要影响的关键点，并结合其他因素，科学确定重要审核点；

五是与申请组织讨论确定第二阶段审核安排。

②第二阶段审核在申请组织现场进行，重点是审核合规管理体系符合 GB/T 35770—2022 要求和有效运行情况，至少应覆盖以下内容：

一是在第一阶段审核中识别的重要审核点的过程控制有效性；

二是为实现合规策略而在相关职能、层次和过程上建立的合规目标是否具体适用、可测量并得到沟通、监视；

三是对合规管理体系覆盖的过程和活动的管理及控制情况；

四是申请组织实际工作记录是否真实，对于审核发现的真实性存疑的证据予以记录并在做出审核结论及认证决定时予以考虑；

五是申请组织的内部审核和管理评审是否有效。

（五）不符合纠正（适用时）

对于审核中发现的不符合，认证机构出具书面不符合报告，要求认证申请方在规定的期限内分析原因、说明为消除不符合已采取或拟采取的具体纠正和纠正措施，并提出明确的验证要求。认证机构评审认证申请方提交的纠正和纠正措施，以确定其是否可以被接受。

如果认证机构不能在第二阶段审核结束后 6 个月内验证对严重不符合实施的纠正和纠正措施，则应在推荐认证前再实施一次第二阶段审核。

（六）认证决定

认证机构制定批准、拒绝、保持、扩大或缩小认证范围、暂停、恢复或撤销认证的认证决定的规定与程序，在做出认证决定时，需要获得与认证决定相关的所有信息，且要求所有不符合整改完成并得到验证。认证机构制定认证决定人员的能力准则，被指定进行认证决定的人员要具有相应的能力，审核组成员不能参与认证决定。

（七）监督审核

1. 监督审核频次

认证机构根据获证组织合规风险的严重性、合规管理体系成熟度及稳定性等确定监督审核频次，但两次监督审核的时间间隔不能大于 12 个月。

在获证组织合规管理体系发生重大变化或发生影响合规绩效的重大事故时，认证机构需要及时增加监督审核频次，以保证监督审核的有效性。

2. 监督审核的程序

监督审核的现场审核程序与初次认证现场审核程序基本相同。

3. 监督审核的内容

每次监督审核尽可能覆盖认证范围内的所有合规活动。对于每次监督审核难以覆盖认证范围内所有合规活动的情况，要保证在认证证书有效期内的监督审核覆盖认证范围内的所有合规活动。

认证机构依据监督审核结果，对获证组织做出保持、暂停或撤销其认证资格的决定。

（八）再认证

合规管理体系认证证书有效期 3 年，届满后组织需申请再认证。

①获证组织在认证证书有效期结束前 3 个月向认证机构提出再认证申请。

②认证机构及时策划并实施再认证审核，再认证审核要在认证证书到期前完成。

③当获证组织的合规管理体系、组织结构或合规管理体系运作环境（如区域、法律法规等）有重大变更时，再认证需实施第一阶段审核。

④再认证审核中发现的严重不符合，认证机构需要规定实施纠正和纠正措施的时限要求，并在原认证证书到期前完成对纠正和纠正措施的验证。

⑤如果在当前认证证书的终止日期前完成了再认证活动，新认证证书的终止日期可以基于当前认证证书的终止日期确定。新认证证书上的颁证日期要不早于再认证决定日期。

⑥如果在当前认证证书到期前，认证机构未能完成再认证审核或未能对严重不符合的纠正和纠正措施进行验证，则不能推荐再认证，也不能延长认证证书的有效期。认证机构要告知获证组织并解释后果。

⑦在原认证证书到期后，如果认证机构能够在 6 个月内完成未尽的再认证活动，则可以维持再认证，否则要按照初次认证要求重新认证。再认证证书的生效日期要不早于再认证决定日期，终止日期要基于上一个认证周期确定。

三、合规管理体系认证信息系统

鉴于合规管理涉及组织的方方面面，充分运用信息化及数字化手段可帮助组织实时实地地了解内部合规管理运行情况，且合规管理体系标准中也明确提出了合规管理数字化的要求，故而在合规管理体系认证过程中也可适当导入信息化系统平台，以期基于大数据和云计算等技术手段，构建“合规数据库”，从而优化现有认证流程，进一步融合线上、线下体系审核过程，提升管理体系认证服务效率，为组织的持续改进和完善管理体系保驾护航。

组织可依据合规管理体系要求，搭建或引入合规管理体系符合性诊断系统，对组织现有的合规管理规章制度，对标 GB/T 35770—2022 要求，进行全面系统的符合性诊断，在现状分析的基础上，指出存在的问题，并提出具体的改进建议，形成合规管理体系符合性诊断报告。特别是，合规管理体系符合性诊断系统可作为集团公司对下属公司，以及对供应商、经销商实施日常合规管理监督检查提供高效便捷的技术支撑。

认证机构在基于风险、信息安全、持续改进的原则下，搭建合规管理体系云平台，可集信息填报、线上文审、在线记录、远程审核、报告出具、数据分析、资质管理等多种功能于一身。依托该平台系统，认证机构可快捷准确地管理被审核组织的内部信息，及时了解审核进度，评阅审核员提交的检查记录、审核报告等文件，并可实时跟踪获证组织的管理体系有效性状态，以便快速处理相应投诉及获证组织资质问题。申请客户可依托该平台系统，及时提交体系认证申请，结合审核组现场审核过程了解自身合规管理体系运行问题及提升方向，实时查阅管理体系证书有效性及后续工作进度等。

参考文献

[1] 白殿一，刘慎斋，等．标准化文件的起草 [M]．北京：中国标准出版社，2020.

[2] 白殿一，王益谊，等．标准化基础 [M]．北京：清华大学出版社，2019.

[3] 陈瑞华．企业合规基本理论 [M]．3 版．北京：法律出版社，2020.

[4] 樊光中．流程修炼——通往卓越之路 [M]．北京：中国时代经济出版社，2011.

[5] 国家质量监督检验检疫总局，国家标准化管理委员会．GB/T 19000—2016 质量管理体系　基础和术语 [S]．北京：中国标准出版社，2017.

[6] 国家市场监督管理总局，国家标准化管理委员会．GB/T 20001.11—2022 标准编写规则　第 11 部分：管理体系标准 [S]．北京：中国标准出版社，2022.

[7] 国家市场监督管理总局，国家标准化管理委员会．GB/T 35770—2022 合规管理体系　要求及使用指南 [S]．北京：中国标准出版社，2022.

[8] 郭凌晨，丁继华，王志乐．企业合规管理体系有效性评估 [M]．北京：企业管理出版社，2021.

[9] 胡国辉．企业合规概论 [M]．北京：电子工业出版社，2018.

[10] 全国质量管理和质量保证标准化技术委员会，中国合格评定国家认可委员会，中国认证认可协会．2016 版质量管理体系国家标准理解与实施 [M]．北京：中国质检出版社，中国标准出版社，2017.

[11] 斯蒂芬·罗宾斯，玛丽·库尔特．管理学 [M]．15 版．刘刚，梁晗，程熙镕，等译．北京：中国人民大学出版社，2022.

[12] 孙磊，崔有祥，等．ISO 9001:2015 质量管理体系标准理解与实施 [M]．北京：中国标准出版社，2017.

[13] 西门子官网．西门子公司的价值观与愿景 [Z/OL]．https://new.siemens.com/cn/zh/company/about/our-values.html.

[14] 俞国洪．合规文化：企业合规管理体系的密码 [J]．法人，2021 (1)：81-83.

[15] 中国认证认可协会．审核概论 [M]．北京：高等教育出版社，2019.

[16] 周万里．企业合规讲义 [M]．2 版．北京：中国法制出版社，2022.

[17] 周万里. 企业合规师手册 [M]. 北京：法律出版社，2022.

[18] 最高人民检察院. 关于印发《企业合规典型案例（第二批）》的通知 [Z]. 2021-12-8.

[19] U.S. Department of Commerce. Export Compliance Guidelines: The Elements of an Effective Export Compliance Program [Z/OL]. 2017. https://www.customs.gov.sg/files/businesses/the-elements-of-an-effective-export-compliance-program.pdf.

[20] U.S. Department of Justice. Evaluation of Corporate Compliance Programs [Z/OL]. 2020. https://www.justice.gov/criminal-fraud/page/file/937501.

[21] U.S. Department of Justice. Evaluation of Corporate Compliance Programs in Criminal Antitrust Investigations [Z/OL]. 2019. https://www.justice.gov/atr/page/file/1182001/.